岩 波 文 庫

34-122-1

ロ ン バ ー ド 街

——ロンドンの金融市場——

バ ジ ョ ッ ト 著
宇 野 弘 蔵 訳

岩 波 書 店

Walter Bagehot

LOMBARD STREET
A DESCRIPTION OF THE MONEY MARKET

1873

凡例

一、本書は Bagehot, *Lombard Street, a Description of the Money Market* の第一四版（一九一五年）第六刷（一九二四年）の版を底本として訳出したものである。翻訳にあたって訳者はプレンゲの監修になるドイツ訳（*Das Herz der Weltwirtschaft*, Essen 1920）を参考とした。

一、底本とした第一四版にも、またドイツ訳本にもそれぞれウィザーズ、ゲオルグ・ケメニーの現代のロンバード街を比較解説したものが附されているが、訳者はこの両者を省略した。その主たる理由については「訳者あとがき」を参照されたい。

一、底本には索引も附されているが、これもまた省略した。その必要はあるまいと考えたからである。

一、バジョットの本文中には大文字を使用した語が非常に多く、訳者ははじめこれを傍線を用いて区別しようとしたが、印刷の体裁その他の理由から止めることにした。意味をとる上には差支えはないと思ったからである。

一、本書にはすでに明治一六年小池靖一訳『英国金融事情』（明治二五年再版）と明治四四年笠井保訳『金融市場』等の邦訳がある。本書の新しい邦訳をなした訳者の考えについては「訳者あとがき」に述べることにする。

改版にあたって(二〇二三年)

一、旧版には、原書第一四版(一九一五年)に収録されていた編者ハートレー・ウィザーズ等による「序言」、本文の記述に関して第一四版刊行当時の最新データを示す「原註」、E・ジョンストンによる「附録第二」(一八九九年)が訳出されていたが、バジョット自身の執筆を重視する考えから、改版にあたり削除した。したがって、改版は原書初版(一八七三年)にもとづく形となっている。

一、バジョットによる原註は＊で示し、段落のあとに註釈を置いた。

一、旧字体を新字体に、旧仮名遣いを新仮名遣いに改めた。

一、適宜振り仮名を加え、送り仮名を補った。

一、代名詞(其、之、斯、茲など)、副詞(最早、已、殊など)、接続詞(而、然、併し乍らなど)等の漢字表記を平仮名に改めた。

一、英蘭→イングランド、蘇格蘭→スコットランド、愛蘭→アイルランド、磅→ポンドなど、現在通用している表記に適宜変更を加えた。

一、定訳のある用語はそれに変更し（開き→マージンなど）、現在では使われることがほとんどなくなった表現は現代的なものに置きかえた。

一、明らかな誤字・誤植は改めた。

一、読みやすさを考え、句読点を補った。

一、通読の便のため、最低限の註を〔　〕で補った。訳者による註は「――訳者」と明示した。

一、巻末に「解説」および「索引」を新たに付した。

（岩波文庫編集部）

序　言

この小著をなすにあたって、おそらく読者には、その長さあるいはその重要性からいって、そんなにする価値はないと考えられるほどに長い時間がかかった。それはずっと以前、一八七〇年の秋にはすでに着手されていた。しかもその進行を緊急の仕事と不健康とのためにしばしば中断されながらも、私はできうるかぎりこの仕事を放棄するということはしなかったのである。しかしながらそのために、少なくとも若干の不用意な例証では、この書の各部分が法律家のいわゆる「同時的なる申立をなす」ものと見えないのではないかと気遣っている。同じ数字や実例にしても、ある時はきわめて自然に使用することのできるものが、時によってはまたきわめて自然に使用することのできない場合がある。したがって現在の、しかも変化しつつある題目について、長くかかって書かれた書物というものは、この点においてやや統一を欠く傾向があるわけである。

私はこの著作が非常に受けのよいものとなることを期待してはならないと思っている。

この著作は、主として四種の連中――イングランド銀行、この銀行以外の株式銀行、個人銀行、ビル・ブローカー〔手形仲買人〕について述べるものであるが、この連中のいずれにしても、彼らについて述べられていることを、ことごとく喜ぶであろうとは何としても考えられない。私としては、ただここに述べられた自説が、性急にあるいは事実を離れてできあがったものではなく、反対に「ロンバード街」自身において徐々に成熟したものであるということ、またそれは何ぴとにもことごとく悦ばれるというものではないであろうから、少なくとも批評の公平という功績はおそらく要求しうるものであるということを挙げるほかはない。

私はまた最終の校正刷の訂正を一友人にしてもらったことを言っておかなければならない。病気にかかったため、自分で充分に校正することができなかったのである。もし彼の親切な助力がなかったならば、この書物の出版はこの秋までも延期されなければならなかったであろう。それはすでにその著作が大変に手間どっているので、自分にとっては非常に不愉快のことであったと思う。

一八七三年四月二六日

ウィンブルドン・ポプラーズ　　ウォルター・バジョット

目　次

ロンバード街

――ロンドンの金融市場――

第一章　序　論

この小論をあえて「ロンバード街」と名付け、「金融市場」あるいはそれに類する成語を用いない理由は、具体的な事実を取り扱い、またその意図を表示したいと思うからである。一般に、金融市場は何か非常に微妙なものであって、きわめて抽象的な言葉をもってしなければ論ずることのできないものであり、したがってまたこれに関する書物は必ず至極難解でなければならないものと考えられている。しかしながら私は持論として、金融市場なるものも他のいかなるものとも異なるところなく具体的な現実的なものであり、それは普通の言葉をもって叙述されうるものであって、もしその言うところが明瞭でないならば、それは筆者の罪であると考えている。もっとも一点において私がおそらく不当に有利な地位を占めようとしていることは認める。金融市場に関して想定されている「困難」の一半、否、過半は「ピール条例」(一八四四年、ピール首相のもとで制定。イングランド銀行に銀行券の発券を独占させ、それを金準備で統制させようとしたもので、これにより同銀行が中央銀行としての地位を確立した。以下、「一八四四年の条例」などの語で言及される)に関する論争と、かの条例が基づく、あるいは基づくものと想定される学説に関する抽象的論議とから生じたものである。しかるに、以下この書物においては一八四四年のこの条例にはできるかぎり言及しない心算である。しかもこれに言及する場合は、ほとんどすべてその経験された効果にかぎり、その細密な根拠については、たとえ触れるにしても、ほとんどまったく論じないであろう。

　これに対する理由は一、二にとどまらない――その一つはこうである。もし諸君が一八四四年のかの条例に関して何か言うとすれば、諸君が他に何を言おうとそれはほとんど関係のないことになる。それに注意する者がほとんどないからである。たいていの批評家は、とかく、この条例に関する章句となると、それを攻撃する者も擁護する者も、あたかもそれが主要点でもあるかのように取り上げるのである。この法令に関しては、従来非常に激しい論争が行われてきた――しかも今もなお非常に激しい敵愾心がある――のであって、それに関する一句は、非常に多数の人々にとって、この方面の問題のいかなる他の部分に関する一冊の書物よりもはるかに多くの興味を起こさせるのである。この問題に関する熱心な二群の論争者は、新しい論者が現われるごとにこれに対してつねに――君はわれわれに賛成か反対かという一問をかけるだけで、それ以外にはほとんどなんらの関心も持たない。もちろん、もし一八四四年のかの条例が、普通考えられるように、真にイギリス金融市場の原動力であるとすれば――一部の人々によればあらゆる福利の源泉であり、他の人々によればあらゆる害悪の源泉である――それに関する意見を発表したために極度の憤懣を買うことになるからといって、それを自由に意見を述べないという理由にするわけにはゆかないであろう。問題のいかんを問わず、これを論ずる者は、他の者から罵詈されるかもしれないことを怖れて、その問題の枢要な事実を不問に附してはならない。しかし私の考えでは、一八四四年のかの条例は金融市場においては単に従属的事項たるにすぎない。これに関して論じなければならぬ点は、すでに均衡を失して詳細になされている。それに全然価しないような大きな意義を与えられてきた。われわれは、一八四四年からすでに四半世紀を経過したということを、断じて忘れてはならない――それは物質的進歩の特に顕著な時期であり、銀行業においてはほとんど信ずることのできないほどの発展をなした時期なのである。したがってたとえ一八四四年にはかくまで引き合いに出された事実が、当時それに帰された意義を有していたとしても——しかも私はある点では当時においてさえ、それが誇張されていたと信ずるのであるが——新しい世界において今やそれよりヨリ大いなる、ヨリ有力なる新現象が生起してきたということは、なんら驚くべきことではない。私の考えでは事実はこうなっている。一八四四年以来、ロンバード街は非常に変化してきた。われわれがこれについて意見を述べるとすれば、当時は幼少で虚弱であったが今はきわめて旺盛な壮者の世界として、これを叙述し論議するのでなくてはならない。こういうわけで私は一八四四年のかの条例に関しては、正当に許されうるかぎり言及したくない。またできうるかぎり「ピール後の」発動力に局限し、もっぱらこれを詳説したいと思う。したがって、かの古臭い論題に飽き飽きしている人々も(しかもそういう人々は非常に多いのである)、これがために大いに煩(わずら)わされるということもないであろうし、また問題の新たなる部分は、それが実際にあるがままに会得されることにもなるであろう。

ロンバード街を叙述する最も簡単かつ最も真実なる方法は、それがこの世界の今までの経験をはるかに越えて最大の、経済的勢力と経済的敏感さとの結合たることを述べることである。その力の偉大さについてはなんらの疑いもないであろう。貨幣は経済的勢力である。イギリスが世界中で最大の資金国であることは誰でもみな承知している。イギリスがただちに使用しうる、準備された現金を、他のいかなる国よりもはるかに多く有することを認めない者はない。しかしながら現金残高——すなわち何ぴとにも、あるいはいかなる目的にも貸し付けうる流動貸付資金——がイギリスにおいては、世界中の他のいかなるところよりも、どの程度まで大きいものであるかを承知している人は非常に少ない。ロンドンの貸付資金がいかに大きいものであるか、また他のいかなるところよりもどの程度ヨリ大きいかは、ごくわずかの数字で明らかに知ることができる。一般に知られている預金——その勘定を公表する諸銀行の預金——は次の通りである。

ロンドン（一八七二年一二月三一日）	一億二〇〇〇万ポンド
パリ（一八七三年二月二七日）	一三〇〇万ポンド
ニューヨーク（一八七三年二月）	四〇〇〇万ポンド
ドイツ帝国（一八七三年一月三一日）	八〇〇万ポンド

しかも一般に知られていない預金——その勘定を公表しない諸銀行の預金——は、ロン

ドンにおいては、これらの諸都市のいずれにおけるよりもはるかに大きいのである。ロンドンの銀行家の預金は他のいずれの都市のそれよりも数倍大きく――グレート・ブリテンでは他のいずれの国のそれよりも数倍大きい。

もちろん、銀行の預金は金融市場の資力の厳密に精確な尺度ではない。反対にフランス、ドイツおよび銀行業の発達していないあらゆる諸国においては、銀行業の発達したイングランドあるいはスコットランドにおいて見られうるよりも、はるかに多くの現金が銀行以外にある。しかしその現金は言わば「金融市場の金」ではない、手のとどかないものである。フランスの退蔵金をフランス人の手から引き出すということは、彼らの巨大な不幸以外には、彼ら自身の国の巨額の公債以外にはできなかった。他のいかなる証券をもってしても彼らを動かすわけにはゆかなかったであろう。彼らはそれ以外の証券を信頼しなかったのである。他のあらゆる目的にとって、この退蔵された貨幣は役に立たなかった。したがって退蔵されなかったも同然であった。しかるにイギリスの貨幣は「借りうる」金である。わが国の人々は、自分の金の処理に、大陸のいかなる国民よりも大胆である。またたとえヨリ以上に大胆ではなかったにしても、単に彼らの金が銀行に預金されているという事実だけで、その金ははるかに手に入れやすいものになる。

一銀行家の手にある一〇〇万は一つの大きな力である。彼はただちにそれをその欲するところに貸し付けることができる。また借り手は、彼がそれを持っていることを知っているから、あるいはまた持っていると信じているから、彼のところへやってくることができる。しかるに同額のものが一〇とか五〇とかとなって全国民の間に散らばっていたならば、それはなんらの力でもない。何ぴともどこにそれがあるか、誰にそれを求めたらよいか知る者はない。諸銀行に貨幣が集積されるということは、イギリスの金融市場が非常に富裕となり、他の諸国のそれを非常に高く凌駕するに至った、唯一の原因とは言えないにしても、主たる原因なのである。

その効果はつねにあらわれている。われわれは貸付を求められ、また実際貸し付けるが、それはよそでは得られないほどの巨額である。時々こう言われている。いかなる外国でも、ロンバード街ならば代価さえ払えば借りることができると。国によっては他の者よりもはるかに安く借りることができるが、しかしいかなる国でもそれに対して充分に支払うつもりならば、いずれもいくらかの金を得ることができるというのである。おそらくこれは誇大の言であろう。しかしながら、これも文明国の政府に限るならば、もちろんそのつもりで言われたのであるが、大した誇張ではない。文明国の政府がわれわれからかなりの額を借りようとして、借りられなかったということはほとんどない。しかもたいていの国々がますますこれを希望してくるように見える。もしどこかの国民が鉄道でも敷設しようとするならば――貧しい国民でもあれば特にそうであるが――必ずこの国に――銀行の国に――その資金を求めにくる。いかにもイギリスの銀行家は、彼ら自身、外国に対する非常に大いなる貸し手とは言えない。しかし彼らは貸す者に対する大いなる貸し手である。彼らは外国の証券に対していわゆる「マージン」をつけて貸し出す。すなわち彼らはその資金の八割を提供し、名義上の貸し手がその残額を提供するのである。そこでこういう方法によってイギリスの助力の下に、もしこの助力がなかったならば計画もされなかったであろうと思われるような、巨大な事業も遂行されることになるわけである。

国内の事業においても同様である。われわれは有望な、あるいは有望と考えられる事業でありながら、それが資金のないために挫折することもあるというようなことは、全然考えなくなっている。しかもわれわれの父祖にとっては、これほどに珍しくない考えはなかったのである。またたいていの国々では今日でもなおこれほどに普通のことはない。エリザベス女王時代のロンドン市民には、われわれのこの心理は想像することもできなかったであろう。彼らは鉄道の発明も(鉄道がいかなるものであるかを理解することができたとして)、これを敷設するのに要する資本を集めることができないであろうから、何の役にも立たないものと考えたであろう。現在においても、植民地やあらゆる未開国では流用しうる大量の資金というものは全然ない。そこではそれから借り入れることのできる、またそれによって巨大事業を起こすことのできる基金というものが全然ないのである。世界全体をとって考えてみても――現在、過去のいずれを問わず――貧しい国々ではたしかに新規の大事業に充てられるべき遊休資金は全然ないし、また富裕な国々にしてもたいていは資金が非常に分散され、しかもまたその所持者の手に固く握られていて、新規の用途のためにしばしば大量に調達するということはできないのである。ロンバード街のように、確実な担保があるか、あるいはまたおおよその利益を相当に予想されれば、ごくまれな場合を除いては、つねに必ず資金が得られる場所があるということは、従来いかなる国の享受した豪奢といえども、これと対等には比較さえできないほどの贅沢である。

しかしながら、これらの新規事業と諸外国とに対する臨時の貸付は、ロンバード街の力を示す最も顕著なる実例ではあるが、それは決して最も注目すべき、あるいは最も重要な用途ではない。イギリスの取引は、たいていの外国の人々にはほとんど想像できないほどに、またわれわれの父祖にもまったく考えられないだろうと思われるほどに、借入資本によって行われている。各地方において小商人が現われてきているが、彼らは大いに「その手形を割引してもらい」、これによって借り入れた資本をもって、旧来の資本家を根絶しないまでも、彼らに肉薄して大いにこれを悩ましている。新参の商人は取引の競争において明らかに非常に有利な地位を占めている。もし一商人が五万ポンド全部を自分自身で所有するならば――それに対して一割の利益を得るためには、彼は一年に五〇〇〇ポンドを儲けなければならない。したがってその商品にそれを掛けなければならない。しかるに、もし他の商人がわずかに一万ポンドを所有し、割引によって四万ポンドを借り入れるならば(これはわが国の最近の取引では決して極端な例ではない)、彼は同額の五万ポンドの資本を使うことができ、しかもはるかに安く売ることができる。もし彼の借り入れる利率が五パーセントであるとすれば、彼は一年に二〇〇〇ポンドを支払わなければならないであろう。したがって、彼がもし旧来の商人と同様に一年に五〇〇〇ポンドを儲けるとすれば、彼はその利子を支払った後になお一年三〇〇〇ポンド、すなわち彼自身の一万ポンドに対して三〇パーセントを得ることになるであろう。たいていの商人は利益が三〇パーセントよりよほど少なくても満足なのであるから、もし彼がそうしようと思えばその利益のいくらかを捨てて、商品の価格を引き下げ、旧来の商人――自分自身の資本をもって取引している者――を市場から駆逐することもできる。最近のイギリスの実業界では手形割引やその他の方法で確実に普通の利率をもって借入をなすことができるので、借り入れた資本をもってする取引にはつねに奨励金が与えられているわけであって、完全にあるいは主として自分自身の資本にだけ頼ることを絶えず抑制しているのである。

イギリスの商業構造はこのように民主的傾向を強めつつあるのであるが、これは多方面で非常に不人気である。しかし、その結果はもちろんきわめて複雑である。一面ではそれはかのヴェネツィア、ジェノヴァにおいて見られたように、莫大なる富とともに立派な教養を相続し、またある程度まで貴族的趣味に実業家の眼識と活力とを加えるという商人貴族の諸大家が長く存続することを阻止している。彼らはいわば垢じみた庶民の群れに押し出されるのである。一代か二代すると彼らは懶惰なる奢侈の中へ隠退する。彼らの巨額の資本に対して彼らは低率の利潤しかあげることができない。しかもそれは彼らにとっては取引上、接しなければならぬ粗野な連中や不作法な仕打ちを充分に償うものとは考えられないのである。このように不断にわが国の商家が倒されてゆくことは、また商業道徳にもよろしくない。先代から受けついだ名声を有し、またそれを後代に伝えようと望んでいる大商会であれば、つまらぬ不正手段をとるというようなことのあるはずはない。彼らは取引の永続によって立っているのであって、不正手段が発覚すればそれは台なしになる。イギリス商品の名声毀損の理由を精査してみると、それは自分自身の資金はあまり持っていないで、銀行の「割引」によって現われ出た新参者のせいであるということがわかる。この連中は即座の取引を必要とする。そしてそのために安物を提供する。彼らは値段の安いことを頼みにし、そしてそれによって成功しているのである。

しかし、商業における民主的構造のこれらの欠陥は一大長所によって償われている。いかなる伝統的な大商業国も、少なくともいかなるヨーロッパの国も、イギリスほどに――唯一の適切なる言葉をもってすれば――「惰眠的（スリーピー）」でない国はいまだかつてなかった。いかなる他の国も新しい利益を捉えるのにただちにかくまで敏活であったものはいまだかつてなかった。主として大「商人貴族」に頼る国はなかなかこのように敏活ではない。彼らの取引はたえずますます型にはまった商業に堕し去るのである。大資産家は、いかに聡明であっても、多かれ少なかれいつもこう考えるものである――「自分の収入は大きい。しかも自分はこれを失いたくない。もし万事がこのままで続けば自分は確かにこれを失うことはない。しかしもし事情が変わると、自分はそれを失うことになるかもしれない、、、、、、」と。したがって、彼は事情のあらゆる変化を「厄介もの」として捉え、こうした変化をできるかぎり考えないようにする。しかるにこれから出世しなければならない新参者は、こうした変化が彼にとって好機会であることを心得ている。彼はそれをつねに待ちかまえている。それを見つけると、決してゆるがせにはしない。イギリスの商業の粗野で卑俗な構成は、その活動の秘訣である。けだしそのうちに「変異（ヴァリエーション）への傾向」が含まれているのであるが、それは人間界においても、動物界におけると同様に、進歩の原理をなすのである。

この不断の常習的な貸借においてロンバード街は巨大なる仲介者なのである。それはこの国の平静に貯蓄しつつある地方と、活発に使用しつつある地方との間の一種の常置仲買人をなしている。さて特定の事業がなにゆえに特定の土地に定着することになったかを明らかにするとなると、なかなか難しい。しかし一つのことは確かである。すなわち一つの事業がどこか一定の場所に定着してくる、、、と、他のものがこれを駆逐するということは非常に困難である——第二の場所が何か非常に大いなる固有の地の利を有していないかぎり不可能である。商業は妙に定住的であって、強いて移転させられでもしなければ、その本拠を離れることはない。半ばはこの理由によって、また半ばは他の諸理由によってイングランドには、地方によっては一体に、その地方自身の資金を使用することのできない、また事実使用しないものがある。純農業諸州はいずれもそうである。土地は良いが、工場もなければ、商業も行われないという州の貯蓄は、その州内で確実に貸し付けうるものをはるかに超過する。これらの貯蓄はまず最初に地方銀行に預けられ、これらの銀行によってロンドンに送られる。そしてロンドンの銀行家に、あるいはまたビル・ブローカー〔手形仲買人〕に預託される。そのいずれの場合も結果は同じである。このように蓄積される地方から送り出された資金は、工業地方の手形の割引に使用される。預金はサマーセットシャー、ハンプシャーのような諸州の銀行家によってロンバード街の銀行家およびビル・ブローカーに対してなされ、これらのビル・ブローカーおよび銀行家はそれをヨークシャーおよびランカシャーの手形の割引に使用する。ロンバード街はこのようにイングランドの二大区分の間を——急速に発達しつつある諸地方、そこではほとんどいかなる額の資金も充分にかつ容易に使用されうる地方と、停滞的あるいは衰退的な諸地方、そこでは使用されうる以上に資金の余っている地方との間を――不断に仲介する者となる。

この仕組みは非常に有益である。というのは、それは非常に容易に調節されるからである。経済学者は資本が最も有利なる事業に流れ行き、比較的利潤の少ない、引き合わない事業からは急速に引き上げるものであると言っている。しかし普通の国々ではこれは緩慢なる過程である。したがって抽象的真理に対して眼に見える証明を求める人々には、これを見ることができないという理由で疑問とする傾向があった。イギリスではしかしこの過程は、もしビル・ブローカーおよび銀行の帳簿を見ることさえできれば、充分に眼に見えることである。彼らの手形箱はたいてい最も有利なる事業で振り出された手形でいっぱいになっている。そして他の事情に変わりがなければ、比較的不利なるもので振り出されたものは、それに較べると無いも同然である。もし鉄の取引が従来通り有利に行われなくなれば、鉄は売れなくなる。売渡しが少なくなればなるだけ、手形も少なくなる。その結果、ロンバード街における鉄手形の数も減少する。他方において、もし不作の結果、穀物の取引が急に有利となれば、ただちに「穀物手形」が大量に振り出されて、それが優良なるものであれば、ロンバード街で割引される。かくしてイギリスの資本は、それが最も多く要求されているところに、また最もよく儲けられるところに、あたかも水が低きにしたがって流れるように確実かつ即座に流れ行くのである。

このように即座に間に合う有効な仕組みによって、われわれは後進諸国――すなわちこの信用の特殊な点において進歩の後れた国との競争に、きわめて有利なる地位を与えられているのである。新規の事業が現われると、イギリスの資本は新しい機会を察知し、それを有利に利用しうる人々に即座に用立てられる。貸し付けられる資金もあまりないし、その僅少なる資金も後れがちに、かつ渋々と貸し付けられるという国では、企業心のある事業家もただちに資本を借り入れることはできないし、資本がなくては技術も知識も無用であるから長く抑制されることになる。突如として起こる事業はまったくイギリスの手に帰することになる。しかもその点では道理にかなった懸念も賢明なる人々の予言も、ともに的をはずれることが少なくない。スエズ運河はこれに対する驚くべき実例である。この運河は喜望峰廻りのインド航路の発見がもたらしたものを台なしにするであろうと、あらゆる人々が予言した。それ以前にはあらゆる東洋貿易はヨーロッパ南部の諸港に入っていた。そしてそこからヨーロッパのいたるところに分かれていった。ロンドンおよびリヴァプールが東インド貿易の中心地となるというのは、地理的に言って変則であり、スエズ運河はそれを正すであろうというのである。トクヴィル氏は「この運河が利用されることになれば、ギリシャ人、シリア人、イタリア人、ダルマチア人、シチリア人がこれを利用する者になるであろう」と言った。ところが反対にこの運河を主として利用するのはイギリス人であった。トクヴィルによってあげられた国民は、いずれもこの運河を有利に利用するのに欠かせない大汽船を建造するのに必要な資本を、あるいはその一〇分の一をも手許に持っていなかった。結局においてはこの種のもっともらしい予言が正しいにしても、あるいは正しくないにしても、とにかく現在ではそれが全然誤っていたというのは、イギリスに金持ちがいたからではない——金持ちならばどの国にもいる——それはイギリスが流動資金を他と比較できないほどに貯えていたからである。これによって新しい利益を大いに見込む商人はいずれも即座に援助を受けるわけである。

そしてまた大陸でいわゆるこの「資本の仕組み」は、無意識のうちに、イギリス人をして大陸における彼らの隣人と比較して特に急速に新規の商業上の好機会を捉えさせるばかりでなく、また彼らがひとたび本式にしっかりと握った取引はいずれも手離すことのないようにさせるのである。マカロック氏は、リカードにならって、旧来の国民はすべて多額の資本を要する諸事業に特殊の才能を有していると教えたものである。こうした諸国においては、彼の主張によると、絶えず劣等なる土地に依らなければならないために資本の利子が低下するので、彼らは大資本を要するあらゆる事業において利潤の高い諸国よりも安く売ることができるというのである。もちろんこの学説には多大の真理があるが、しかしそれは多くの制限を加えた上、しかもまた旧学派の経済学者には充分に注意されなかった多数の推論をもってしなければ、実際には適用することができない。しかるにイギリスではこの原理も借入資本の使用が慣習的に行われる結果、つねにそのまま実際的に適用される。先に説明したように、少額の自己資本と多額の借入資本とをもってする新参者は、自己資本にのみ頼る富者よりも安く売ることができるのである。富者はその事業に使用している全資本に対して商業上の利潤の全率を要求するが、貧者は自らの使用する資本の大部分に対しては貨幣の利息(おそらく利潤率の三分の一にも足らない)を要求するにすぎない。したがって同じ収入が貧者にとっては充分なる報酬となるのに、富者にとってはその生活にも不足し、商売を捨てさせることにもなるのである。諸外国のイギリスに対する最近の競争ならびにその危険に関する普通一般の考えも――他の点で多大の真理を含む考えではあるが――すべてこの面に関連して再考されなければならない。イギリスは低廉なる価格をもって満足する新参者を事業に参加せしめる特殊の機関を有している。そしてこの機関はおそらくイギリスの成功を確保するものとなるであろう。けだしいかなる他の国にも早急には実際上イギリスと拮抗する見込みはないからである。

なお、このほかに主張できる点は多いが、全体にわたって細かに叙述することは退屈でもあり、無用でもあろう。主たる結論は簡単明瞭である――イギリスの取引は本質的に借入資本による取引になっている。そしてまたこの精巧なるわが銀行制度によってはじめて、われわれは自分たちの取引のやり方を通すこともできれば、その数量をこなすこともできるのである。

しかしながら、この制度はその力に精確に比例して過敏である――危険であるといってもおそらく過言ではないであろう。われわれはただあまりに親しみ馴れているために、この制度の驚くべき性質が目に入らないのである。現在ロンドンに集められているほどに多額の借入資金は、いまだかつて世界中のどこにおいても集められたことはなかった。ロンバード街における数百万のうちの非常に多くの部分は、銀行家やその他の者によって、短期通知あるいは要求払いとして保有されている。すなわちその所有者はいつでも随意にその金額を請求することができるわけである。また実際パニックの時にその若干を請求する者もある。もしこの資金の大部分が実際に要求されたならば、わが銀行制度は、さらにまたわが産業制度もともに、非常な危険に陥ることになる。

これらの預金の若干はまた特殊かつ非常に顕著な性質を持っている。普仏戦争〔一八七〇—七一年〕以来わが国は以前よりはるかに大規模にヨーロッパの銀行家となってきた。非常に多額の外国の資金が様々な理由によって、様々な目的のためにわが国において保有されている。そこでパニックの時にはそれが請求されるということもあるかもしれない。一八六六年にはわれわれははるかに少額の外国資金を保有していたにすぎなかったが、その少額が要求されて、われわれはそれを大いなる犠牲と苦痛とをもって支払わなければならなかった。したがって、もし現在われわれの保有する多額のものを支払わなければならないとすれば、かの当時よりもヨリ有効なる方策を有するというわけでもないから、それははるかに悪いことになるであろう。

これに対して、あるいはこう答えられるかもしれない。われわれの即時支払責任額は大きいが、われわれの現在資金は多いと。すなわちわれわれは即時に支払を請求されるかもしれないものを多額に持ってはいるが、われわれはそれをいつでも支払うことのできる多額の金をつねに準備しているというのである。しかし事実は反対に、銀行預金に対する現金準備の割合が今のイギリスのほどに少額なる国は、*現在どこにもない。また過去においても全然なかったのである。われわれは、われわれの手許現金の準備率をあてにしうるどころではない。かえってその現金高は非常に少額なのであって、外部から見る者はその微額をそれによる信用の巨額と比較してみて、ほとんど震え上がるほどである。

＊ 附録、註A参照。

またこう言う者があるかもしれない。われわれは、われわれの信用制度の規模に、あるいはその精巧さに驚き騒ぐには及ばない。けだしわれわれは経験によってそれを調節する方法を学んでいるし、またつねに適切にこれを取り扱っていると。しかしわれわれは必ずしもそれを適切に取り扱っているとは言えない。その反対を示すオーバレンド・ガーニー商会の驚くべき実例がある。一〇年前にはこの商会はロンドンのシティでイングランド銀行に次ぐ地位にあった。それは同種のいずれの商会よりもヨリよく海外に知られていた――おそらくいずれの純イギリスの商会よりもヨリよく知られていた。その共同経営者は大資産を持っていたが、それは大部分この事業で儲けたものであった。彼らはなお巨額の収入をそれから得ていた。それでも六年後には彼らは自身の富を全部失って、その事業を会社に売却した。そしてその後、その会社の資本の大部分を失ったのである。しかもこれらの損失は非常に向う見ずな、非常に馬鹿げたやり方でつくられたのであって、ロンドンのシティで子供が金を貸したとしても、それよりは上手に貸したであろうと、誰でも考えるほどであった。こういう先例があるからには、われわれは長く動かぬ信用にしても、あるいは堅く根を張った取引慣習にしても、それをあまりに固く信頼してはならないわけである。われわれは、これらの大量の資金の取り扱われる方法を吟味して、それが安全かつ正当なることを確かめなければならない。

しかし実業家をしてこの任務に覚醒せしめるということは容易ではない。彼らは眼前に景気の潮流の漂うのを見ながら、ただその間に金儲けをしたり、あるいはしようとしたりはするが、それがいずれに流れゆくかを考えようとはしない。オーバレンド商会の大瓦解でさえ、かつてはパニックを惹き起こしたものであるが、今は忘れられようとしている。たいていの実業家はこう考える——「とにかくこの制度はおそらく自分の時代に変わることはないであろう。長い間続いてきたのだし、またこのまま続いてゆきそうである」と。しかし精確にはそれは長い間続いてきたものではない。このように巨額の金をひと所に、しかも少数の者の手に集めるというのは、まったく新しいことである。一八四四年にはロンドンの四大株式銀行の負債は一〇六三万七〇〇〇ポンドであった。今ではそれは六〇〇〇万ポンドを越えている。イングランド銀行への民間預金は当時九〇〇万ポンドであったが、今ではそれは一八〇〇万ポンドである。一八四四年には全国において現在の巨大なる預金業務のわずかに一小部分が行われたにすぎなかった。したがって、われわれは現在のような制度の安全性を経験に訴えて証明することはできない。この制度の現在の規模はまったく新しいのである。数百万ならば調整するのに明らかに適したものと言える制度も、数千万を取り扱うことになれば全然不適当となるかもしれない。したがって「ロンバード街」のように、その発展のきわめて急速なる、その性質のまったく先例のないものにしても、このようなことになるかもしれない、、、、のである。

私は決して杞憂家というわけではない。われわれの制度は奇態かつ独特のものではあるが、安全に機能せしめうるものと信じている。しかしもしそれがそのように機能することを望むならば、われわれはそれを研究しなければならない。われわれは困難なる任務を有しているのに、容易なる任務を有するものと考えてはならない。あるいは実際、人為的状態の下に活動しているのに、自然的状態の下に活動していると考えてはならない。資金は自ら自身を運用するものではない。しかもロンバード街には運用されなければならない多量の資金があるのである。

第二章　ロンバード街の概観

一

ロンバード街において、またその周囲に集まる金融界において、諸君の眼に映るものはイングランド銀行、個人銀行、株式銀行、ビル・ブローカーである。しかしこれらの各々のものについて別々に叙述するに先だって、われわれはすべてに共通なもの、また各々の他のものに対する関係を考えてみなければならない。

「銀行家独特の機能は、彼が*他人*の資金を使用するや否や始まる」とリカードは言っている。彼が彼自身の資金を使用しているかぎり、彼は単に資本家たるにすぎない。すなわちロンバード街のあらゆる銀行は（ビル・ブローカーはこの点では銀行家の一種たるにすぎない)、他の人々に属する多量の資金を当座勘定として、また預金として保有している。大陸の用語で言えば、ロンバード街は信用の組織である。そこでわれわれは、それがその性質において確実な組織であるか、不確実な組織であるかを確かめ、あるいはもし、たいていの場合そうであるが、確否いずれともつかぬことがわかれば、その長所は何か、その短所は何かを確かめなければならない。

一つの信用制度を他のものと区別するにあたって、その主要点をなすものは「健全性」である。信用とはある程度の信任を受け、ある程度の信頼がかけられることである。「その信頼は正当であるか、またその信任は賢明であるか」。これが基本的な問題である。これをもっと簡単に言えば――信用は一連の支払約束である、これらの約束は守られるであろうか、ということになる。特に銀行業においては、かの「負債」、言い換えれば支払の約束は非常に大きいし、またもし取立を受けることになれば、支払をなすべき時期はきわめて短いのであるから、即座に約束を履行する能力が基本的な長所となるのである。

銀行家がその債権者に支払をなすために必要とするものは、その国の法定貨幣の充分な準備ということに尽きる。その法貨がいかなるものであるかは問題でない。各国はその貨幣法を種々異にしているが、しかし銀行業の主要目的にとっては、これらの制度は重要ではない。確実なる通貨制度はその国を利し、不確実なる制度はこれを損なうであろう。間接的に銀行家も彼らの活動する国によって利益を受けることもあるし、損害を蒙ることもある。しかし実際上は、また彼らの日常生活の目的にとっては、通貨に関する諸学説について考慮する必要は全然ない。また決して考慮しもしない。彼らはこの問題を簡単に見ている。彼らの問題は「自分には法定通貨のこれこれの額を支払う義務がある。その通貨のいくらを自分は自分の金庫に持っているか、あるいはただちに支配しうるものとしているか」ということである。例えば、アメリカにおいては銀行家としては「ドル紙幣（グリーンバック）」を持っていればそれで充分なのである。政府がその発行額を任意に増大するか、収縮するかによって、その価値が変動するということにはかかわらない。また実際的なニューヨークの銀行家はこの制度の善悪について考える必要は全然ない。彼はただおおよそ推定される請求額を全部支払うに足るだけの「グリーンバック」を備えておけばよい。それで彼には破産の危険はまったくないのである。

　イギリスの法律によれば、法定貨幣は金貨、銀貨（少額の時だけ用いられる）およびイングランド銀行券である。しかしわれわれの手にしうる銀行券の数量は、アメリカの

「グリーンバック」のように、国家の意思のいかんによって左右されない。それは一八四四年の条例の規定によって制限されている。かの条例はイングランド銀行を半々に分けて二つとした。発券部はただ銀行券を発行するだけである。しかも政府証券に対して一五〇〇万ポンドを発行することができるだけであって、その他はすべて預託された地金を準備としなければならない。例えば過去二、三年のうちで平均的な実例と考えられる一勘定――一八六九年の最後の週のそれ――を採ってみよう〔表を参照〕。

ここでは一五〇〇万ポンドの銀行券が証券を保証として発行され、一八二八万八六四〇ポンドが地金によって表わされている。イングランド銀行はこれ以外の他のいかなる方法によるとしても、通貨を増加するなんらの権限をも法律によって与えられていない。その条件として要求された額の証券を持ってはいるが、その他のものはすべて地金がなければならない。これは「鋳物」の制度である――この条例の反対者はわれわれを潰すものとなし、またこの条例の主張者はわれわれを救うものとなす「一定不動の」線である。しかし私にとってはその利害得失はここでは無用のことである。私の述べようとするところは、われわれの紙の「法定貨幣」たる銀行券が、ただこのようにしてのみ得られうるということにつきる。したがって、もしイギリスの一銀行家がイングランド銀行

ビクトリア即位第7・第8年の法律第32号の条例による1869年12月29日水曜日に終わる週の勘定

発券部 （ポンド）

銀行券発行高	33,288,640	政府負債	11,015,100
		その他の証券	3,984,900
		金貨および金地金	18,288,640
		銀地金	—
	33,288,640		33,288,640

銀行部 （ポンド）

株主資本	14,553,000	政府証券	13,811,953
準備積立金	3,103,301	その他の証券	19,781,988
政府預金(国庫，貯金銀行，国債管理局，利払勘定を含む)	8,585,215	銀行券	10,389,690
		金銀貨	907,982
その他の預金	18,204,607		
7日手形その他の手形	445,490		
	44,891,613		44,891,613

1869年12月30日

出納局長　ジョージ・フォーブス

券あるいは鋳貨をその負債に対して適切な額だけ保有しているならば、彼はこの国の法定貨幣を充分に有しているのであって、彼にとってはそれ以上なにも考慮する必要はないのである。

しかしながら、ここに区別しておかなければならぬことがある。本来われわれは銀行の「準備金」のうちに、その銀行が毎日の取引をなすために保有する「法定貨幣」、すなわち現金を含めてはならないということを述べなければならない。それは銀行の机や事務室と同様に、その日々の商売道具の一部分である。あるいはまたどんな言葉を用いてもよいが、とにかくわれわれは毎日必要とされるこの金庫にある現金と、かの安全基金といってもよい特別の準備金として銀行が滅多にない不時の請求に応ずるために保有するものとを注意深く区別しなければならない。

ではこの前置きの説明に従うとして、われわれの銀行家がその負債に対して保有している法定貨幣の額はいくらであるか。これに対する答えは注目すべきである。それはわれわれのこの制度全体を理解する鍵である。大体においてロンドンあるいはそれ以外の銀行で(毎日の取引に必要とされる以上に)かなり大量の硬貨あるいは法定貨幣を保有するところは、イングランド銀行の銀行部以外には全然ないと言える。この銀行部は一八六九年一二月二九日、次のような負債を有していた。

政府預金	八五八万五〇〇〇ポンド
民間預金	一八二〇万五〇〇〇ポンド
七日手形その他の手形	四四万五〇〇〇ポンド
合計	二七二三万五〇〇〇ポンド

そして現金準備を一一二九万七〇〇〇ポンド有していたのである。しかもこれは、われわれの銘記しなければならないことであるが、現在の法律の下にイングランド銀行の銀行部が——わかりやすく言えばイングランド銀行が銀行業務のために——所持する現金準備のすべてなのである。ここでは銀行券を増加しあるいは作り出すということは、他のいかなる銀行もそれを増加しえないと同様に、できないのである。上例のこの日において、イングランド銀行はその金庫内にわずか一一二九万七〇〇〇ポンドを、その額のほとんど三倍の負債に対して、有していたにすぎない。「コンソル公債〔イギリス政府発行の永久公債〕」その他の証券でもちろん売りに出しうるものを有してはいた。そしてもし売れればその銀行券の準備を増加することになったであろうが——この種の証券の実際の現金に対する関係はやがて論ずるであろう——しかし実際の現金では、イングランド銀行がこの目的——銀行業を営む銀行の目的のために当時所有していたのは、それだけであって、それ以上にはなかった。

しかもわれわれは、もし他の銀行の状態を調べるならば、これをもなお大量と考えてよいのである。他の銀行はいずれも毎日の使用に必要なもの以上には、自行の金庫内には、実質的に重要な程度のいかなる額をも保有してはいない。ロンドン諸銀行はすべて彼らの主要準備金をイングランド銀行の銀行部の預金として保有している。彼らにとってはこの方がはるかに最も容易かつ最も安全なる利用場所なのである。イングランド銀行はかくしてそれを管理する責任を引き受ける。個人にとって銀行家を持っていることが便利なのと同じ理由によって、また銀行家にとってはその準備金に関するかぎり、これを他の銀行に預金することが、もし安全になしうるならば、便利なのである。非常に多額の現金を保管するということは、多大の苦労とある程度の費用とを必要とする。何ぴとも、もし損失なくしてなしうるならば、他の人にこれを移したいのである。そこでロンドンの他の銀行家は、いずれもイングランド銀行を完全に信任しているので、この銀行に彼らの準備金を彼らに代って保有してもらうのである。

ロンドンのビル・ブローカーも大体同様のことをしている。いかにも彼らは銀行家としては預金に対して日歩を支払い、また彼らの資金の大部分に対して担保を提供している一種特別の銀行家にすぎない。しかしながら、これらの細かい相違は今はわれわれにとって何の関係もないことである。ビル・ブローカーはその資金の大部分を貸し付け、残余をイングランド銀行あるいはいずれかの銀行家に預金する。このロンドンの銀行家はそのうちから適宜に貸付をなし、残額をイングランド銀行に託する。結局は、いつもイングランド銀行に帰着するのである。

しかしながら、巨額の金を銀行家に預けている人々は危険を冒して便宜を得ているのである。彼らには、もしその銀行が破産すればこれを失う恐れがある。あらゆる他の銀行がその支払準備金をイングランド銀行に保有しているのであるから、もしこれが破産すれば彼らも破産することを免れない。彼らは困難なる時、ことに危機に際しては、この困難と危機とに応ずるために保有する余剰資金をイングランド銀行の手に仰ぐのである。そしてこの点においては確かにかなり危険がある。三たび「ピール条例」は銀行部の涸渇のために停止された。この条例が停止されるに先だって銀行部の準備金は、

一八四七年には　一九九万四〇〇〇ポンド
一八五七年には　一四六万二〇〇〇ポンド
一八六六年には　三〇〇万〇〇〇〇ポンド

に減少した。事実、これらの年には、この法律がもし停止されなかったならば、イング

ランド銀行の銀行部は存続することはできなかったのである。

しかしまた、この危険が真正のものではなく、人為的なるもの、法律によって作り出されたものであると想像してはならない。われわれはこの危険が一条例を破棄することによって除かれうるもののように聞かされているので、そのように考える恐れがあるのであるが、しかし実質的にこれと同様の危険がかの条例以前にもあったのである。一八二五年には鋳貨だけが法定貨幣であったし、またイングランド銀行は一部門だけしかなかったのであるが、その準備金を一〇二万七〇〇〇ポンドに減少し、いま少しで支払停止をするところであった。

しかしながら、また預金している諸銀行に対するこの危険が、ロンドンに準備金を保有するこの方法の唯一の、あるいは主要の結果であるというのではない。その主たる効果は負債に対して準備金を他の方法よりもはるかに少額ならしめるということにある。ロンドンの諸銀行の準備金はイングランド銀行に預金されていて、イングランド銀行はその主要部分をつねに貸し付けている。わかりやすい仮定を立ててみよう。すなわち銀行部はその負債の五分の二以上を現金で保有する、つまり、その預金の五分の三を貸し付け、五分の二だけを準備金として保留するとしよう。諸銀行家の預金している準備金の総額が五〇〇〇万ポンドとすれば、そのうち三〇〇〇万ポンドは銀行部によって貸し付けられ、二〇〇〇万ポンドは金庫に保有されていることになるであろう。したがって、預金している諸銀行の負債に対するものとして実際に現金で真に保有されているのは、二〇〇〇万ポンドだけである。もしロンバード街が急に清算させられることになり、即座にできるだけの支払をさせられるとすれば、イングランド銀行からこれに預金している諸銀行に対して支払うことのできるものは、この二〇〇〇万ポンドだけである。したがって金庫の中の少額の現金を除いては、これらの諸銀行が急にその預金者に対して支払いうるものもこれ以外にはないということになる。

かくてイングランド銀行の支払準備金――現在では数年間平均しておおよそ一〇〇〇万ポンド、以前にはそれよりははるかに少ないもの――がロンバード街の負債に対して保有されているすべてである。はたしてもしそれがすべてであるとするならば、われわれの信用制度の巨大なる発展に――わかりやすい言葉で言えば、請求次第支払われるべきわれわれの債務の巨額なることと、請求された際にそれを支払うために保有する現金の少額なることとにわれわれの驚くのも無理はないのである。しかしそれだけではない。ロンバード街は準備金を保有することを要求するばかりでなく、それ自身準備金の保有される場所でもある。あらゆる地方銀行家は彼らの準備金をロンドンに保有する。彼らは各地方都市には、そこでの日常業務の遂行に必要な最小限の現金を留めおくにすぎない。長い間の経験によって彼らはそれがいくばくになるかを精密に知っている。そしてまた彼らは資本をそれ以上遊ばしておいて、利潤を失うような無駄なことはしない。彼らは資金をロンドンに送り、その一部分を証券に投資し、あとはロンドンの諸銀行家、ビル・ブローカーに預けておく。スコットランドやアイルランドの銀行家の慣習もほとんど同じである。彼らの余分の金はすべてロンドンにある。そしてあらゆる他のロンドンの資金が現在行われているのと同様に投資されている。したがって、イングランド銀行の銀行部の準備金は単にイングランド銀行ばかりでなく、全ロンドンの――また単に全ロンドンばかりでなく、さらにイングランド、アイルランド、スコットランド全体の支払準備金なのである。

近来われわれの負債はさらになおいっそう増加してきた。普仏戦争以来われわれはヨーロッパの準備金もまた保有しているといってよい。預金業務は実際また大陸においては非常に微々たるもので、そのために多額の準備金が保有される必要は全然ない。イングランド、スコットランドにおいて必要とされるのと同種の準備金は、外国においては必要でない。しかしながら、いずれの大国においても、時々は大量の現金支払を必要とするものであって、その現金に対してどこかに大貯蔵所がなければならない。以前にはヨーロッパにこのような貯蔵所が二つあった。一つはフランス銀行、他の一つはイングランド銀行であった。しかしフランス銀行の正貨支払停止以来、それは正貨貯蔵所として役立たなくなった。何ぴともこれに宛てて小切手を振り出し、その小切手に対して金あるいは銀を確実に得られるものと信ずることはできない。かくしてこの種の国際的な現金支払に対する全責任は、イングランド銀行にかけられることになった。もちろん、外国人はわれわれ自身の資金をわれわれから取ることはできない。彼らはその持ち去る金額に対して、なんらかの形で「価値」をこちらへ送らなければならない。しかし彼らは「現金」を送る必要はない。彼らは確実なる手形を送ってロンバード街でこれを割引してもらい、それによって得たるものの一部あるいは全部を地金で持ち去ることもできるのである。あらゆる為替取引がますますロンドンを中心として行われつつあるというのは、これと同じ趣旨のことを他の言葉で言い表わしたものにすぎない。かつては様々な点からパリがヨーロッパの決済所であったが、今はそうではないことになった。フランス銀行券はいかにも普通の取引を攪乱するほどには下落はしなかった。しかしいくらの下落にしても、それがたとえわずかであっても――真実性のない下落の懸念があってさえも――為替取引を攪乱するには足るのである。それは極度に微細なる点まで計算されるのであって、小数の変動が致命的となり、利益を損失に転換せしめることもあるのである。かくてロンドンはヨーロッパにおける為替取引の唯一の大決済所となった。以前のように、二つのうちの一つというのではない。そしてこの卓越性をロンドンが失うということはおそらくないであろう。それは自然なる卓越性であるからである。ロンドンに宛てて振り出された商業手形の数は、他のいかなるヨーロッパの都市に宛てて振り出されたものをもおびただしく超過する。ロンドンは他のいかなる地よりも余計に受け取り、他のいかなる地よりも余計に支払うところである。したがって、それは自然の「交換所」である。パリの卓越性はいくぶんかは政治的勢力の分布から生じたものであるが、それはすでに乱れてきている。しかるにロンドンのそれは商業の規則正しい運行に依存する。これは特に基礎の固い、容易に変化しないものである。

現在ではロンドンは諸外国に対する手形交換所であるから、諸外国に対して新しい責任を有している。どういうところであろうとも、多数の人々がそこで支払をしなければならないならば、これらの人々はそこに資金を保有していなければならない。ロンドンにおける外国資金の多額の預金は、今や世界商業にとって欠くべからざるものである。ドイツに対するフランスの莫大なる支払が行われている間は、送金中の額――ロンドンにある額――はおそらく異常なほどに巨額であろう。しかしそれは平常時にも非常に多額となるであろう。もちろん、現在の政治的事情はまもなく変化するであろう。われわれがロンバード街に保有する外国政府の資金はまもなく著しく減少するであろうが、しかしわれわれは私人の資金をますます多く保有することになるであろう。なぜならば取引の差額を決済するために必要な手形交換所における預金は、取引自身の増加とともに必ず増加していくからである。

しかしこのような外国預金は言うまでもなく微妙なる独特の性質を有している。それは外国人の信用に依存する。しかもその信用はいつ何時失われるか、あるいはいつ何時不信用に転換するかわからない。一八六六年のパニック後は、ことにピール条例の停止後は(多くの外国人はこれを誤って現金支払停止と混同している)、大量の外国資金がロンドンから引き上げられた。したがって、ロンドンにおける外国人の現金預金が増加するにしたがい、イギリスに対する「取付」の機会と災厄とがともに増加するとみなすのも無理ではないのである。

そしてもしその取付が起こったならば、これに応ずる地金はイングランド銀行から持ち出されなければならない。ほかに大きな貯蔵所は全然ない。大きな為替業者は自分自身のために少額を持っているかもしれないが、しかし彼らの貯えはここに比較して述べる価値は全然ない。もし外国の債権者が親切にもその時期を待っていて、地金の輸入されるにしたがってこれを買い取ってくれるならば、彼はイングランド銀行を煩わすことなくして、あるいは金融市場を困憊（こんぱい）せしめることなくして、支払を受けることができるであろう。ドイツ政府は最近このような親切を示した。いかなる点にも懸念を持っていなかったからである。しかし、恐怖に襲われている債権者は待とうとはしない。そしてもし彼が早急に地金を要するならば、彼はイングランド銀行にやってこずにはいないのである。

かくしてわれわれの信用制度はすべてイングランド銀行によってその保証を得ている。このただ一つの株式会社の理事の賢明なりや否やに、イギリスが支払能力を有するか否かが懸かっているのである。これはあまりに言いすぎのように思われるかもしれないが、しかしそうではない。あらゆる銀行がイングランド銀行を信頼している。そしてあらゆる商人がいずれかの銀行を信頼している。もし一商人が一万ポンドをその銀行家に預金していて、それをドイツの何ぴとかに支払おうとしても、彼の銀行家が彼に支払うことができないかぎり、彼もそれを支払うことはできない。そしてまたイングランド銀行がもし逼迫してでもいて、その「準備金」を提供することができないならば、この銀行家は支払うことができないであろう。

イングランド銀行の理事はしたがって名義上はそうでなくとも、事実上は公衆に対する受託者として、彼らのために支払準備を保有するのである。その当然の結果として世間では、彼らは明らかにこの義務を承認してそれを履行することを引き受けているか、あるいはそれともこのことに対する彼らの個人的利害関係が非常に密接なためになんらの約定をも必要としないのか、いずれかであろうと考えている。しかるにイングランド銀行の理事の方では、この義務を履行することを明確に引き受けるどころか、彼らの多数はほとんどそれを承認しようともしないし、ある者はそれを全然否認している。彼らのうちで最も注意周到な、最も経験の深い一人であるハンキー氏は、イングランド銀行に関する彼の書物のうちで――この書物はイングランド銀行の業務と作用とに関する現在最も良い報告書であるが――こう言っている。「ここではイングランド銀行の、すなわち銀行部の一般的経営の問題に入るつもりは全然ない。というのは、その営業方針なるものは、私の承知しているかぎり、ロンドンの経営よろしきを得たるいずれの銀行のそれとも異なるところはないからである」と。しかし何ぴとにもその公表された数字によって知りうるように、イングランド銀行の銀行部は銀行券および鋳貨でその負債の三〇から五〇パーセントを大量の準備金として保有している。しかるに他の諸銀行は営業に必要な現金の最小限度を銀行券および鋳貨で保有するにすぎない。そこでこのような相違がつねに変わることなく認められるということは、この二つが同一の方針で経営されていないことを示すものであろう。

イングランド銀行の営業は、何ぴとも知るように、幾多広汎なる改良を示している。今ではそれはロンバード街の他の諸銀行と同様には経営されていない。それは全然異なった質と量との準備金を保有している。しかしその営業は改善されたが、その理論はそうでない。イングランド銀行の理事は、彼らがいくらの準備金を保有するつもりでいるか、あるいはまたいくらまでのつもりはないか、またこの重要な問題について彼らはいかなる原理によってこれを処理しているかということを、たとえ概括的にでも表示する明確な決議をなしたこともなければ、またこれを公衆に発表したこともないのである。

イングランド銀行理事の地位はたしかにきわめて独特のものである。一方では、有力な一都市の世論が――有力な国民的世論といっても差支えないであろう、国民はたびたびのパニックから大いに学ぶところがあったのだから――これらの理事に対して大量の準備金を保有することを要求している。諸新聞は国民に代わってつねに理事に対してそれを保有すべきことを警告し、彼らがそれを保有するように監視している。しかるに他方では、それと較べては明白には見えないが、しかし同様に絶えず働いている今一つ他の圧力がこれらの理事を正反対の方向に圧迫し、彼らの意向を準備金の減少に片寄らせるのである。

それはすべての理事にとって当然のことであるが、その株主に対する配当をよくしたいという望みである。遊んでいる資金が多ければ多いだけ、他の事情に変わりがなければ、配当はそれだけ少ない。遊んでいる資金が少なければ、配当はそれだけ多い。したがって、イングランド銀行のほとんどすべての株主総会においてこの問題に関する意見の交換が行われる。なかには、なにゆえにかくも大量の資金が遊ばされたままであるのかわからないと言って、配当を当然にヨリ多くすべきことをほのめかす株主もあるのである。

また実際イングランド銀行株主が自分たちの地位を必ずしも好んでいないということ

は、怪しむべきことではない。彼らの銀行はシティで最も古いものであるが、彼らの利潤は他の銀行のそれがきわめて急速に増加するのに対して増加していない。一八四四年、イングランド銀行株に対する配当は七パーセントであって、株の価格は二一二であった。今は配当が九パーセントで、株の価格は二三二である。しかるにこれと同じ時期にロンドン・アンド・ウェストミンスター銀行の株は、倍額の増資があったにもかかわらず、二七から六六に騰貴し、配当は六パーセントから二〇パーセントに上がった。イングランド銀行株主としては、他の諸会社が現に彼らの会社以上に儲けているのを見るのは、好まないというのが当然である。

イングランド銀行の配当の低率なることと、その結果イングランド銀行株の安値なることの幾分かは、もちろんイングランド銀行の資本の大きさにもよるのであるが、しかしその大部分はまた非生産的な現金——なんら利子を生まない現金——すなわちイングランド銀行の銀行部が遊ばして保有しているものが多額なることによるのである。もしわれわれがロンドン・アンド・ウェストミンスター銀行——この銀行は一般に株式銀行中で第一のものとされ、非常に慎重かつ注意深く経営されているものとして知られているのであるが——これとイングランド銀行とを比較するならば、その相違はただちにわかるであろう。ロンドン・アンド・ウェストミンスター銀行はその負債のわずかに一三パーセントを遊ばしているにすぎない。イングランド銀行の銀行部は四〇パーセント以上である。経営におけるこのような大きな相違は利潤における大きな相違をもたらさざるをえないし、また実際もたらしているのである。イングランド銀行の株主がこの大きな相違を好まないのはやむをえない。多かれ少なかれ、彼らはつねに理事に対して(できるかぎり)非生産的な準備金を減額して、できるかぎり自分たち自身の配当を増加するように催促するのである。

たいていの銀行では、準備金を低減しようとする株主の希望を抑制するのに役立つものとして有益に作用する心配がある。株主はその銀行の信用を傷つけることを恐れるのである。しかるに幸か不幸か、イングランド銀行に対しては何ぴとも少しの不安も持っていない。少なくともイギリス人の世界では、それが破産するとは信じられていない。否、ほとんど破産するはずがないとまで信じられている。一八四四年以来三度も銀行部は援助を受け(一八四七、五七、六六年)、それがなかったならば破産するところであったのだ。一八二五年には全事業にわたってほとんど支払を停止せんばかりであった。一七九七年には実際にそうした。しかるになお依然としてイングランド銀行に対しては経験に反して信用があり、明白なる事実が軽視されている。もちろん、これらのいずれの年においてもイングランド銀行の状態は、二部に分かれていると否とにかかわらず、ある意味ではきわめて健全であった。それは終局的には全債権者に対してその全債務を支払うこともできたし、株主に対して彼ら自身の全資本を返還することもできたのであった。しかし終局的な支払は銀行債権者の欲するところではない。彼らは現在の、延期されざる支払を欲する。彼らは約束通り払い戻されることを欲するのである。請求次第支払われるというのが、その契約であった。そしてもし彼らが請求次第支払われなければ、彼らは破滅に陥るかもしれない。しかもこの即時支払は上述の年においては、イングランド銀行がたしかになしえなかったことなのである。しかしロンドン中の何ぴともイングランド銀行の信用をあれこれ言うということは、いまだかつて夢にも思わないし、またイングランド銀行もおのれ自身の信用が危険に瀕しているとはまったく夢にも思わないのである。とにかく何ぴともイングランド銀行は必ず良くなるということを感じない者はない。一七九七年にはイングランド銀行はほとんどなんらの資金をも残していなかったのであるが、政府は残っているものを繰り出す必要はないと言ったばかりでなく、そうしてはならないと言った。ピール条例を破る「免許状の効果」によって、政府がイングランド銀行のすぐ背後についていて、必要のある時はこれを援助するという普通一般の確信が確認されてきた。イングランド銀行にしても銀行部にしても、「清算」させられるというようなことはいまだかつて考えたこともない。たいていの人はそれよりもむしろイギリスを「解散すること」を考えてみるであろう。

そこでイングランド銀行は一銀行としては、他の諸銀行をして多大の準備金を保有せしめるところの、かの絶えることなき不安――不信用の不安――を免除されているのであるから、その経営者が準備金を保有することに特に身を入れて努力し、またそれを保有する力を有すべきものであるということは、わけても必要のことと考えられるであろう。しかしイングランド銀行理事は、言うまでもないことではあるが、イングランド銀行の経営に自身の個人的な財産を賭するものではない。彼らは裕福なるシティの商人である。そして彼らのイングランド銀行に対する利害関係は、彼らの所有する他の財産と比較してもわずかのものである。もしイングランド銀行が解散されたとしても、彼らの多くの者は所得にはほとんどなんらの影響をも感じないであろう。そしてまたその上にイングランド銀行理事は熟練した銀行家ではない。彼らはこの業務の教育を受けた者ではない。一般に彼らはその精神の主力をこれに捧げない。彼らは商人である。彼らの時間、彼らの本心はほとんどすべて自分自身の業務において、自分自身のために金を儲けることに取られている。

このように大いなる公共的義務がイングランド銀行の銀行部にかけられているからには、指導的政治家は(議会それ自身ではなくとも)彼らに対してこれを果たすように申し附けていることと考えられるかもしれない。しかし議会の明確なる決議をもってこれを命令したことはいまだかつて一度もない。有力なる政治家がたまたまこれに言及したということも、ほとんどまったくない。むしろ反対にサー・ロバート・ピールに始まりロウ氏に終わる一連の連鎖をなす諸権威の言によれば、イングランド銀行の銀行部は他のいかなる銀行とも異なるところなき一銀行にすぎない——他の諸会社と同様なる一会社にすぎない。そしてこの資格においては、それはなんら特別の地位をも有するものではなく、なんらの公共的義務をも全然有していないというのである。イギリスの政治家の十中の九は、イングランド銀行の銀行部の経営に関して訊ねられたならば、それは彼らのなしていることにも、あるいはまた議会にも全然関係のないことであり、銀行部自身が独力でこれに善処しなければならないと答えるであろう。

かくしてわれわれはわが国の全銀行支払準備の管理を、もっぱらかかる役目には格別訓練もされていない理事の単独機関の手に託する結果となった。しかもこれらの理事は——「アマチュア」と呼んでもよい者であったが——支払準備を減じずに保有することに対して他の人々以上になんらの特別の利害関係をも有する者ではなく、それを減じずに保有するなんらの責任を承認する者でもない。またいかなる大政治家あるいは官庁からも、彼らはそれをそのまま保有すべきであるとか、あるいはまたなんらかの処置をなすべきであるというような命を受けたことも一度もなかった。彼らは、もしそれが減じられたならばヨリ多くの所得を得ることになる株主によって指名され、その代理人なのである。またそれが全然浪費されてしまったとしても破産を恐れないし、また恐れる必要もない者なのである。

このような関係の異様なることは当然明白でなければならない。しかしこの異様さは、全国の銀行支払準備金の管理なるものがいかなるものであり、いかに微妙また困難なものであるかを知ってからでなければ、これを理解することはできない。

二

われわれがこれまで考察してきたような準備金は、突然不意に起こる請求に応ずるために保有されているものである。もしある国の諸銀行家が、普通必要とされているよりもはるかに多くのものを求められると、その時は必ずこの準備金に頼らなければならない。それではこれらの特別の請求とは何であるか。そしてまたこの特別の準備金はいかようにして使用されるべきものであるか。大きく分ければ、これらの特別の請求には二つの種類がある——一つは外国からであって、多額の異例な対外債務を返すために必要な対外的支払に応ずべきもの、他の一つは国内から来るものであって、相当の理由があるか、あるいは理由なしに、いずれにしても突然に起こってくる恐慌あるいはパニックに応ずべきものである。

いかなる国もイギリスほどにその銀行支払準備金に対する外国の請求を受けてきたものはいまだかつてない。それは現在イギリスが諸外国からの大きな借り手であるというためばかりでなく、また(しかもそれ以上に)外国貿易を大規模に、かくまで多様に、あるいはかくまで世界中に手を拡げてなした国はいまだかつてなかったからである。一国の平常の外国貿易にはなんらの現金も必要でない。一方における輸出は、他方における輸入と差引相殺される。しかし突然に起こる輸入貿易――凶作後の外国穀物の輸入のような――あるいは(普通はるかに少ないことではあるが、しかしその例のある)なんらかの大口輸出の途絶――は差引借越となるのであって、それは必ず現金で支払われなければならない。

しかるに、いやしくも銀行業の発達している諸国にあっては、多額の現金を引き出しうる源泉は「銀行支払準備金」以外にはない。イギリスにおいては特に、地金商人が取引上保有する、あまり大した額にもならない若干額を除いては、銀行以外に挙げて言うべきほどの額の現金は全然ないのである。普通の人には多額の金を支払うということは、どこかの銀行に頼らないかぎり、たとえ一カ月をかけてみたとしてもできないことである。現金で多額の支払をしようとする人はすべて必ずこの銀行支払準備金に食い込まざるをえない。しからば「現金」とは何であるか。対内的には政府のなすところによって、その国の通貨の数量、したがってまたその価値を決定されることもある。しかし対外的にはいかなる政府もこれをなすことはできない。国際貿易の「現金」は地金である。紙幣はそこではなんらの役にも立たない。鋳貨もそれが含有する地金の多少によって通用するにすぎない。

そこで一国の法定貨幣が純粋に金属である場合には、諸銀行がその「法定貨幣」を充分に貯蔵しておくというだけでよいことになる。しかし「法定貨幣」が一部は金属、一部は紙片であるという場合には、紙の「法定貨幣」——銀行券——は地金に兌換されることを必要とするのである。しかしここでもし兌換の諸条件を論じ始めるとなると、自分で課した限度を越えて、ピール条例に関する議論を始めることになるであろう。私はただ単に有効なる対外的支払に対する主要先決問題——局地的(ローカル)な法定貨幣の充分なる供給——を取り扱うにすぎない。これに続く次の問題——局地的な法定貨幣の、世界的に受領される商品への転換——を取り扱うことはできない。

現に私の取り扱わなければならぬこともなかなか広汎である。イングランド銀行は「法定貨幣」の準備を保有し、もしそれ自身が役立つならばこれをもって対外的支払に使用せしめ、もしそれ自身が役立たなければこれをもって地金を獲得するために使用せしめなければならない。しかも対外的支払は時に非常に大きく、またしばしば非常に急に起こるものである。いわゆる「綿花流出(コットン・ドレイン)」——アメリカの南北戦争中、インド綿花に対して支払うための東洋への資金の流出——は年々打ち続いてこの国から数百万を奪った。凶作は一年のうちに幾百万をも奪わずにはいないだろう。このような巨額のものを調達するには、イングランド銀行が有効なる一手段を忠実にとることが必要である。

利子率の引き上げがその手段である。もし貨幣の利子が引き上げられるならば、資金がロンバード街にたしかにやってくるということは経験によって明らかである。また理論はそれが当然であると教えている。このことを遺憾なく説明するには為替の理論に深く入らなければならないが、しかし普通の概念でも充分明らかである。貸付資本は、あらゆる他の商品と同様に、最もよく利用されるところにやってくる。大陸の諸銀行家やその他の者は、利子率によって、それが有利になしうることがわかるや否や、ただちに多額の金をこちらに送ってくる。イギリスの信用が確かなうちは、ロンバード街における貨幣の価値の騰貴は、銀行活動によってただちにロンバード街に資金をもたらしてくる。しかもなお商業活動は比較的緩慢となる。手形の割引率の騰貴はこの国の商業取引にただちに作用する。物価はここで低落する。その結果、輸入は減退する。輸出は増大する。したがって、この利率が引き上げられた後には、地金のこの国に対する差引流入は、それ以前におけるよりもその傾向をいっそう強化されるのである。

いずれの国においてもその国の銀行支払準備金を保有する者は、それが誰であろうと――一銀行であろうと、多くの銀行であろうと――外国為替が不利となり始めるとただちに利率を引き上げ、これによって彼らの準備金がさらにそれ以上減退することを防止し、地金の輸入によってこれを補塡するようにするのが当然である。

この義務を一八六〇年頃までイングランド銀行は、さらにのちに明らかに示すように、全然遂行しなかった。イングランド銀行が一八一九年(すなわちイングランド銀行によって正貨支払が再開され、われわれの現代的金融市場の開始された年となすことのできる時)から一八五七年までの間において、準備金を保有し、対外的流出を処理しようとしてきた様々な企てほどに――もしそれが実際、企てと呼びうるならば――不幸なる歴史を持つものはほとんどないといってもよい。一八五七年のパニックによって初めてイングランド銀行の理事は賢明な道を教えられ、健全な原理に転向したのである。イングランド銀行の現在の政策は一八五七年以前の政策に対する無限の改正である。この二つのものは寸時も混同されてはならない。しかしながら、それにもかかわらず現在の政策は、のちにも示すように、今なおきわめて不完全なものであって、その政策が本来あるべきものとなるには、なお多大の論議と多大の努力とを要することであろう。

国内的流出は非常に異なっている。この流出は国内における信用の阻害から起こってくる。しかしこれを取り扱うことはさらにいっそう困難である。なぜならば、それはしばしば対外的流出によって惹起されるか、あるいはまた少なくともしばしばこれによって強化されるからである。銀行支払準備金がすでに低下している事実や、日々それが低下しつつある事実を知ったがために、公衆が恐慌に陥ったということは数えきれないほどにあった。この二つの疾病——対外的流出ならびに対内的流出——はしばしば同時に金融市場を襲ってくる。それでは一体どうしたらよいか。

一見して想像されうることとは反対に、銀行支払準備金を管理している銀行、あるいは諸銀行にとって、国内的不信用から起こった流出を処理する最もよい方法は、快く貸し付けることである。何ぴとにしても第一の本能はこれと正反対である。保持しようとする基金に対して大量の請求があるのであるから、これを保持する最も明白なる方法はこれを退蔵することである——できるかぎり取り入れ、出さずにすむものはできるだけ出さないということである。しかしそれが不信用を軽減する方法でないことは、どんな銀行家でも知っている。この場合の不信用なるものは「少しの資金も調（ととの）えていないという評判の立つ」ことであって、この評判を消すためには、できるならば資金を持っていることを示さなければならない。それは公衆に対して、公衆がそれのあることを知りうるようにするために使用されなければならない。節約や蓄積の時ではない。優良なる銀行家ならばおそらく平常時において、彼が非常時に利用すべき準備金を蓄積しておいてもいたことであろう。

通例、不信用なるものは最初はいずれか特定の銀行にかけられるものではない。最初から主たる現金準備を保有する銀行あるいは諸銀行に集中されるということはなおさらない。これらの銀行が最も信用のある銀行であることは、ほとんど間違いのないことである。そうでなければ、またかかる地位にあることはないであろう。そしてまた準備金を有することによって彼らは他のいずれの銀行よりもおそらくヨリ有力に見えるであろうし、またヨリ有力なものと思われるのである。パニックの初期というものは、最初は一種の漠然たる会話のようなものである。A・Bは以前と同様に確実であるか、C・Dは資金を失ったか、その他無数の質問が行われる。多数の人々が噂に上る。そしてまた数知れぬ人々が思案する――「自分は噂されているか、あるいはそれとも自分はされていないのか」「自分の信用は以前と同様に確実であるか、あるいはまたそれとも以前よりも不確実であるか」と。しかも日に日にパニックの拡大するにしたがって、このような根もない疑惑はますます烈しくもなれば、またますます広まってもくる。それはますます多くの人々を襲い、しかもこれらの人々すべてに対して最初よりはますます毒を含んで襲いかかるのである。したがって経験ある人々はすべてパニックの初期の段階において、いわゆる「自己強化」に努める。彼らはできるうちに資金を借り入れる。彼らは自分の銀行に行って、普通ならばなお数日あるいは数週間はしないような手形の割引を申し出る。そこでもしその商人がいつものお得意であれば、銀行家も拒絶したくはない。なぜならば、もしそうすればその銀行家は資金に窮しているものと言われるであろうし、また言われても仕方がないのであって、パニックをおのれに引き寄せることになるかもしれないからである。ひとり商人ばかりではない――現在あるいは差し迫って――金銭上の支払義務を有している人々はすべて、この「自己強化」をやりたいという望みを、しかもその債務に比例して抱くのである。特にこのことは補助的金融業者とでも名付けられうる者にとってそうである。いかなる銀行制度の下においても中央銀行あるいは(準備金を保有する)諸銀行の周囲にはつねに一群の小金融業者が集まっているものであって、彼らは手形の細目にわたって注意し、繁忙な諸銀行家にとってはその時間のない特殊の証券を研究し、これによって生計を立てている。取引の拡大するとともに、このような補助的人物の数も増加する。資金の貸し付けられる様々な様式は、それぞれその特色を持っているものであって、その一つを専門とする者はこの方法によって比較的安全に、したがってまた比較的安価に貸し付けるのである。パニックの時にはこれらの従属的金融業者は必ず主たる金融業者のところへやってくる。平常時においてこの両者の間の関係は大体かなり密接なるものである。この小金融業者はたいていはその「証券」を、彼ら自身に取ったよりもヨリ低い率でもって大金融業者に抵当に入れ、それから市場にいって再び貸し付けるのが常である。彼にとっては時間と頭脳とが主たる資本であって、彼はそれをつねに使用していたいのである。しかるにパニックの初期において小金融業者は必ず恐慌に陥る。彼の信用は決して確実なものではなく、また広くもない。彼はつねにその当時行われている疑惑をかけられる者となるかもしれないことを恐れている。そしてまたしばしば彼はそうなるのである。かくして彼は大金融業者に貸付を求める。多数のこの種の者があらゆる大金融業者に――資金を持っている者に――準備金の保有者に乞うのである。そこでこれら金融業者の前に明白なる問題が現われてくる――「どうしたら自分たちは最もよく自らを護れるか。これらの二流の業者に対してただちに貸し付けることが厄介なことは言うまでもないが、しかしそれを拒絶するということも危険ではないであろうか。パニックはその餌食となるものによって成長する。もしそれがこれらの二流の者を喰いつくすとすれば、われわれ一流の者も安全であるだろうか」というのである。

パニックは一口で言えば、一種の神経痛である。科学的法則によれば、これに対しては栄養を悪くしてはならない。現金準備の保有者はつねに彼ら自身の負債に対してこれを保有するばかりでなく、他の者の負債に対してもいささかの惜しげもなくそれを貸付する覚悟でいなければならない。彼らは商人にも、小銀行家にも、「この人にも、あの人にも」担保さえ確実であれば貸し付けなければならない。狂乱せる恐慌的時期においては、一つの破産は多数の破産の原因となる。この派生的破産を防ぐ最良の方法は、それを惹き起こす元の破産を止めることである。一八二五年のパニックは資金の貸付によって停止されたのであるが、そのやり方については非常に明瞭に目に見えるように説明され、その点で古典的となっているほどの叙述がある。ハーマン氏はイングランド銀行を代表してこう言った。「ありとあらゆる手段によって資金を貸し付けた。われわれがいまだかつて採用したこともないようなやり方によったのである。われわれは株券を担保にとった。われわれは国庫証券を買い入れた。われわれは国庫証券に対して貸し付けた。われわれは即座に為替手形を割引したばかりでなく、その預託に対しても巨額の貸付をした——要するにイングランド銀行の安全を害さないかぎり、ありとあらゆる手段をとった。しかもわれわれは場合によっては過度にやかましい態度をとるというようなこともしなかった。公衆の陥っている恐るべき状態を見て、われわれは力の及ぶかぎりのあらゆる援助をいたしたのである」と。この手当をしてから一日か二日の後には、パニックはまったく鎮静してきた。そして「シティ」はきわめて平静となったのである。

パニック処理の問題は主として「銀行業の」問題であると考えてはならない。それは元来商業上の問題である。商人はすべて負債を持っている。彼らはまもなく支払わなければならない手形を持っている。しかも彼らはこれらの手形を支払うのには、他の商人に対する手形を割引してもらうよりほかにはない。言い換えれば、商人はすべて資金の借入に依存している。大商人は多量の資金の借入に依存している。パニックの徴候が少しでもあると、多数の商人はいつもよりは多くの借入をしたがる。彼らは自分の手形を支払う金を、その金がなお得られる間は調達しようと考えるのである。もし銀行家が商人の要求に応ずるとすれば、彼らはまさに最も好ましくないと考える時にあたって多額を貸し付けなければならない。もし彼らがその要求に応じなければパニックである。

表面的に見れば、以上述べてきたことには大いなる矛盾があるように思われる。まず第一に、ある一銀行または諸銀行に一定額の準備金を設定し、その一銀行または諸銀行を一種の最高金庫として、これにその国の最後の一シリングまでを預金せしめ、保有せしめる。そしてそれからこの最後の金庫がまた最後の貸付所でもなければならないというのであって、他に何ぴとも貸し付ける者のないとき、それによって無制限に、少なくとも巨額に貸付がなされなければならないということになる。これはいかにも――まずはじめに準備金が保有されなければならないと言っておいて、次いでそれは保有されてはならないと言っているように見える。しかしこの点についてはなんらの難問もない。一国の最終的な銀行支払準備金は(何ぴとによって保有されるにしても)見え(ショー)のために保有されているのではない。一定の緊要なる諸目的のためにされるものであって、その国における恐慌によって惹き起こされる現金請求に応ずるということは、その目的のうちの一つなのである。われわれの最後の財産もある一定の場合には貸し付けられるべきものであるということは、不合理ではない。反対にわれわれがこの財産を保有しているのは、まさにある一定の場合にはそれが貸し付けられるべきものであるという理由によるものにほかならない。

抽象的原則として見ると、この問題はこういうことになる。「恐慌」とはある人々がその金をその債権者に対して、債権者が支払を求めているときに、支払わないであろうと考えられることである。もしできるならば、この恐慌に対抗する最もよい方法は、これらの人々をしてその債権者に対してちょうどその時支払うことができるようにしてやることである。この目的のためには単に少額の資金を必要とするにすぎない。この恐慌がこういうふうにして対抗されないとなると、それは激発してパニックとなる。パニックはたいていの人が、あるいは非常に多数の人々がその債権者に対して支払わないであろうと考えられることである。したがって、これもまたこれらの人々すべてをして彼らの借りているものを支払うことができるようにしてやるよりほかには、対抗することはできない。しかしそれには巨額の資金が必要である。何ぴとも、銀行支払準備の保有者以外には、それに足るだけの資金を、あるいは足りそうなものを持ってはいない。

それではこのようにこの準備金を保有する諸銀行によってなされる援助は、必ずそれを減退せしめるものであるかというと、そういうわけではない。たいていの場合は、パニックは拡大して準備金を保有する銀行あるいは諸銀行にまで波及するか、あるいはまたほとんどこれに波及せんとするのであるが、しかしこれに触れるということは全然ない。こういう場合には、この支配的な銀行あるいは諸銀行が彼らの信用を、これを求めている者にいわば保証するだけで充分なのである。現在のわれわれの制度の下にあっては、しばしば一商人あるいは一銀行が与えられた貸付をイングランド銀行の帳簿に彼の貸方として記入してもらうだけで、まったく充分なのである。彼はそれに対して小切手を振り出すというようなことはないかもしれない。あるいはもしあったとしても、その小切手は再びある他の預金者の貸方に入って、そのままその勘定に残ることとなる場合もある。こうした場合の貸付の増加は銀行の負債の増加となって、その準備金の減退とならないことが多い。一八四四年以前にはまったくそうであった。例えば、一八二五年には国内的なパニックを鎮めるために銀行券を発行したが、それは地金準備を減少しはしなかった。銀行券は出ていったが、帰ってはこなかった。それは公衆に対する貸付として発行されたのであったが、公衆はそれ以上のことを求めなかった。彼らは決してそれを支払請求に提出しはしなかった。彼らはそれに対して金貨の引渡しを全然要求しなかったのである。しかし恐慌の増進しつつある間に巨額の債務を引き受けるということは、それと同額の現金の貸付ほどには悪くないにしても、これにつぐ最悪のものである。いつ何時現金が請求されるかもしれない。パニックが拡大するものとするならば、それは請求されることになるであろう。そして準備金はそれだけ減少することになろう。

もちろんあらゆる予防策も結局は無効となるかもしれない。リカードは言っている。「非常の場合に際してはその国は全般的なパニックに襲われるかもしれない。そして何ぴともその財産を実体化し、あるいは隠匿するのに最も便利なる方法として貴金属を手に入れることを望まない者はないということになる——かかるパニックに対しては銀行はいかなる制度の下においてもなんらの保証をも有するものではない」と。準備金を保有する銀行あるいは諸銀行は他のものよりは少しは長く持ちこたえるかもしれないが、しかしもし不安が一定の限度を越えるならば彼らもまた潰れざるをえない。信用の効果は、これによって債務者が彼らの債権者から借り入れた資金のある一部分を利用することができるようになるということにある。もしこれらの債権者すべてがその資金の全部を一時に請求するならば、彼らはこれを得ることはできない。なぜならば、彼らの債務者の利用したものは、当時現に使用中のものであって、取り上げることのできないものであるからである。信用の利便とともに、われわれはその不便をも考え合さなければならない。しかしそれをできるかぎり少なくするには、つねに利用しうる現金を大量的に貯蔵しておいて、パニックの期間または恐慌の初期において非常に寛大に貸し付けなければならないのである。

金融市場の管理は、前にも述べたように国内パニックと地金に対する国外からの請求とが普通、時を同じくしてともに起こってくるので、それだけいっそう困難である。外国への流出はイングランド銀行の金庫を空にする。そしてこの涸渇とその結果としての割引率の騰貴とは、ますます市場を恐怖せしめることになる。準備金の保有者は、したがって二つの全然異なった疾病を同時に治療しなければならない――一方は厳格な治療を、特に利率の急速なる引上げを必要とし、他方は巨額かつ即時的な貸付をもってする鎮静療法を必要とするのである。

われわれが幾多の特殊の経験によって知るまでは、この複雑なる疾病に対して処方することは容易ではなかった。しかし今ではわれわれはこれをいかに処置すべきかを知っている。われわれはまず最初に対外的流出に注意し、必要に応じて利率を引き上げなければならない。その外国への輸出を停止することができないかぎり、国内の恐慌を緩和することはできない。イングランド銀行はますます窮乏してくる。そしてその窮乏は不安を長引かせ、あるいは更新する。しかしまたこのように引き上げられる利率でもって最後の銀行支払準備金の保有者――一行あるいは数行――は寛大に貸し付けなければばならない。非常に高い利率でもって非常に多額の貸付をなすことが、国内的流出にかてて加えて対外的流出が行われるという、金融市場の最悪の症状に対する最良の療法である。資金は得られないとか、あるいはそれともどんなにしても得られないかもしれないとかと考えられるということは、いずれも恐慌をパニックに高め、パニックをさらに狂気に進めずにはおかない。しかしこのように原則としては明瞭であっても、かかる相反する重症を同時に処置するということになると、きわめて巧妙なる手腕ときわめて精緻なる、きわめて熟練したる判断とが必要である。

さて、こうした問題はいかなる国においても非常に取り扱い難いものではあるが、現在のイギリスにおいては、他のいかなる国の過去あるいは現在におけるよりもはるかに著しく取り扱い難いものである。パニックによって受けた最後の銀行支払準備の逼迫は、一国の商業取引の大きさと中央の銀行あるいは諸銀行の周囲に集まる従属的銀行——すなわち現金準備を全然所有しない諸銀行——の数と規模とに比例する。しかるにこの二つのいずれの点においても、われわれの制度では驚くべき逼迫を惹き起こすことになる。われわれの商業取引の大きさ、またイングランド銀行に依存する諸銀行の数と大きさは争うべからざる事実である。大きな負債を持っている人々の数は、他のいかなる国において現在あるよりも、あるいはかつてあったよりも非常に多いのである。パニックが始まると必ずこのような負債を持っている人々は、いずれもできるうちにその負債に応ずる資金を準備しようとする。これによって新しい貸付に対する巨額の需要が惹き起こされる。しかもこれに応ずることができるどころではない、その当時特別の準備金を保有していない諸銀行はかえって大量の借入をなすか、あるいは巨額の貸付の更新を断わる――たいていはこの両者によるのである。

ロンドンの諸銀行家は、イングランド銀行を除いては、様々な方法によってこれをやる。まず第一に、彼らはたいていビル・ブローカーに対して巨額の手形割引をしているが、もしこれらの手形が支払われると、これに代わるいかなる他のものをも割引することを断わる。ロンドン・アンド・ウェストミンスター銀行の理事は一八五七年のパニックの時、数百万の手形を割引していたのであるが、これらの手形が支払われさえすればいかなる需要にも充分に応じて、なおはるかに多額の現金を余すという、彼らの言葉に間違いはなかった。* しかしいかにしてこれらの手形は支払われることができたであろうか。何ぴとか他の者がそれを支払う資金を貸し付けなければならない。商業社会は突如としてこのような巨額の借入資金を失うことに堪えうるものではない。彼らはこれに依存することに慣れてきているのであって、それなくしては取引をやってゆくことができないのである。ことにパニックの初期において各人ともに平常よりヨリ多くの資金を求めている時にあたっては、それを堪えることはできないであろう。大体においてこれら手形は他の手形の割引によって支払われるよりほかにはない。(例えば)マンチェスターの問屋業者が製造業者に与えた手形に支払期日がきたとき、彼は原則としてはそれをただちに現金でもって支払うことはできない。彼は信用で買い入れ、信用で売ったのである。彼は仲介人たるにすぎない。財貨の製造業者に対して彼自身の手形を支払うためには、彼がその財貨を売った商人から受け取った手形を割引してもらわなければならない。しかしもし割引資金が突如として止まるならば、それを割引してもらうことはできないであろう。われわれの全商業社会は古い負債を支払うために新しい貸付を得なければならない。もし他の何ぴとかがロンドン・アンド・ウェストミンスター銀行のような諸銀行の取り去る資金を市場に注入しなかったならば、ロンドン・アンド・ウェストミンスター銀行の保有する手形も支払われるわけにはゆかないであろう。

＊　附録、註B参照。

では誰が新たなる資金を注入することができるのか。確かにビル・ブローカーではない。彼らは従来ロンドン・アンド・ウェストミンスター銀行のような諸銀行で数百万の手形を再割引してもらってきているのであって、もしこれらの手形を再割引してもらうことができそうにもないということを知るならば、彼らは即刻自分自身の防御にかかり、割引はしないであろう。彼らの商売は多額の現金を使用しないでおくことを許さないものである。彼らは彼らに預託されたる資金にはすべて利子を支払っている——しばしば彼らの取ることのできる利子とほとんど異ならない利子を支払っている。したがって、彼らは少額の準備金しか保有することができないのであって、パニックは彼らに対しては他の何びとに対するよりもはるかに急速にこたえてくるのである。彼らはただちにその割引を停止する、あるいはその割引を著しく減少する。彼のところからは新しい資金は全然得られなくなるのであって、それを得ることのできる唯一の場所はイングランド銀行となるのである。

さらにいっそう簡単な場合もある。自己の信用に確信がなくて現金を増加したいと思う銀行家が、ビル・ブローカーに資金を預託していることもあるであろう。もし彼がその準備金を補塡したいと思えば、彼はそれをまさに恐慌の始まってきたときに求めることもできるものとしよう。しかしもし非常に多数の人々がきわめて突然にこのようなことをするとしたら、ビル・ブローカーは借り入れることなしに支払うことはすぐにはできないであろう。彼らはその箱の中に優良なる手形を持ってはいるが、それはなお数日間は支払満期にならない。しかも多かれ少なかれ恐慌に陥った諸銀行家の請求は、即刻即日の支払を求めるものである。かくしてビル・ブローカーはイングランド銀行に——かかる時機に新たなる資金を得ることのできる唯一の場所に——避難するのである。

銀行家がコンソル公債を売却したり、コンソル公債に対して貸し付けた資金を回収したりしたいと思う場合も、まったくこれと同様である。それを彼は彼の準備金の一部として計算している。それも平常時においては至極結構である。諺に「コンソル公債なら日曜日にも売れる」ということがある。なんらの恐慌もない時には、あるいはまたその銀行家だけを襲う恐慌であれば、彼はこうした準備金に依存していても心配はない。しかし全般的なパニックにおいてはそうではない。その時もし彼が五〇万ポンドに価するコンソル公債を売却しようとしても、市場にいつでも流入するばかりになっている新しい資金から五〇万ポンドを得るなどということはできないであろう。普通の銀行家はいずれも売却しようとしている、あるいはまた売却しなければならないかもしれないと考えている。唯一の財源はイングランド銀行である。大規模のパニックではコンソル公債もイングランド銀行が買い手に貸し付けないかぎり売却することはできない。いかなる買い手もこのような時には、イングランド銀行が彼に貸し付けないかぎり、コンソル公債で借り入れることはできないのである。

恐慌が大都市に限られないで、全国にわたって広まることになると、事態はさらに悪化する。原則として地方銀行家は現金を彼らの日常の取引に必要なだけしか保有していない。残りは全部ビル・ブローカーの店、あるいは利子を支払う諸銀行に託するか、またはコンソル公債やその他同種の証券に投資する。しかしパニックとなると、彼らはロンドンに向かってこの資金を求める。ところで彼らがそれを得ることができるのは、イングランド銀行以外にはない。なぜならばロンドンの他のものはいずれも自分自身のためにその資金を必要とするからである。

請求次第支払われるべきロンバード街の負債が他のいずれの同種市場のそれよりもはるかに大量なること、またこの国の負債はさらにいっそう巨大なることを想起するならば、イングランド銀行がロンバード街ならびに全国からいずれも突如としてかつ同時に救援を求められるとき、いかなる程度の圧力を受けることになるかは、われわれの想像しうるところである。他のいかなる銀行もいまだかつてかくも恐るべき要求に遭ったことはなかった。いかなる銀行も、イギリスのような国民の銀行支払準備金を保有したことはいまだかつてなかったからである。

イングランド銀行がこの重大なる職責を果たす、そのやり方は非常に奇態である。もちろんそれはパニックごとに巨額の貸付をする――

「民間証券」に対する貸付は、

一八四七年には　一八九六万三〇〇〇ポンドから　二〇四〇万九〇〇〇ポンドに

一八五七年には　二〇四〇万四〇〇〇ポンドから　三一三五万〇〇〇〇ポンドに

一八六六年には　一八五〇万七〇〇〇ポンドから　三三四四万七〇〇〇ポンドに

増加した。しかし他面においては先にも述べたように、イングランド銀行は大体この義務を果たしはするが、これが自己の義務であることを明確に承認してはいない。イングランド銀行の銀行部も他の諸銀行と同様に一銀行たるにすぎない――パニックの時にもなんら特別の義務を有するものではない――それはかかる際にも他の諸銀行と同様にただ自行だけのことを注意すべきだ――とは、ともすれば物々しげに聞かされるところである。しかもイングランド銀行にとってはこの言い訳が立つのである。これまで銀行経営の問題は、通貨の問題と比較しては、ほとんど論ぜられていないのであって、パニックの時のイングランド銀行の義務は間違った基礎に置かれていたのである。

銀行券が法定貨幣であるという理由から、イングランド銀行は他の人々を援助すべきある特殊の義務を有しているもののように思われている。しかし銀行券は発券部において法定貨幣となるにすぎない。銀行部においてではない。この両部が偶然同じ建物のうちに一緒になっているということは、銀行部に対してパニックに対応するなんらの助力をも与えるものではない。かりにもし発券部がサマーセット・ハウス〔ロンドン・ストランド街の大規模な建物で行政事務等に使用〕にあったとしても、またそこで政府紙幣を発行したとしても、現在の法律の下では銀行部の地位は今のものとまったく異なるところはないであろう。もちろん、以前はイングランド銀行もその欲するだけの発行をなすことができた。しかしこの歴史的回顧によっても、もはやこのように発行することのできない今となっては、それは少しも強力にはならない。われわれの取り扱わなければならないのは、現在あるところのものであって、過去にあったことではない。

しかもなおいっそうよろしくない議論がまた行われている。イングランド銀行は「国庫勘定」をあずかる政府銀行家であるから、それは一種の「公共機関」であり、当然万人を救助すべきであると言われている。しかしながら、徴収されて支出されるのを待っている税金の保管は、パニックとはまったく離れた別の義務である。政府資金はパニックのきた時にはたまたま多いこともあれば、少ないこともあるかもしれない。この二つのものの間にはなんらの関係も結びつきもない。しかも国家が、もし手に入ることになればその資金をすべてイングランド銀行をして保有せしめ、あるいはもし入用ということになればその資金をすべてそれから借り入れるというように、これに仕事をさしているのは、パニックを阻止するために、あるいはまた銀行が阻止しようとする場合にこれに大いに役立てるためにしているのではない。

真実の道理が明瞭に会得されてこなかったのである。すでに述べたように——しかしその重要な点からいって、おそらくはまたその新奇な点からいってもそれは再言する価値があるのであるが——いかなる銀行あるいは諸銀行もその国の最後の銀行支払準備金を保有するものは、不安の時機にはきわめて寛大にその準備金を貸し付けなければならない。それが銀行支払準備金特有の用途の一つであるからであり、またそのために保有されている主要目的の一つを達成する方法であるからである。正しいにせよ間違っているにせよ、現在のところ、また実際においてイングランド銀行がわれわれの最後の銀行支払準備金を保有しているのである。したがってまたこれをこのように使用しなければならないのである。

またイングランド銀行は確かにパニックの時に多額の貸付をなすのであるが、しかしなおなんら明白なる原則によってこれをなすのではないのであるから当然ではあるが、躊躇しながら不承不承にしかも疑惑をもってこれをなすのである。一八四七年には、また一八六六年においてさえ――これは最近のパニックであって全体においてイングランド銀行が最もよく効果をあげたものであるが――なお一瞬、イングランド銀行はコンソル公債に対して貸付をしようとしないとか、あるいはまた少なくともそれで貸し付けることを躊躇しているとかということが信じられたのであった。このことがシティに報道され、地方に電報された時、それはただちにその時のパニックを測り知れないほどに悪化せしめたのである。また実際、このように逡巡しながら巨額の貸付をなすことは、利益を得ることなくして、悪弊を招くことになる。人々の望むところは、またパニックを阻止するに必要なるものは、資金が高価であるにしてもなお資金は得られるはずであるという印象を普及することである。もし人々が一日か二日か待ちさえすれば資金を得ることができる、絶対的破滅が来つつあるのではないと、真実に確信するようになすことができれば、彼らはおそらくかくまで狂乱して資金をあさるというようなことは十中八九しないであろう。ただちにイングランド銀行を閉鎖して平常貸し付けている以上は貸し付けないと言明するか、それとも寛大に、大胆に貸し付け、なお貸付を続けるつもりでいることを公衆が感知するようにするか、いずれかである。巨額の貸付をなし、しかもなお公衆に対して充分にかつ有効に貸し付けるつもりでいることを確信せしめないというのは、あらゆる方策のうちで最も拙劣なるものである。しかるにそれが現に実行されている方策である。

実際のところ、イングランド銀行は他の銀行をして貸付をなさしめるようにするという動機から貸し付けてはいない。銀行支払準備金の保有者がパニックの初期においてただちにきわめて寛大に貸付をなすのが至当であるというのは、パニックによる破滅を恐れるからである。それは彼らが他の人々のためになすことではない。彼ら自身のためになすべきことである。彼らはこの大胆なる方策が唯一の安全なるものであることを覚るべきである。そしてこの理由からそれを採用するというのでなければならないはずである。しかるにイングランド銀行理事には懼るるところがないのである。最後の瞬間においてさえ彼らは「世間がどんな目に遭おうとも自分自身は安全である」という。一八四七年ならびに一八五七年には(活字になった証拠はないけれども、一八六六年にもまたそうであったと思うのであるが)、イングランド銀行の理事は、銀行部がその準備金をほとんど全部失うとしてもきわめて安全であり、また証券を売却し、割引を拒絶することによって自ら強化することができるということを主張したのである。しかしこれは完全に夢である。イングランド銀行は「証券」を売却することはできなかったであろう。極端なるパニックにおいては他に誰も証券を買い入れる者はないからである。イングランド銀行はその手形が支払われて金庫がいっぱいになるまでじっとして待っていることはできない。先に割引した手形は、それに相当する額の手形を割引してやらないかぎり、支払われることはないからである。最後の銀行あるいは諸銀行——準備金を保有するもの——の準備金が乏しくなる時には、それは他の従属的な諸銀行が普通彼らの準備金を維持するために採用するのと同様の手段によって増大せしめることはできない。従属的な諸銀行はかかる時機には最後の諸銀行が平常よりも余計に割引し、平常よりも余計に貸付していてくれるものと信じているからである。しかるに最後の諸銀行には頼みとする、これと同様の後衛が全然ないのである。

以上述べたことによって、われわれの全準備金をイングランド銀行理事のそれのような一委員会に委ねるという制度が非常に変則であるということ、それは非常に危険であるということ、それに当然なる有害な結果は多分に経験されながら充分には理解されていないということ、それは伝統的な議論によって曖昧にされ、過去の論争の騒ぎの中に隠れて見えなくなっているということが、もし証明されていないとすれば、私の目的は達せられなかったということになる。

しかしこうも言われるであろう——それではいかなるものがこれ以上によいと言うのか、何か他の制度があるとでも言うのかと。われわれは銀行業がその枢要なる機能を単独の一銀行に委ねるという制度に非常に馴れているので、他のなんらかの制度をほとんど考えられないほどになっている。しかし自然なる制度——もし政府が銀行業を放任していたならば、発生したであろうと考えられるもの——は、大きさの均しい、あるいは大体似かよった多数の銀行からなるものである。他の事業ではすべて競争によってまず大体似たりよったりの同業者となっている。綿紡績においてはいかなる一会社も永続的には他のものにはるかに優越していられるものではない。綿業界には王制への傾向はない。また銀行業が放任されているところでは、銀行業にも同様に王制への傾向は全然ない。マンチェスターに、リヴァプールに、また全イングランドにわたってわれわれは非常に多数の銀行を持っていて、それぞれ取引に相違はあるが、しかしいかなる種類のものにしろ主権を握る銀行は一つもない。またスコットランドにもかかる銀行は一つもない。イングランド銀行以外の新しい株式銀行界にも大体同じ現象が見られる。一時は他のものよりもヨリ以上に繁栄するものも多少あることはあるが、しかし、永続的に確実なる主権を獲得する銀行は一つもない。そのいずれにしても他のものを非常に著しく凌駕し、他のものが自発的に彼らの準備金をそれに保有してもらうというようなことはない。その取引に適当な一つの、あるいは種々の大きさを有する多数の競争者からなる共和制というのが、各事業が放任されたときの構成である。銀行業においても他のものと同様にそうである。いかなる事業においても王制はなんらかの変則的に有利なる地位と、なんらかの外部からの干渉との表徴である。

早速こう聞かれるであろう――君は革命を提議するのか、君は単一準備制度を棄てて新しく多数準備制度を創設することを提議するのかと。これに対しては、そんな提議をなすものでないというのが私の率直なる答えである。自分もそれが子供じみていることを承知している。取引における信用は、政治における忠誠のようなものである。そのうちから得られるものを取って、できるだけそれを働かせるというのでなければならない。理論家には、ヴィクトリア女王がいないでもよいような政治の設計をも容易に画き上げることができるであろう。彼は、下院が真実の主権者であると認められ、考えられるかぎり他のいかなる主権者も余計であるという学説を立てることもできるであろう。しかし実際上から言えば、こうした議論は検討する価値さえもない。ヴィクトリア女王に対しては——異議なく理屈なしに——数百万の人間が忠誠をもってその命に服している。もしこれら数百万の者が論議を始めることにでもなれば、ヴィクトリア女王やその他誰に対しても彼らをしてその命に服せしめるように説得するということは容易ではあるまい。心服することを必要とするのであるから、これらの人々を確信せしめるに有効な論証というものはない。ちょうどそれと同じように巨大なる信用制度がイングランド銀行をその枢軸とし、その基礎として、現に存在しているのである。イギリスの人々は、そして外国人もまたそれを絶対的に信頼している。いかなる銀行家ももし自分が信用に価することを立証しなければならないとすれば、いかに彼の論証が申し分ないものとしても、実際はすでに彼の信用が失われていることを知っている。現に持っているものは立証を必要としないのである。全体は、慣習と歳月とによって作り出された本能的信頼を基礎としている。いかなることをもってしても、イギリスの人々を説得してイングランド銀行を廃止せしめることはできないであろう。またもし災厄によってそれが一掃されたとすれば、数代を経過しなければ他のなんらかのそれに相当するものに対していやしくも同様の信用がおかれるまでにはならないであろう。多数準備制度がもしなんらかの奇蹟によってロンバード街に下されたとしたら、それは奇怪なるものと思われることであろう。何ぴともそれを理解するとか、信任するとかということはないであろう。信用は、成長はするが、作り上げることのできない力である。偉大な確固たる信用制度の下に活動している者は、もし彼らがそれを解体するならば、第二のものを目撃することは決してないであろう。その後継者を作るには幾年も幾年もかかることになるからである。

そういうわけで銀行業に自然なる、すなわち多数準備制度を復活せしめようというのではない。またそういうことを言い出したとしても、それは単に無用の嘲笑を買うにすぎないであろう。さらにまたかのフランス人が同様の困難を脱出するのに用いた単純率直な方策の採用を提案することもできない。フランスにおいては全銀行業はむしろイギリスにおいてすべてのものがイングランド銀行に依存している以上に、フランス銀行によっているのである。フランス銀行は最後の銀行支払準備金を保有している。そしてまた正貨準備をも保有している。しかし国家はかかる機能を株主によって指名された商人たちの委員会に委ねてはいない。国民自身が――行政府が――フランス銀行の総裁および副総裁を指名する。いかにもこれらの役員はほかに株主によって指名された「レジャン(regents)」すなわち理事の評議会を持ってはいる。しかし彼らはこの評議会の言にも、彼らが適切と考えないかぎり聴従することはない。彼らは国民的利益を監視することを任務とするのであって、それがためには「レジャン」の不平をも任意に無視することができる。また理論的にも、この方法のために弁ずべき点は大いにある。唯一の銀行支払準備金を保有するということは国民的任務なのであるから、政府がこれらの役員を選定するということを主張するのは、少なくとももっともなことではある。もちろん、かかる政治的干渉は、「銀行業は一つの商売である。また一つの商売たるにすぎない」という正当なる経済学上の教理と矛盾する。しかし政府は特権と独占とによってただ一つの銀行に他のあらゆるものに対する支配的地位を与え、単一準備制度を設定するにあたって、この教理を等閑に附したのである。この制度が現存する以上、論理的に確実なフランス人には当然国家がそれを監視し、管理すべきことを推論しうるわけである。しかしイギリスでは、かかる方法は全然用をなさない。われわれは、われわれの諸制度における論理的連関を考慮するように教えられていない。むしろそんなことに頓着しないように育てられてきている。しかもわれわれの関心を有する実際的効果はこの場合にあっては良くないのである。イングランド銀行の総裁は議会における、おそらくは内閣におけ る高官ということになり、偶然の過半数と諸政党の勢力とによって決定されるままに交代することになる。特に首尾一貫した態度と特殊の熟練とを必要とする事業が、転々と変わる不熟練の支配者によって経営されることになる。また実際、この方法は全体が商人気質のイギリス人にとっては、明らかに馬鹿馬鹿しいものと見えるであろう。彼はそれを考慮しようとはしないであろう。また考慮する価値があるとも思わないであろう。それがフランスで相当にうまくいっているということ、またそこではそれに対する理論的にもっともらしい証明があるということは、彼を納得せしめるものではないのである。

あらゆるこのような変更は問題外であるから、ここではただ三つの救済策を挙げるよりほかにはない。

第一に、イングランド銀行と公衆との間に明確なる了解がなければならない。すなわちイングランド銀行はわれわれの終局的な銀行支払準備金を保有しているのであるから、これに含蓄されている義務を承認し、これに従って行動する——銀行業の普通の原則に従って、外国から請求のある場合には充分にこれを補塡し、国内のパニックの時には寛大にかつ即座にこれを貸し付けるというのである。

これはフランスの方法と非常に異なっているように見えるが、実際はそう異なってはいない。イギリスにおいては他の諸国が政府の直接的強制によってしなければならぬことを、しばしば世論の間接的強制によって果たすことができる。この場合もそうすることができる。イングランド銀行理事は現に一般世論を極度に怖れている。おそらくいかなる種類の人といえども、これほどまでに新聞の批評に敏感ではない。そしてそれはまったく当然のことである。わが国の政治家は、いかにも、責任を問われることがこれよりもはるかに多いことは多いが、しかし彼らはたいてい峻烈なる批評に対して長い年期を勤め上げている。もし彼らがなおそれを気にかけているとしても(また多年の経験を積んだ者にも、世間で考える以上にははなはだ気にする者もあるが)、彼らは最初ほどには気にしていない。そしてまたそれをやむをえない、絶えることのない刺激物として、彼らには決して追い払うことのできないものと考えるようになっているのである。しかしイングランド銀行理事は決してこれと同様な訓練も鍛錬も受けてはいない。イングランド銀行における職分は彼にとってはごくわずかの時間をとるものである。それ以外の彼の生活はすべて（議会に席を有していないかぎり）私の商業的業務に費される。彼は鋭い公の批評を受けることはないし、またそれに堪えるだけの修業もない。ことに彼の生きているうちに順番がきて一度総裁にでもなると、彼は二年間の役目が「首尾よく済む」ことばかりを切望しているのである。彼はややもすれば彼の遵守する原則に対する反対論にさえ腹を立てるのであって、直接個人的な非難を平静に堪えることはできない。現在のところこのように神経過敏なることが、役に立つものかどうかはわからない。金融市場においてイングランド銀行が精確にいかなる地位を占めているかということは、明確にはわかっていないのであるから、銀行の総裁が訴えうる基準はまったくないわけである。彼はつねに「何ごとか言われるかもしれない」ということを怖れているが、しかしその「何ごとか」がいかなるところにあるかを全然知らないのであるから、彼の心配は彼にとっては手引として何の役にも立たないものにすぎない。しかしながら、もしあの根本的教理が承認されて、イングランド銀行がわが国の唯一の銀行支払準備金の管理を託され、これに対して一般に容認された諸原理に従って処する義務を有することが、自認されることになれば、イングランド銀行の総裁もこれらの諸原理によることができるであろう。もし彼がこの法則に従って行動していたとすれば、彼には簡単に弁明することもできたであろう。それならばまた、老練な実業家がかかる法則に反するようなことはもちろんないであろうと思ってよいわけである。現在のところ理事会は国民にとって一種の半管財人である。私は彼らに真のしかも確実なる委託証書をもつ管財人となってもらいたいと思うのである。

第二に、イングランド銀行の取締はなお後に説明するような具合に改善されるべきものである。「素人」分子を減少し、練達の銀行家分子を増加すべきである。そしてその管理の恒久性をいっそう確実にすべきである。

第三に、以上二つの提案はイングランド銀行をできるかぎり強化することを企図するものであるから、われわれはその他のわが国の銀行業制度にも注意し、できるかぎりイングランド銀行に対する要求を少なくさせるようにするのが当然である。この中央機関は折れやすいという欠点を免れないので、われわれは注意深く、できるかぎりその負担を少なくするようにしてやらなければならない。

しかしながら、これらの提議を説明し、これまで利用してきた多数の論証を充分に理解してもらうためには、ロンバード街の組成分子と、それが現在独特の構造を有するに至った諸原因の奇態なる組み合せとをなおいっそう詳細に考慮しなければならない。

第三章　ロンバード街はいかにして成立するに至ったかという事情と、なにゆえに現在の形態をとったかという理由

一

前世紀では、その当時のいわゆる「思弁的歴史」が文筆的秀才の愛好の題目であった。蓋然性を基礎として、現存事物の可能なる起源の想像上のスケッチが描かれたのである。今もしこの種の臆測を銀行業に対してなすならば、当然まず第一に考えられることは、大規模の預金銀行業制度が、ちょうど現在イギリスのどの大植民地にも発達していると同様に、古代世界にも発生したということであろう。イギリスの大植民地のような社会においては、それが相当富裕となって多額の貨幣を所有し、また相当堅実となってその

貨幣を個々の銀行に預けることができるようになれば、ただちにそれをやることになる。イギリスの植民者は貨幣を保管する危険を好まないし、またそれに対する利子を得ようとする。彼らは本国から銀行業の観念と習慣とを持ってきている。したがって、新世界でできるようになると、早速これを始める。思弁的歴史は好んであらゆる銀行業がかくして始まるものとなすのであった。しかし、こうした歴史はほとんどなんらの価値をも有していない。その基礎が誤っているのである。それは、設立されるときわめて都合よくその働きをなすものは、設立されることもきわめて都合よくゆくものとし、また日常馴れ親しまれている時きわめて簡単に見えるものは、親しみのない場合にも、きわめて容易に人々からその真価を認められるものと仮定している。しかるに事実はまさにその正反対である。確実に設立されたのちに簡単に見え、具合よくゆくものも、多くは新しい人々の間にこれを設立することは非常に困難であり、彼らにこれを説明してやることもそう容易ではない。預金銀行業もこの種のものである。その真髄は、非常に多数の人々が非常に少数の人々、あるいは誰か一人の人を信用することを承知するという点にある。銀行業は、もし銀行家が少数で預金者がそれに比較して非常に多数でないとすれば、利益のある事業ではない。しかるに多数の人々にまったく同様のことをしてもらうということは、いつでも非常に困難であって、非常に明白な必要のないかぎり、彼らが突如としてそういうことをし始めるということはない。しかも銀行業にはこのような明白な必要は全然ない。フランスの地方の町をとってみれば、現在でもなお、わが国のような銀行業の制度は少しもないことがわかる。小切手帳はないし、また銀行家に当座勘定として保有される資金もほとんどない。人々はその金を自家の金庫の中に入れておく。不動の貯蓄は投資を待っているもので、確かにすぐに必要とされるものでないのであるから、銀行家に預けることができるのであるが、この町の普通一般に浮遊する現金は、この町自身によって自宅に保管されているのである。彼らは好んでそうするのであるから、他の方法で保管するために費用のかかる準備をするということは、一銀行家の仕事としてできるものではない。たとえイギリスの田舎町にあるナショナル・プロヴィンシャル銀行のそれのような「支店」が、フランスのこれに相当するような町に開かれるとしてもその費用を償わないであろう。それに充分な多数のフランス人にその金をそこに預けることを承知してもらうということはできないであろう。しかもイギリス系でない国々はすべて、その程度は種々異なるが同様なのである。預金銀行業はその開設のきわめて困難なるものである。人々はその金を自分の眼のとどかないところにやることを好まない――とりわけ保証なくしてそれを眼のとどかないところへやることを好まない――まして彼らがそれを眼のとどかないところに保証もなしに安心して託しうるような一人の人を誰かと協定するということは、急にできることではないからである。現在の最も簡単な、最も普通な事象によって過去を説明する推定的歴史には、たいていの事物におけると同様に銀行業においても全然真実性はない。

実際の歴史は非常に異なっている。たいていの場合、新たな欲求は適用によって充たされるものであって、創作や創設によってではない。非常に緊急の欲求を満たすものが何か作り出されると、それは比較的緊急ならざる欲求を満たすことにも、あるいはまた附随的な便宜を供するためにも利用される。この理由からして――世界中で最も古い制度たる――国家の政府は最も困難なる仕事をしてきたのである。歴史の始まりにおいて、それは社会が必要とするあらゆることをなしていたものであり、社会が希望しないあらゆることを禁止していたのである。商売では、現在のところ新しい土地で行われる最初の商業は雑貨商であって、現に必要とする商品から始めて、ほどなく些細な便宜品のきわめて雑多なる寄せ集めを供するようになる。銀行業の歴史もこれと同様であった。最初の銀行は、わが国の預金銀行業のような制度を目的として、あるいはそれに類するなんらかのものを目的として創設されたのではなかった。それははるかにいっそう緊急なる理由からして創設されたのであって、創設されてからのちにそれが、あるいはそれにならうものがわれわれの現代的な用途に適用されたのであった。

イタリアのごく初期の銀行は、そこでその名称も始まったのであるが、金融商会であった。ジェノヴァのサン・ジョルジョ銀行やその他これにならって作られた諸銀行は、最初はその作られた都市の政府に対して貸付をなし、それに代って公債を売り出す商会にすぎなかった。資金の必要はたいていの時期の政府によって緊急に必要とされるものであるが、しかも中世の動揺つねなきイタリア諸共和国におけるほどに緊急なるものはまれであった。これらの諸銀行は、それが設立されてから長くたった後に、初めてわれわれのいわゆる銀行業務なるものを開始したのである。しかし最初はそんなことは全然考えもしなかった。北欧の大銀行は、その起源をなおいっそう奇態なる必要に有していた。良貨を供給することが銀行の主要業務であるという考えは、今では忘れられてしまっているが、しかしそのことが身に沁みて感ぜられるところでは、これ以上に痛切なる緊急の業務はないのである。この点はアダム・スミスが非常に見事に叙述しているので、ここに彼の言葉を引用しないのは愚かであると思う。

フランスあるいはイギリスのような大国の通貨は、一般にほとんどすべて自国の鋳貨からなっている。したがってこの通貨がいつか磨損し、削りとられ、あるいはその他の仕方でその法定価値以下に減価されるようなことがあったとしても、国家は鋳貨の改鋳によってその通貨を実際に再建することができる。しかしジェノヴァあるいはハンブルクのような小国家の通貨は、すべてそれ自身の鋳貨からなるということはほとんどありえないのであって、大部分はその住民が不断の交通をなしているあらゆる近隣諸国家の鋳貨によって調達されざるをえない。したがって、こうした国家はその鋳貨を改鋳することによって、通貨を改定するということが必ずしもできるとは言えないのである。もし外国為替がこの通貨で支払われているとすれば、その価値はそれ自身の性質上非常に不確定のものであるから、額のいかんを問わずその不確定なるために、為替をつねにその国家に対して著しく不利ならしめるに相違ない。したがってその通貨はあらゆる外国において必然的に実際の価値以下にさえ評価されることになるのである。

この不利な為替によってその商人の受けざるをえなかった不都合を除去するため

に、かかる小国家は、彼らが商売の利益に意を用いはじめてくると、しばしば法令によって一定額の外国為替の支払は一般通貨によってではなく、国家の信用によって設立され、その保護の下にある一定の銀行の帳簿に対する指図あるいは帳簿上の振替によって行われるべきものとし、この銀行はつねにその国家の貨幣の本位に精確に従った純粋の良貨によって支払うべき義務があるものとしたのである。ヴェネツィア、ジェノヴァ、アムステルダム、ハンブルク、ニュルンベルクの諸銀行は、すべて本来この見地によって設立されたもののようである。もっともそのうちのあるものは、そののち他の諸目的に役立てられたものもあった。かかる諸銀行の貨幣は、その国の一般の通貨よりも良質であったので、必然的に打歩(プレミアム)が附いた。そしてそれは通貨がその国家の本位貨幣以下に減価していると考えられる程度の多少に従って、その大きさを異にしていたのである。例えばハンブルク銀行の打歩は普通およそ一四パーセントであったと言われるが、それはその国家の有効なる本位貨幣とあらゆる近隣諸国から持ち込まれた通貨の削りとられ、磨損されて減価したものとの間にあると考えられた差額であった。

一六〇九年以前は、削りとられ、磨損された大量の鋳貨がアムステルダムの広大なる取引によってヨーロッパの各所から持ち込まれたのであるが、そのためにその通貨の価値は造幣局から新しく出た良貨のそれに対しておおよそ九パーセントの減価を受けたのであった。かかる場合にはつねに行われることであるが、この貨幣は新しく出ると早速に鋳潰されるか、持ち出されるかした。通貨を多量に持った商人たちは、その為替手形を支払うに足るだけの量の良貨をつねに得るというわけにはいかなかった。したがってこれらの手形の価値は、たびたび防止手段が構ぜられたにもかかわらず、非常に不安定となったのである。

この不都合を除去するために、一六〇九年に市の保証の下に一銀行が設立された。この銀行は、外国の鋳貨とともに軽い磨損したその国の鋳貨もその国の優良なる本位貨幣の真実の実質価値によって引き受け、ただ鋳造費用やその他必要な経費を支弁するのに必要なだけのものを差し引くにすぎなかった。この小額の差引の後に残った価値に対して、その帳簿の貸方に記入したのである。この貸方を銀行貨幣（バンク・マネー）と呼んだ。それは精確に造幣局の標準に従う貨幣を表示するものであったから、つねに同一の真実の価値を有し、実質上、流通貨幣より以上の価値を有していた。それと同時にアムステルダムに宛てて振り出された、あるいはそこで取引された手形の六

○○ギルダー以上の価値のものは、すべて銀行貨幣で支払われるべきことが法令によって規定された。これによってただちにこれらの手形の価値の不安定はまったく除去されることとなった。この規定の結果、各商人はすべてその外国為替を支払うために、必ず銀行貨幣に対する一定額の要求を持つことになり、この銀行と取引関係を持たざるをえないこととなった。（スミス『国富論』第四編第三章「預金銀行に関する余論、とくにアムステルダム預金銀行について」）

また初期の銀行のきわめて重要な機能で、今日の銀行にも失われずに残っているものがある。もっともその主要目的の補助としてであるが、それは送金業である。遠隔地で支払をしたい者が、これに充てるために貨幣を銀行に持参すると、銀行は他の諸銀行と取引を持っているので、それを要求されたところに送金する。巨額の為替手形が出てくると、この送金はただちに非常に緊急なるものとなる。このような手形は、その支払のために呈出された商品の売り手にとって便利な場所で、おそらくは彼の店舗のある大都会で支払われるようにしてやらなければならない。しかるにそれはこれらの商品を買い入れて、それを再び田舎で売り捌（さば）こうという買い手の小売商店からは非常に離れているかもしれない。こういう事情やその他多くの事情からして即時にかつ規則正しく行われる送金は、発達しつつある商業にとって早くから必要とされていたのであって、この送金は初期の諸銀行の第一になすべきものであった。

以上のことはすべて、のちにわがイギリスで言う預金銀行となった諸銀行によって供された預金銀行業の利便とは別のものである。かかる利便を供することによって、彼らは信用を獲得し、のちに預金銀行としての存在を確保することができたのである。一つの目的のために信用されて、彼らはまったく異なった目的のためにも信用されることとなった。それも最初はさして緊急なるものではなかったが、結局ははるかにヨリ重要なるものとなってきたのである。しかしこの種の必要はわずかの人々によって感ぜられるにすぎない。したがって、その銀行もただわずかの人々の目にとまるにすぎない。預金銀行が最初になした、真にその発端をなす機能はそれよりはるかに一般的なものである。また彼らがこの比較的に一般的な種類の業務をなすことができないかぎり、預金銀行業は決して急速にかつ広汎に普及するものではない。その機能というのは、その国の紙幣の発行をなすことであるが、私がここで限度を越えてこれを通貨問題として論じようとしているものでないということは認めてもらえるであろう。一国に紙幣を供給するにはいかなる形態をもってするのが最もよいかということは、経済学上の一問題ではあるが、ここでは立ち入らない。ここでは単に疑問の余地のない歴史について述べているのであって、一歩一歩が争われている議論を取り扱っているのではない。しかも銀行業を一社会に普及する最善の方法が、銀行家をして小額の銀行券を発行せしめ、これによって、金属通貨を不用に帰せしめるようにすることであるというのは、この確実な歴史に属することである。このことは、結局各銀行家に補助金を与えて、銀行がその営業を、預金者が進んでやってくるようになるまで、続けてゆくことができるようにしてやるということになる。預金銀行業の最も普及している国はスコットランドである。そしてそこでは本来の利潤はすべて銀行券の発行から得られたのであった。発券業は今ではスコットランド諸銀行の負債ではきわめて些細な部分を占めるものであるが、かつてはその柱石であり、利潤の源泉であった。最近出版された珍しい書物によって、われわれはこの事実の経過を詳細にたどることができることになった。ダンディ銀行は今ではスコットランド王立銀行と合同されているが、一七六三年に創立された。そしてその合同以前、八、九年前からかなり多額の預金を有する銀行となっていた。しかるにその創設後二五年間は全然預金を有していなかった。主としては発券業によって、多少は送金業務によって存立していた。ようやく一七九二年に至って、ほとんど三〇年後に初めて預金を得るようになったのであるが、その時以後、預金は非常に急速に増加した。*イングランドの銀行業の歴史も同様であった。もっとも地方銀行をそれほど遡って詳細に記述するものは全然ない。しかしおそらくイングランドでは一八三二年、あるいはその辺までは銀行の主たる利益は紙幣の発行から得ていたのであった。そしてその後も多年の間、預金は非常に小さなこととして取り扱われていたのであって、いわゆる銀行論争はすべて発行に関する諸問題を中心とするものであった。われわれはしかし先にも非常にしばしば述べてきたように、一般に紙幣と現在これを規制する一八四四年の条例とに言及することなくしては、ロンバード街の構造をもほとんど考察することができないことになっているのであって、その点では今なおかの論争の残滓の中にいるわけである。フランス人は今もなお、この問題に関しては依然として同じ時期に留まっている。一八六五年の彼らの大調査はほとんどすべて通貨問題をもって終始したのであって、単純なる銀行業は従属的なものとして取り扱われた。またフランス銀行の報告はその理由を明らかにしている。対独戦争直前の週報によると、フランス銀行の発行額は五九二四万四〇〇〇ポンドに達していたが、民間預金はわずかに一七一二万七〇〇〇ポンドにすぎなかった。今も民間預金はおおよそ同額である。しかも発行額は一億一二〇〇万ポンドである。フランスのような大国においてさえ、預金銀行業が根を下ろして、イギリスにおいてそれが持っているような強力と活力とをもって確立されるということは、かくも困難なのである。

＊　附録、註C参照。

ドイツの経験もこれと同様である。北ドイツにおける普仏戦争前の報告によると、発券銀行の発行額は三九八七万五〇〇〇ポンドであり、預金は六四七万二〇〇〇ポンドであるということであった。これに対して現在のそれに該当する数字は――発行額六〇〇〇万ポンド、預金八〇〇万ポンドである。これ以上の実例を加えるのはつまらないであろう。

なにゆえに銀行券の使用が普通一般に銀行に対して預金をなす習慣に先だつものであるかという理由は、非常に簡単である。それはその基礎を固めるのに、はるかに容易なる習慣である。銀行券の発行では、これによって最も利益を受ける人となる銀行家からしてやってゆくことができる点がある。銀行家は彼自身の「約束」を、貸付や賃銀、負債の支払として交付することができる。しかるに預金を得ることでは彼は受け身である。銀行券の発行は銀行自身によるのであるが、預金は他の人々の好意にある。しかも公衆にとっては、それに移り変わることもまたはるかに容易である。大量の預金を同じ銀行家で集めるというには、非常に多数の人々が一致してなさなければならぬことがある。しかるに銀行券の発行を確立するには、多数の人々はただ単に何ごとをもしないというだけでよい。彼らは銀行家の銀行券を彼らの日常の取引のうちに受け取るのであって、彼らはただその銀行券をその銀行家に持っていって支払を受けるということさえしなければよいのである。もし公衆が面倒なことを慎しむならば、紙幣はただちに流通することになる。紙幣の流通は銀行家によって始められ、公衆に対してはなんらの努力をも要求しない。反対にいったん発行された銀行券を駆逐するには公衆の努力が必要である。しかるに預金銀行業は銀行家によって開始されるわけにはゆかない。しかもその社会の自発的な一貫した努力を必要とする。かくして紙幣の発行は預金銀行業にとって当然その序曲をなすことになる。

一銀行家が銀行券の発行をなすことが彼に対する預金の途を拓くということは、非常に明白である。一個人で非常に大量の銀行券を所有するようになってくると、まもなく彼は自分が銀行を非常に信用しているのに対してなんら得るところがないということに気がつく。彼は、鋳貨を退蔵しているのとちょうど同じように、紛失と盗難との危険を負担している。彼が銀行に預金していても、銀行の破産によってこれ以上の危険を冒すことにはならないであろう。しかも彼は現金保管の危険を免れることになるのである。もちろん、この簡単な道理でさえ無学の人によって理解されるまでには時日を要する。たいていの人々が、彼らの金に眼をつけていたいという望みは非常に強いものであって、しばらくの間は銀行券を退蔵する癖も止まない。長い間そういうことをしている者も少しはある。しかし結局は常識が打ち勝つ。銀行券の発行高は減少して、その銀行家に対する預金が増加してくる。その銀行家の信用は銀行券によって充分に広告され、公衆によって受け容れられているので、彼は、銀行券の発行自身が彼にとってもはや非常に重要なものとは言えなくなってしまった後にも、多年の間かくして獲得した信用によってやってゆくのである。

こういう序曲的効果というものは、銀行券に対する発行権の分散の程度に比例する。フランス銀行のような単一の独占的発行者には、だんだんと国中に手を拡げてゆくことはなかなか困難である。また銀行業を広告することも非常に緩慢である。フランス銀行は、法律によって各県に一支店を持つことになっていると思うが、今でもなお八六のうち六〇に支店を有しているにすぎない。これに対してスイスの諸銀行は、そこでは各州に必ず一行あるいはそれ以上のものがあるので、銀行業を急速に普及せしめている。われわれの知るところではフランス銀行の負債は次のようになっている。

銀行券　一億一二〇〇万ポンド
預金　一五〇〇万ポンド

しかるにスイスの諸銀行総計はこれに対して、

銀行券　七六万一〇〇〇ポンド
預金　四七〇万九〇〇〇ポンド

である。* その理由はこうである。首都で支配され、田舎地方に手を延ばす中央銀行にとっては、出資者が地方の者であってその地方の人々と事情とを知っている銀行と比較して、資金貸付の安全な方法ははるかに少ないからである。銀行券の発行は主として貸付によって始まる。その時には支払をなすべき預金は全然ない。しかし田舎地方では貸付の高は少額である。割引すべき手形もわずかである。借入をなす人々も資産は小さく、信用はその地方に限られるものにすぎない。彼らが抵当に入れたいと思う資産は、いずれもその価値を地方の変動と事情によって左右される。この地方に居住し、これまでもつねにそこに居住していた銀行家は、その地方の沿革と変動しか考えないものであって、そこで安全に金を貸し付けることも容易にできる。しかるに単一の中央機関によって委任された支配人には、そういうことはなかなかできない。最も悪い連中が彼のところへやってきて貸付を求める。彼が何も知らぬということは、そのへんの抜目のない老獪な連中すべての標的である。彼は、遠隔地にあるその銀行の通貨を確立するのに果てしない困難を感ずることであろう。彼には通貨の安全な発行の方法を教えられる、唯一の手段たる地方的知識がないからである。

＊　これは一八六五年一二月三一日における額である。"Grundzüge der National-Oekonomie", von Max Wirth, Dritter Band, p. 491 参照。

銀行券発行の制度は、したがって大規模の預金銀行業の制度に対する最良の手引である。今までのところでは歴史的にそれは唯一の手引である。いまだいかなる国民も、まず銀行券発行の準備的段階を経ずして、大規模の預金銀行業制度に到達したものはない。

しかもこのような銀行券発行のうちでも、この点で最も急速にしてかつ最も有効なものは、その地方に居住し、その地方に明るい個人によってなされたものである。

そこでまたこのことによって、なにゆえに預金銀行業が非常に少ないかということが明らかになる。以上説明したような銀行券の発行は、侵略を受けない、革命のない国でないかぎり行われうるものではない。侵略を受けている間は、発券銀行は支払を停止せざるをえない。こうした時には取付はほとんど避けることはできない。革命においても同様である。このように容易ならぬ、身近かな国内の危険に際しては、国民は必ず動揺する。誰も彼も自分自身のことに意を用いない者はない。また誰も彼も貴金属を手に入れたいと思わない者はない。これらのものに価値のあることは間違いのないことである。それは侵略のあるなしにかかわらず、革命のあるなしにかかわらない。しかるに銀行券の確実性は、その銀行家の支払能力のいかんによる。しかもこの支払能力は、もし侵略が撃退されなければ、あるいは革命が防止されなければ、毀損されることにもなるのである。

大陸の諸国はいずれも今までのところ長い間侵略と革命の両者を免れていたというものはほとんどなかった。オランダとドイツとでは——銀行券の発行と預金銀行業とがイングランドやスコットランドと同様に当然に行われるように見える二国なのであるが――対外戦争に対する心配が全然ないということはいまだかつてないことであった。外国の侵略に対する深刻なる憂慮は彼らの全習慣に沁み込んでいるのであって、実業家としても、彼らの歴史にかくもしばしばあった、そしてまたおそらく彼ら自身も目撃したことのある事実を予想しないなどということは、むしろ狂気の沙汰と考えたことと思う。

フランスはいかにも一七八九年までは例外であった。旧体制の下に多年の間、大侵略を受けたこともなければ、また革命を企てられたこともなかった。その政府は、当時そう考えられていたように不動であり、有力であった。いかなる外敵に対しても堪えることができた。その基礎をなしたる威信はきわめて確固たるものと思われていたので、国内のいかなる敵をも怖れるにはあたらなかった。しかしその当時も誠実な政府ではなかった。そしてその不誠実はこの銀行券発行という特殊の問題にもあらわれていた。ロウの時代の摂政は銀行券発行の独占権を一不良銀行に附与した。そして国家の負債を無価値の紙片で皆済（かいさい）にしてしまった。政府は破滅的機関を作り上げ、それによってやっていった。フランス人のように鋭敏な人種にあってはその結果は致命的であった。多年の間、銀行券発行あるいは預金銀行業のいかなる企てもフランスでは不可能であった。チュルゴー時代の割引金庫(*Caisse d'Escompte*)の設立に至ってもなお、ロウの破産の記憶が明らかに忘れられていなかったのであって、それ以上の企てを起こすことはできなかったのである。

そこでこの点に、なにゆえロンバード街が現存するかという理由、言い換えればイギリスがなにゆえに非常に大いなる金融市場であり、他のヨーロッパ諸国がこれに比較して小規模のものにすぎないかという理由があるのである。イングランドおよびスコットランドにおいては銀行券発行制度の普及によって全国に銀行を興すことになり、これらの銀行に地方の貯蓄が預けられ、これによってそれはロンドンに送られた。これと同様の制度は他のどこにも全然起こらなかった。そしてその結果はロンドンは資金が豊富となったのに、あらゆる大陸都市はこれと比較して貧弱となったのである。

二

ロンバード街の王制的形態はまた同じく銀行券発行によるものである。イングランド銀行の起源はマコーレーが述べている。彼によってすでにこれほどまで立派に述べられているということを、凡庸なる者が今一度述べるということは決して賢明ではない。また彼の著書を持たないという者はないのであるから、それは必要でもない。しかしなお私は読者に対してこの興味ある歴史を思い出してもらわなければならない。

世界中のあらゆる制度のうちで、今ではおそらくイングランド銀行ほどに党派的政治から、また「金融」から離れたものはない。しかしその起源においてはそれはただ金融会社であったばかりでなく、ホイッグの金融会社であった。それはホイッグ政府によって、資金に対する必死の入用から設立されたのであって、「シティ」によって支持されたのも「シティ」がホイッグであったからである。非常に簡単に言えば、話はこうである。チャールズ二世の政府によって(カバル内閣〔チャールズ二世の五名の側近で構成〕の下に)イギリス国家の信用は極度に失墜した。それは驚くべき詐欺の一つをやったのであるが、これはまた同時にひどい失策でもあった。その当時、現在ならば銀行業とでも言うべきものをごく小規模にやっていた金匠たちは、彼らの金銀の予備を政府の認可を得て、その監督の下に「国庫(エクスチェッカー)」に預託するのが常であった。多くのヨーロッパ諸国では国家の信用は他のいかなる信用よりも非常に確実であったので、それによって初期の銀行業が強化されたのであるが、イギリスでも国家の信用はこれと同様に利用された。

その頃内乱と数度の革命とがあったにはあったが、イギリス政府の誠実は絶対的に信用されていた。しかるにチャールズ二世はそれが不当に信用されていたことを明らかにした。彼は「国庫」を閉鎖して何ぴとにも支払おうとしなかった。そこで「金匠たち」も破産することになったのであった。

スチュアート朝の政府の信用は、この驚くべき掠奪のあと二度と回復しなかった。一六八八年の革命によって作られた政府も、その先代以上に安心して金を託されるということはほとんど考えられなかった。革命によって作られた政府にそんなことはまずないといってよい。資本家が本能的に恐怖する暴力の毒が残っている。また一つの革命によってその樹立を適切と考えられた政府は、他の革命によって倒壊すべきものと考えられるかもしれないという、もっともな懸念がつねにある。一六九四年にはウィリアム三世の政府の信用はロンドンにおいて非常に低かったので、多額の金を借り入れるということは全然できなかった。しかも対仏戦争の結果、政府の金融上の困窮は極度に達していたので、その禍はいっそうひどかった。ついにその窮迫を救済しようという計画が見出されることになった。マコーレーによると、「この案というのは、一二〇万ポンドをその当時適正の利率と考えられていた八パーセントで調達しようというのであった」。公衆にとってはきわめて不利なる条件の下に、応募者をしてただちに資金を貸付せしめるようにするために、その応募者は「イングランド銀行総裁および社員(Governor and Company of the Bank of England)」の名をもって会社に組織されることになっていた。かくして彼らは会社に組織され、一二〇万ポンドが得られたのである。

その後たびたび事あるごとに、彼らの信用は政府にとって非常に役立った。彼らの援助なくしてはわが国の国債を借り入れることはできなかった。またもしこの資金を調達することができなかったとしたら、われわれはフランスに征服されてジェームズ二世〔一六八八年の名誉革命でフランスに亡命〕の復位を余儀なくされていたであろう。そしてまたその後多年にわたって産業界がかの僭王を呼び戻すとか、あるいはまた革命の決定を覆がえすことを考えなかったというのも、主としてこの債務があるということによるのであった。その「国債保有者」は、その当時の書物ではつねに「正統なる」主権者に反対する者とみなされていた。というのはこの主権者は、自身を廃立した者によって調達され、彼や彼の味方に敵対するために費された債務の支払を拒絶するであろうと考えられたからであった。長い間イングランド銀行はロンドン自由主義の中心をなしていた。そしてその点で国家に対して測るべからざる貢献をなしたのである。これらの実質的利益の見返りとして、イングランド銀行は政府から、最初にあるいはその後に、三種のきわめて重要な特権を受けたのである。

第一に、イングランド銀行は政府残金を独占的に預っていた。その最初の時期には、先に述べたように、イングランド銀行は政府に信用を与えたのであるが、のちには政府から信用を得た。人間には彼らがその下で生活している政府の例にならう自然的傾向があるものである。政府は、いずれの国民においても、その大多数に知られたもののうちで最も大いなる、最も重要なる、最も顕著なるものである。政府の知識範囲は彼らの平均的知識と較べると、つねに無限に大いなるものに相違ない。したがって顕著なる反対の警告がなされないかぎり、たいていの人々は政府を正しいものと考え、そして彼らにできるならば、そのなすところをなさんとする傾向がある。特に金融問題においてはまさにこう推論してもよいのである——「もし政府がイングランド銀行に巨額の国家の残金を預託するのが正しいならば、自分らの少額の残金をこれに預託することが間違っているはずがない」と。

第二に、イングランド銀行は最近までイギリスにおいて有限責任を独占していた。イギリスのコモン・ローにはかかる種類の原理は全然認められていない。それは国王の特許状あるいは成文律によって初めて許される。しかもこのいずれによっても、ここ数年前までイギリスではなお本来の銀行で(チェンバレンの土地銀行のような無稽の計画はこれに入れない)有限責任を認められたものは一つもなかった。また実際かなり多くの人々は、それがイングランド銀行には正しいと考えたが、しかし他のいかなる銀行にも正しいとは考えなかった。私はロンドンのシティで名声ある一商人の話しているのを聞いたことがあるが、それは当時最も普通に行われていた思想をよくあらわしている。彼は有限責任の諸銀行を大いに攻撃していたので、ある人がこう訊ねた――「それではあなたがご自身で取引関係を持っておられるイングランド銀行に対しては何と言われますか」と。これに対して彼はこう答えた。「ああ、あれは例外です」。しかしこれはイングランド銀行にとってはきわめて大いなる価値を有する例外だったに違いない。なぜならば、これがために多数の穏やかな注意深い商人たちがイングランド銀行の理事となる気にもなったのであって、彼らはその全財産をもって責任をとるような無限責任の銀行ならば、いかなるものにも加わるようなことは確かになかったからである。

第三に、イングランド銀行はイギリスにおいて銀行券発行を許可されたる唯一の株式会社であるという特権を有していた。ロンドンの個人銀行家は、前世紀の中頃までは事実、銀行券を発行していた。しかし株式銀行はいずれもそれをなすことができなかった。一七四二年の条例の説明的条項は、われわれ現代人の耳にはきわめて異様に響くのである。「しかして独占的銀行業の前記総裁および社員――すなわちイングランド銀行――に与えられたる特権あるいは権能に関して、さらにまた議会によって他のなんらかの銀行あるいは諸銀行を創設することに関して、あるいは先に示されたるようにイングランド銀行の総裁および社員に允許(いんきょ)されたる前記特権の存続中に他の者の銀行業を制限することに関して起こりうべきなんらかの疑義を防ぐために――ここになお前掲当局は次のごとくに制定し、布告する。すなわち他のいかなる銀行も議会によって創設され、設立され、あるいは許可されることとなしというのが前記条例の真に意図するところであり、意味するところである。またいかなる既成のあるいは将来形成されるべき法人または政治団体も、あるいはまたいかなる他の人々の、契約または組合による、既成のまたは将来形成されるべき六人以上の連合も、大ブリテンのイングランドと称される部分においては、先に述べしごとく前記総裁および社員に対し、それによって独占的銀行業の特権を有する会社たること、また会社たるべきことを布告されたる、前記特権の存続するかぎり、要求次第またはその借入より六カ月以内において支払われるべき手形または銀行券によって、いかなる額の貨幣をも借入または支払の義務を負い、取得するということは適法ではない」。われわれ現代人の耳には、これらの言葉はその意味した以上のことを表わすように思われる。銀行業なる名称は、その当時は単に銀行券の発行と要求次第支払われるべき手形によって資金を取得するということに使用されたにすぎなかった。わが国現在の預金銀行業では手形も約束手形も全然発行されていないのであるが、預金銀行業はその当時では広く行われていなかったし、また銀行業とも呼ばれていなかった。しかしこの効果は非常に重要である。それはちょうどよい時にイングランド銀行に首都の銀行券発行の独占を与えたのである。当時はその支店は全然なかったので、地方の発行と競争になることはなかった。しかし首都では競争が行われたのであるが、完全に勝利を得たのであった。イングランド銀行以外のいかなる銀行も銀行券を発行することはできなかった。法人に組織されていない個人はだんだんと退却して、それを止めてきた。一八四四年まではロンドンの個人銀行家は、なお欲するならば銀行券を発行することもでき、
たのであるが、しかしほとんど一〇〇年も前から駆逐されていたのであった。イングランド銀行は非常に長い間発行の実際的独占を持っていたのであって、普通にはつねに法律上の独占を有してきたもののように信じられているのである。

しかもかの条項の実際的効果はそれ以上であった。それはイングランド銀行をもって銀行券を発行しうる唯一の会社たると同時に、預金を受けうる唯一の株式会社となすものと信じられたのである。イングランド銀行に贈られたる「独占的銀行業」は、それにきわめて当然なる現代的意味に解釈されたのであった。それはいかなる他の銀行業の会社にも、わが国に現在行われている銀行業の経営を禁止するものと考えられたのであった。株式銀行がこの国に許可された後になって初めて人々は、それがなにゆえ首都にあってはならないのかを問題にすることになったのである。そこで先に引用した言葉が流通証券の発行を禁止するにとどまり、こうした証券が渡されないかぎり資金の受入を禁止するものでないということがわかってきたのであった。この解釈に基づいてロンドン・アンド・ウェストミンスター銀行やその他のわが国の古い株式銀行が設立されたのである。しかし彼らが着手するまでは、イングランド銀行は会社としては銀行券の発行ばかりでなく、預金銀行業に対してもまた独占的特権を有していた。それはあらゆる意味においてロンドンにおける唯一の銀行業の会社であったのである。

あらゆる競争者に対してかくも多大の利便を有していたので、イングランド銀行が彼らをすべてはるかに優越したということもまったく当然であった。それがロンドンにおけるザ・バンクとなったのも是非ないことであって、あらゆる他の銀行家はこれを中心にして集まり、彼らの準備金をこれに預託したのである。かくしてわが銀行業の単一準備制度は、一定の論拠に立って熟慮して樹立されたものではなく、多数の特殊の事実によって、また単一の銀行に対して与えられたる、今日ではすでに改められ、何ぴとも擁護する者のないような、法律上の特権の累積によって徐々に生じてきた結果だったのである。

第四章　金融市場における大蔵大臣の地位

銀行業は一つの商売であり、また一つの商売たるにすぎないという経済的原則ほどに理論的に間違いのないものはない。またいかなる商売にしろ、これに干渉する政府はその商売を傷つけるものであるということほど、多年の経験によって確実に立証されたものはない。金融市場に対して政府のなしうる最善の策は、明らかにそれ自身に委せるということである。

しかし政府がこの原理を一般的に採用することのできるのは、政府が一つの条件に従う場合に限る。政府はそれ自身の資金を保有していなければならない。政府は時々多額の現金を所有せざるをえない。政府は国内では比較を絶して最も富裕な団体である。貨幣で支払われるその歳入は、他のいかなる団体あるいは個人のそれをもはるかに凌駕する。そこでもし政府がこの巨額の収入をその生ずるにしたがっていずれかの銀行に預金することになると、政府はただちにその銀行の安危に利害関係を有するものとなる。政府はその負債に対する利子をも、その利子の支払期にもしその銀行が政府預金を調達することができなければ、支払うことはできない。またその銀行がいつ破産しても、政府はその俸給を支払うことも、その種々雑多の費用を支弁することもできない。現代の政府は、非常に多額の負債を持っていて、それを充分に支払うことができないという非常に富裕な人に似ている。政府の信用はその繁栄に、おそらくはその存立にも欠くべからざるものである。そこで政府の銀行がもしその負債の一つの支払期に破産でもすると、その困難は非常なものである。

おそらくはこう言われるであろう。他の銀行家に政府勘定を引き継ぐこともできよう、その銀行は他の銀行の破産の場合にもしばしばなされるように、政府の差し当って必要とするところのものを、将来政府勘定を確保するために貸し付けるであろうと。しかしこの救済策の欠点はそれがきわめて最悪の場合に役立たないということにある。パニックにおいては、すなわち信用が全般的に瓦解する際にはそんな銀行はおそらく全然ないであろう。政府預金を持っている老銀行家に払戻ができないのである。かかる預金を持っていない銀行家に、ひどい危機に際して五〇〇万ポンドあるいは六〇〇万ポンドというような、政府が四半期の勘定日に、われわれが必要とすると同様に、必要とするものを調達できるということは全然ない。もし大蔵大臣がその金を一銀行に預金したあとで厳格な態度をとり、いかなる場合にも金融市場は自らその配慮をなすに委せると言い出すならば、それに対する答えは、ある場合には金融市場の配慮は彼に対してもまた及ぶであろう、そこで大蔵大臣は支払不能になるであろうということになる。

銀行業の幼少期においては、政府は原則として自らその金を保有する方がおそらくはるかによいであろう。もし政府が安心して信頼することのできる銀行がないならば、それに信頼するような様子を示すべきではない。ましてそのいずれかに特殊の好意を示し、政府勘定をそれに委してあらゆる他の諸銀行に対する有害無益の至上権を保証するようなことは、なおさらなすべきことではない。かかる時代の財政家の技術は、租税の収入と費用の支出とを一致せしめることにある。その苦心は主として国庫に普通しまっておかれる以上のものを、ある時にはしまっているというようなことの全然ないようにするということでなければならない。このようにして国庫にしまい込まれている非生産的資本の額が、いつも普通の平均量を著しく超過することがないならば、それによって生ずる損害は大したことはない。それは単に一定額の資金に対する利子の損失にすぎないのであって、全国民に対して大した負担とはならないであろう。それがために生ずる追加的租税は大したものではない。かかる損害は、避くべからざる費用に必要な貨幣を不良の銀行に預託することによって失う損害、あるいは国家的信用をその不良銀行と一体にし、これによってそれを支持し、それを永続せしめることによってこの金を回収するという損害と較べれば、物の数ではない。金融市場の安定性が充分には信頼できないものであるかぎり、一国の政府は、それをそのままにして自らその金を保有した方がはるかに賢明である。もし銀行が良くないならば、政府がこれを支持し、引き立てるとしても、それは確かに良くはならないであろうし、おそらくはいっそう悪くもなるであろう。現在不良の銀行に対してなされる援助は、いかなるものにしても、将来の優良銀行の設立を阻止する最も確実なる方法であるというのが、根本の原則である。

銀行業がヨリよく理解されるようになった時、銀行制度が完全に確実になった時、政府は初めて漸次その貸付をなしてもよいことになる。きわめて変動のない財政制度の下においてさえ、時に国庫に蓄積されることのある、非常に多額の金を貸し出すという場合はことにそうである。

自然に発達した銀行制度の下にあっては、あらゆる便宜が得られるであろう。自身の準備金を保有する多数の銀行があって、各々その活動と信用とがそれに依存するという点から、充分なる準備金を保有することにきわめて熱心であるという場合には、政府が一銀行家を支持する危険は最小限度に軽減されるであろう。多数の銀行家の中から選定するのであって、いずれか一行に制限されることにはならない。

そのやり方は非常に簡単であって、わが国の他の公共団体のそれに類似するものとなるであろう。首都土木局はロンドンで巨額の収入を集めるのであるが、ロンドン・アンド・ウェストミンスター銀行に勘定を持っている。これに対してこの銀行は担保としてコンソル公債を供託している。大蔵大臣にしても、同様にかかる保証を得るになんらの困難もないであろう。もし彼の勘定がただ一つの銀行に預託するには、いかなる銀行にしても、あまりに大きすぎると考えられるならば、また実際おそらくそうであるが、この政府預金は数行に分割することもできるであろう。各行はそれぞれ担保を提供し、公金はすべて安全となるであろう。もしいつか政府の手にある遊休資金が例外的に多額に上るようなことでもあれば、彼は増し担保の供託を求めることもできる。利子を得ることもできるであろう。彼にその勘定を安全にしておくことができないとすれば、できる者はないであろう。

これと反対に、もし大蔵大臣が借り手であるとするならば、時にそういうこともあるのであるが、彼はその必要とするだけを得るにあらゆる便宜を有するであろう。イギリス政府の信用は非常に確実であるから、世界中の誰よりもヨリ良い条件で借り入れることができるであろう。彼はまた実際、現在よりもヨリ大いなる便宜を得るであろう。なぜならば大蔵大臣はわが国の現在の法律では、議会の許可なくしては、一般市場で借り入れることはできないからである。彼はイングランド銀行からいわゆる「不足金証券」によって借り入れることができるだけである。自然な制度の下においては、彼は多数の競争的諸銀行のいずれからでも最も安く貸す者を選んで借り入れることになるであろう。しかるにわが国現在の人為的制度の下においては、彼はただ一つの銀行に制限されているのであって、その銀行は自らその料金を決定することができるのである。

もし予期に反して瓦解が起きたならば、政府は、アメリカ政府が実際になしたと同様に、諸銀行家からその残高を引き上げることもできるであろう。その援助を与え、国庫証券を貸し付け、あるいはまた他の方法でしばらくの間その信用を保証することもできるであろう。しかしまたその危機を脱したときは、始末の悪い銀行に対してはその困難を放任することもできるであろう。彼らの不始末には罰があろう。新しい銀行はかかる不始末から学ぶことができるのであって、ヨリ良い銀行として起こるであろう。自然な発達に委されたるあらゆる商売におけると同様に、古い腐敗したものは滅亡して、新しい確実なものがこれに代わるであろう。しかし新しい諸銀行が確実なる経営によって国家の信用に適することを明らかにするまでは、国家はそれを与える必要はない。政府はその支持を慎重さに対する奨励金として使用し、その支持の撤回を非難されるべき失策に対する懲罰として使用することもできるのである。

そしてまた銀行業の確実なる制度の下にあっては大崩壊は、反乱あるいは侵略によるよりほかには、おそらく起こることはないであろう。多数の銀行はみなその信用が確実なる準備金を保有するということにかかっていることを感知して、おそらくこれを保有することになるであろう。もしこれをなさないものがあれば、それは不断に非難を受けることとなり、まもなくその地位を失って、結局は没落するであろう。またこれらの諸銀行はパニックの初期にあたって、寛仁大度をもってこれに臨むであろう。彼らはその準備金から大胆に大規模に貸付するであろう。というのは、各々個々の銀行は嫌疑を受けることを恐れ、またかかる時期には「力を見せる」ということを、かかる時期にも力を持つものと考えられることを望む以上、是非しなければならぬものと承知しているからである。かかる制度は預金によって生ずる危険を最小限に低減する。もし国民の金がなんらかの方法で安全に銀行に預金されうるものとするならば、これがそれを安全にする方法である。

しかしこの制度は、法律と周囲の事情とによってわがイギリスに作り出されたるものとほとんど正反対である。イギリス政府は金融市場に対して、その市場の状態が相当確実となるまでは、現金を入れないどころでなく、きわめて初期になおあらゆる種類の信用のきわめて不確実なるときに、自分自身の利益のために金融市場に入ってきたのである。比較的有利に借入金をなすために、おのれ自身の資金の保管と利潤とを(諸他の特権とともに)唯一の銀行に与えた。したがって政府は今日に至るまで実際的にもまた事実においてもイングランド銀行と同一視されている。金融市場自身にその監督を委せるということは、多額の資金をこの市場に預託しているのでできない。またこの金を失ってしまえば、支払うべきものを支払っていくこともできないのである。

しかしまたイギリスの政治家でイングランド銀行を「閉鎖する」ことを目論む者は一人もないであろう。理論家が紙上でならかかる提案もなすことができるであろうが、責任ある政府には全然考えられないことであろう。最悪の危機に際しても、銀行の最悪の失策に対しても、かかる企てがなされたことは全然ない。一八二五年にはその金庫は空であったし、一八三七年にはフランス銀行からの援助を求めなければならなかったのであるが、かかることを言い出す者はなかった。何ぴとも抵抗することをえない伝統によって、イギリス政府は金融市場にその資金を預託し、またこの特定の銀行に預託するよりほかはないことになっているのである。

しかもこの制度は明らかに重大なる欠陥を有している。

第一に、国家の援助によって作り出されたので、自然発生的制度よりも国家の助力を必要とする場合が多い傾向がある。

第二に、単一準備金制度として金融市場の予備の現金を、他のいかなる制度よりも、ヨリ少額にし、したがってまたその市場をいっそう傷つきやすくする。そこでは負担に対応すべき退蔵金が少ないので、その準備金の運用におけるいかなる過失も比較的重大なる効果を持つのである。

第三に、われわれの単一準備金はその性質上必然的に一つの理事会に託されている。したがってまたわれわれはそれだけの知能に依存しているのであって、たいていの商売にあるように、多数の競争者の知能と愚昧と、思慮と無分別との平均をとることができない。

最後に、理事会は、あらゆる他の委員会と同様に、その株主によって高配当を、したがってまた小準備金の保有を強要されるのであるが、公共的利害関係からは必ず大準備金の保有を要求されているのである。

これら四個の欠陥はこの制度と不可分のものであった。しかしなおほかに附随的かつ偶発的なる欠陥がある。イギリス政府はかかる独特の制度を作り出したばかりでなく、進んでこれを傷つけるようなことをやり、これに関するあらゆる世論を壊乱せしめたのである。その創設後一世紀以上もの間(時に過誤を犯したことはあるが)、イングランド銀行は概して分別と注意とをもって行動したのであった。その取引は今から考えれば、当然ではあるが、小規模のものにすぎなかった。しかしたいていの場合、それは慎重に思慮をもって行われた。一六九六年にはきわめて重大なる難局に巻き込まれてしまって、その銀行券の支払を若干拒絶せざるをえなかった。その後長く世論に対する恐怖が有益な作用を与えることになり、公衆の信頼を確保する必要から用心深くなっていた。しかるにイギリス政府はこの必要を解除した。一七九七年にピット氏〔当時、首相〕は、銀行支払準備金の低位なるため、対外的支払に要する正金を充分に得ることができないのではないかと考え、そこでイングランド銀行に対して現金支払をしないように命じた。彼はあらゆる銀行にとって最も有効なる保証をなす予防的憂慮を解除したのである。

こういう理由で、このイングランド銀行がその銀行券に対して金（きん）を支払わなかった期間——一七九七年から一八一九年に至る期間——は、銀行制限の期間と言われている。イングランド銀行はこの期間中、その銀行券を現金で支払うという契約を履行しなかったし、また履行することを法律によって強制されていなかったので、それは明らかに銀行放埒の期間といってもよいのである。しかし「制限」なる言葉はまったく正しかった。それは一七九七年の政策を述べるものとして唯一の適当なる言葉であった。ピット氏はイングランド銀行がその銀行券を正金で支払う必要がないと言ったのではない。彼はこれを「制限して」かくすることを抑止したのである。彼は、してはならないと言ったのである。

この結果、一七九七年から一八四四年（新たなる時代の始まるとき）までの間、銀行理事には、適切なる注意は全然なかった。その心底ではイングランド銀行が一種の不死の生命を有し、また支払うべきものは支払ってゆくという、普通の銀行の配慮を超越するものと考えたのである。そしてこの感じはきわめて自然のことであった。その銀行券を正金で支払わなくてもよい発券銀行は不死の生命を持っている。その欲するだけのものを貸し付けることができ、その望むだけのものを発行することができ、しかも自分自身に対する危害をなんら恐れる必要もなく、自分自身の意向以外になんら実質的抑制は受けないのである。ほとんど四半世紀の間、イングランド銀行はかかる銀行であった。彼にとっては、その期間を通してなんらの危険もありえなかったからである。かくて公衆の考えもまた当然に堕落してきた。一七九七年以後、公衆はつねに政府が必要とあればイングランド銀行を援助するものと期待している。ここでは一八四四年の条例の一八四七年、一八五七年ならびに一八六六年における停止を充分に論究することはできないが、しかしその効果の一つとして人々が、政府はイングランド銀行が窮境に陥るとつねにイングランド銀行を援助するものと、考えるようになったということは争えない。しかもこれは予想でありながら、自らそれ自身を合理化し、その予期するところのものを惹き起こす傾向を有する種類のものである。

　したがって全体からわが金融市場における大蔵大臣の地位を考えると、彼はこれに多額の預金をなし、これを創設し、またこれを堕落せしめたる者である。そこで彼は金融市場を頭から消すことはできない。あるいはまた、これに対する責任を断わることもできない。彼はその財政を、パニックが激化しないで緩和されるように計らなければならない。彼はイングランド銀行がその義務を履行するように援助しなければならない。彼はそれを阻止したり、防止したりしてはならないのである。

大蔵大臣の援助はきわめて有効であることもあるであろう。彼は財政に関しては完全にイギリスの世論を代表する者である。しかもわれわれはこの世論によってイングランド銀行が指導されるべきものと願っている。自然に発達した銀行業の制度の下にあっては個人的利益に依っていればよかったのであるが、国家はそれを阻止した。今ではその代わりに世論に依っている。公衆の賛意は銀行理事に対する賞与であり、非難はそれへの厳罰である。これに対して最も重要なる点は、蔵相がその健全なる適切なる代表者であるということである。

第五章　ロンバード街において貨幣の値が決定される方法

多くの人々はイングランド銀行に貨幣の値を定める、ある特有の力があるように信じている。彼らは、イングランド銀行がその最低割引率をときどき変更し、あらゆる他の諸銀行は多かれ少なかれその先導に追随して、それが課するのとほとんど同じだけのものを課すことを知っている。しかもなにゆえにかくなるかということになると、当惑するのである。経済学者の説くところによると、「貨幣は商品である。また単に商品たるにすぎない」。それではなにゆえその値はかくも奇妙な方法で定められ、他のあらゆる商品の値の定められる方法によらないのか。

しかしながら、根本的にはこのことになんらの困難もあるのではない。貨幣の値はあらゆる他の商品のそれと同様に、需要供給によって決定されるのであって、ただその形態が本質的相違を有しているにすぎない。他の商品ではすべての大口の商人が彼ら自身の価格を定める。彼らは互いに値段の競争をする。そこで価格が抑えられる。また彼らはその買い手からできるだけのものを得ようとする。そこで価格は支えられる。この両者の間にあって、アダム・スミスのいわゆる市場の駆け引きがそれを決定する。しかしこれはきわめて簡単なる自然の取引方法ではあるが、唯一の方法ではない。事情によっては他の方法が採用されることもある。一人の大量の所持者は――彼がはるかに大量の最大の所持者であるときはことにそうであるが――彼の価格を定めることができる。これに対して、他の商人は彼より下値で売るとか売らないとか、あるいはまた彼より余計に貰うとか貰わないとか、何とでも言えるであろう。一商品の非常に大量の所持者であると、彼が得ようとする最低価格を定め、あくまでもこれを固守しようとすれば、一時はその値に決定的影響を与えることもできるのである。ロンバード街で貨幣の値の決定される方法もこれである。イングランド銀行は優勢なる貨幣商人であるのが常であったが、今もなお最も重要なものである。彼はその手持金を処分する唯一の基準たる最低価格を定める。そしてこれによってたいていは他の商人もその価格、あるいはそれに近いものを得ることができるのである。

その理由は明らかである。普通の時にはつねにロンバード街は、イングランド銀行から若干の資金を得ることなくしては、ロンバード街のすべての手形を割引するに足る資金を持っていない。銀行利率が定められると早速に、割引すべき手形を所持する非常に多数の人々は、イングランド銀行よりもどの程度まで安くその手形を割引してもらえるかやってみる。しかし彼らはこれをそれと比較して非常に安く割引してもらうことはほとんどできない。もしそうなれば、誰もイングランド銀行に行く者はないのであって、外部の市場はその力にあまる手形を有することになるからである。

実際にはイングランド銀行がかかる過程の始まるのを認め、自己の取引が著しく減退しつつあるのを知ると、その利率を引き下げ、適切の取引量を確保してその預金の相当の部分を使用しうるようにするのである。競り下げ競売(ダッチ・オークション)では、競り初めの、すなわち最高の価格が売り手によって定められるのが普通であって、彼はその指値を買い手の見出されるまで下げてゆくのであった。ロンバード街においても貨幣の値は、大体これと同様の方法で定められる。ただ競り初めの価格がすべての売り手によって定められるのでなくて、非常に重要な一人の売り手によるのであるが、それは彼の供給の一部分が欠くべからざるものであるからである。

イングランド銀行は金融市場に対する支配権を有し、割引率をその好むままに定めることができるとなす考えは、一八四四年以前の、銀行が任意の額の銀行券を発行することのできた旧時代から伝えられたものである。しかしその当時でもこの考えは誤っていた。銀行券発行を独占している銀行は、金融市場において一時的な偉大なる力は有しているが、それは決して永続的な力ではない。その時々において割引率に影響を与えることはできるが、その平均利率を動かすことはできない。その理由は、かかる銀行の気まぐれから一時貨幣が下落したとしても、それはつねに自動的にただちにそれと均しい騰貴をきたす傾向を有し、平均すればその値に変動はないことになるからである。

その経過はこうである。もし銀行券発行を独占している銀行が、突如として平常よりも(かりに)二〇〇万ポンド余計に貸付をしたとすると、それはそれだけ取引の増加と物価の増大とを惹き起こす。二〇〇万ポンドを貸し付けられた人々は、それをしまっておくために借りたのではない。彼らは、市場の言葉で言うと「相場をやる」ために借り入れるのである——すなわちそれでもって買いに出る。そこでこの新規買入の思惑——新規需要——は価格を騰貴せしめる。またこの物価騰貴は三様の結果をもたらすことになる。第一に、これがために他の者もみな資金の借入を望まない者はないことになる。貨幣は前よりも購買力を失っているので、相場をやる者は同額の取引にも余計の資金を必要とする。もし鉄道株が去年よりも今年は一〇パーセント高値とすれば、資金を借り入れて初めてその取引のできる投機家は、去年よりも今年は一〇パーセント余計に借り入れなければならない。その結果は貸付に対する需要を増加する。第二に、これは有効需要である。なぜならば、鉄道株の値上りはこれによって借り入れようとする者にそれだけ余計に借り入れることができることになるからである。普通行われているのは、かかる証券の市場価値の一定部分の貸付であるが、もしその値が増大すれば、これによって得られる普通貸付の額もまた増加する。したがって貨幣の値の人為的低下は、つねにこのようにして貨幣に対する需要の新規増加をもたらすのであって、これによってその値は自然的水準を取り戻すことになるのである。このことは経験によってあらゆる商売でよく知られている。活気づいた市場はまもなく逼迫した市場となる。というのは、企業心のある連中は非常に熱中しやすく、つねになくうまくいきだすと、早速彼らは緩慢の程度を実際よりも大きく想像するのが常であって、手に入れることのできないほどの額を必要とするに至るまで投機をやめないからである。

これらの二面から見て、銀行券発行者によって突如としてなされる貸付は一時的には貨幣の値を引き下げることがあるかもしれないが、永続的に引き下げるものではない。それはそれ自身の反対作用を発生せしめるからである。しかもこれは発行された銀行券が鋳貨に兌換されうるか否かには関係のないことである。一七九七年から一八一九年までの銀行制限の期間中も、イングランド銀行は金融市場を絶対的に支配することはできなかった。それは一八一九年以後、その銀行券を鋳貨で支払うことを強制されてからと同様であった。しかし兌換銀行券の場合には、同じ方向に作用はするが、いっそう急速に作用する第三の効果がある。物価騰貴は、一国に限られていると、輸入を増進する傾向がある。他の諸国にとってはその商品に対して、もしそれをそこに送れば、儲けが多いからである。それはまた輸出を阻害する。騰貴以前にはこの国で買い入れてそれを再び売って利益を得た商人も、騰貴後には得られるにしても、それほどの利益は得られないであろう。この輸入の増大によって、この国の負債は増大する。またこの輸出の減退によって、その負債のうちで普通の方法をもって支払われる部分もまた減退する。その結果、地金で支払われなければならない差引残高は大きくなる。準備金を保有する銀行あるいは諸銀行における貯えは減退する。そこで彼らはその流出を抑えるために利率を引き上げざるをえない。しかもかくして生じた逼迫の程度は、先の不自然なる緩慢よりもしばしばヨリ大きく、これより小さいということは決してないのである。

したがって、普通信じられるように貨幣の値は他の諸商品の値を動かすものとは異なった原因によって決定されるとか、あるいはまたイングランド銀行はこの点で幾分でも専制的であるとかとなす根拠は全然ない。それは大量の資金所持者としての力を有するのであって、それだけのことである。その昔、金融上の勢力は強大であり、競争者は弱小であったときにおいてさえ、イングランド銀行は決して絶対的な支配権を持っていたのではない。それは単に大規模の会社商人として値段をつけ、それによって他の商人に多大の影響を与えていたのにすぎない——決して強制していたとは言えない。

しかし貨幣の値が例外的方法で決定されないにしても、多くの商品と同様にやはりそれに特有な点はある。それは値の非常に変動する商品である。しかもその変動は数量のわずかな過剰あるいはわずかな不足によって容易に起こるのである。ある一定の点までは貨幣は必需品である。もし商人が翌日支払うべき引受手形を持っているとすれば、貨幣を彼は今日いくらかの値段でとにかく調達しなければならないし、また調達するであろう。そしてまた強大なるパニックに際して貨幣の値をむやみに騰貴せしめ、あの非常な高さに達せしめるのも、全体の商人のこの緊急の必要によるのである。これと反対に貨幣はいわゆる「ねかし物」となりやすい。そしてたちまち過剰になる。引き受けられた証券の数には限度があって、急には増加されえない。もしこれらの引受証券を求める貨幣の量がそれに対して貸し付けうる程度を超過するならば、貨幣の値はたちまちにして低下する。市場では手形が手に入らないというのを――もちろん、優良手形を指すのであるが――しばしば聞くことがあるであろう。そしてこれを聞くときには必ず貨幣の値が非常に低落しているものと思ってよい。

もし貨幣がすべてその所有者によって所持されているか、あるいはまたそれとも銀行によって所持されているとしても、それに対して利子を支払っていないとすれば、貨幣の値もそう急速には下落することはないであろう。貨幣が市場語で言えば「よく支えられる」のである。持ち主はそれをすべて使用しなければならぬということにはならない。彼らは低率で全部を使用するよりは、むしろ高率で一部を使用した方がよいのである。しかしロンバード街では貨幣はこれに対して利子を支払っている者によって所持されるのが非常に多い。そしてこの種の人々はそれをすべて、あるいはほとんどすべて使用しなければならない。彼らは一方で多額のものを支払わなければならないのであるから、他方で多額のものを受け取らないかぎり破産することになるからである。この連中は、彼らの使用する金の利子がどんな利率にあるかということは大して気にかけない。彼らはその支払う利子を、儲けることのできる利子にしたがって少なくすることができるからである。彼らにとって根本的な点は、いくらかの利率でこれを使用するということである。もし(ロンバード街である人々のするように)他人の金を数百万も利子をつけて持っているとすると、それによって儲けをしないかぎり、たとえ支払う利子が高くないとしても、たちまち破産するということは算術でわかることである。

したがって、貨幣の値の変動はたいていの他の商品の値の場合よりも大きいのである。時には借入に過度に窮するかと思うと、時には貸付に過度に窮してくる。そこで価格はこれによって否応なしに騰落するのである。

このように考えてきて初めて、われわれはわが国の制度によってイングランド銀行にかけられたる責任を、またいかなる制度によるにしろ、地金をあるいは地金に換えうる法貨を準備金として手許に保有している銀行あるいは諸銀行にかけられたる責任を、評価することができるようになる。これらの銀行は貨幣の値を永続的に支配することは全然できないのであるが、その一時的な値を完全に支配することはできる。彼らはその平均的な値を変えることはできないが、しかしその平均からどの程度離れるかを決定することはできるのである。もしこの支配的銀行が経営よろしきを得ないならば、利率は一時過度に騰貴するかと思うと、次いで過度に低落することになるであろう。初めは危険な活気を呈し、のちには致命的な瓦解となる。しかし経営よろしきを得れば、利率は平均率から大して離れることはない。そう高く騰貴もしなければ、そう低く下落もしないであろう。そうなれば、貨幣の値も手堅さの点では他の何ものにも劣ることはない。しかもその結果はおそらく取引もまた手堅いものになるであろう――少なくとも周期的波瀾の一主要原因は取り除かれることになるであろう。

第六章　ロンバード街はなにゆえにしばしば甚しく鈍調を呈し、また時に極度に激発するかという理由

不時の出来事のために現金に対する巨額の需要が起こると、現金が非常に節約されていて要求払いの債務の多い国では、それがパニックを惹き起こすことになるかもしれない、またその傾向があるのである。こうした国では巨額の信用が少額の現金準備を基礎としているので、不意にその準備金が巨額の減少を示してくると、その信用の全部ではないにしても、非常に多くが攪乱され、破棄されることがよくある。そういう偶発的事件はきわめて種々雑多の性質を有している。凶作、外国からの侵入の恐れ、何ぴとも信用しない者はなかったという大会社の突然の破産、その他多数の同様の事件はすべて現金に対する需要を突如として惹き起こすのであった。そこで中にはパニックを、これを

惹き起こすそれぞれの事件の性質によって分類しようと試みた著作もあったのである。しかしそれにしても、こうした分類によって得るところはほとんどないと思う。わが信用制度に対する影響の点では、これらの事件の間にはほとんど相違がない。われわれはそのすべてに対して用意ができていなければならない。しかもわれわれはそのすべてに対して同一の仕方で——多額の現金準備を保有することによって——用意しなければならないのである。

しかしここできわめて重要なることを指摘しなければならない。すなわち、われわれの産業組織は不規則なる外部的な偶発事件ばかりでなく、また規則的なる内部的な変動をも受けるのである。しかもこれらの変動は、われわれの信用制度を時に平常よりも著しく過敏にする。またこの過敏なる時期は周期的に循環する。そこでこの点からパニックは一定の原則にしたがって襲来するという考えが——一〇年ごとに、あるいは大体そのぐらいで必ず一つに遭遇するという考えが——起こるに至った。

この問題について考え始めると、たいていの人がその発端において当惑する。彼らは「好景気」「不景気」ということをよく聞くのであるが、この「好」景気というのはほとんどすべての人々にとって非常に生活が楽であるという意味で、「不」景気というのはほとんどすべての人々が比較的困っているという意味で言われている。そこでまず第一に、なにゆえにすべての人々の、あるいはほとんどすべての人々の生活が同時に楽となるのかという問いが当然に起こってくる。なにゆえに産業には巨大なる干満があって、上げ潮には広く全体にわたって利益が得られ、下げ潮には広く全体にわたって不利益あるいは損失を受けるというようなことがあるのか。この主要点に対する解答は、われわれの普通の経済学の書物で明確にしているものはほとんどない。これらの書物は、巨額の一般利潤が好景気に際していかなる資金から支払われるものであるかを教えない。またなにゆえにその資金は不景気に際しても同様の目的に使用しえないかを説明しない。

現在行われているわれわれの経済学は、時間を取引行為における一要素として充分に考慮するということをしていない。しかるに一社会においてひとたび分業が確立されるや否や、ただちに二つの原則が重要となってくるのであるが、時間はその真髄をなすのである。その原則というのはこうだ――

第一には、財貨は交換されるために生産されるのであるから、それはできるだけ速かに交換されるのがよいということ。

第二には、各生産者は主として他人の欲するものを生産しているのであって、彼自身の欲するものではないのであるから、彼はつねに骨も折らず、手間も取らず、かつ不確実な点もなく、彼に生産することのできるものを欲する他の人々を見出しうるということが望ましい。

これらの原則はそれ自身では自明のことである。売らなければならない商品が、すべてできあがるや否や売れるということが有利なことは、何びとも認めない者はない。また働きたいと思う者が用意のでき次第、職を見出すということも同様である。また「分業」が真に確立されるや否や、これらの原則には双方ともに困難の伴うことも明らかである。AはBの欲すると思うものを生産するのであるが、それは間違っているかもしれない。Bはそれを欲しないかもしれない。AはBの欲するものを生産することもでき、また生産しようとしているとしても、AはBを見出すことができないかもしれない——AはBの存在を知らないかもしれない。

これらの原則が一般的に真理なることは明らかである、しかしその影響のきわめて大なることは明白になっていない。大体において取引が活発であって非常な繁栄の時と取引が沈滞して非常な不況の時とを比較してみると、その繁栄と不振とが真実のものであって架空のものでないかぎり、その相違の大きさが明らかになる。もしこれらの原則が充分に行われるとすれば、各人は誰のために仕事をし、何を作るべきかを知っているのであって、彼自身の欲するものをただちに交換して得ることができる。全社会を通じて無益な労働も、不活発な資本も全然ないことになる。その結果は、生産されうるものはすべて生産され、人間の生産力の効果は増大される。二種の生産者――資本家も労働者も――ともに普通の場合よりもはるかに富裕になる。彼らの間に分配されるべき額がまた普通の場合よりはるかに大きいからである。

また諸産業の間には協同関係がある。一つの大産業が不振となれば、他の諸産業に被害を及ぼさないということは決してない。諸産業の一大集団の場合はなおさらのことである。各産業は繁栄すると、おそらくたいていの(確かに非常に多数の)他の諸産業の生産物を購入して消費する。そしてもしA産業が失敗して困難に陥れば、B、C、Dのこれに販売してきた諸産業はAの需要を当てにして生産したものを販売することができなくなるであろう。またその後も、A産業が回復するまでは遊んでいることになるであろう。Aがなければ、彼らの作る財貨を購入するものは全然ないことになるからである。そこでB産業はC、D等から購入するので、Bの不況はC、D等に影響する。またこれらのものはE、F等から購入するので、その効果は全体に波及していくことになる。しかもある意味では、それはまた反作用してくる。ZにはA、B、Cの買入の減退によって生じた不足分が利いてくる。そこでこれもそれほどに儲けなくなる。その結果、A、B、Cの生産物に対してもそれだけ支出することができないことになるのであって、これらもまたそれだけ儲けなくなるのである。以上の点においては、貨幣はつねに一手段たるにすぎない。物々交換取引においてもこれと同様のことが同じようにして起こるであろう。ただ大規模に物々交換が行われるということは、それがために要する時間と手数とのために不可能なだけである。先にも説明したように、根本の原因は、各人が他の各人の労働に依存するという制度の下においては、一人の損失は全体に拡がって増大し、しかも分業制度がすでに高度に完成していればいるほど、またその交換方法が精巧かつ有効になっていればいるほど、急速に拡がって増大するということにある。しかし大規模の取引の一つに起こった不振の及ぼす全効果は、それが実現されるまでには相当の時間がかかる。それが行き渡るまでには、様々な産業にわたって波及し、再び帰ってこなければならない。したがって、短期の不振はほとんどなんの結果も認められない。それはわれわれがその効果に気がつかないうちに去ってしまう。永続的な、かなり大きな不振の場合に初めてこの原因は、明らかに認めうるような効果を生ずるまで、長く続いて働くのである。

一つの取引の不振が他のあらゆるものに不振を惹き起こすという、最も普通の、しかしはるかに一番重要なものは農業の不振の場合である。全世界の農業がうまくゆかないと穀物は騰貴する。しかも人々の消費する絶対必需品の量が著しく減退するということはないから、それがために支出されなければならない追加額は、それだけ従来他のものに支出されてきたものから控除される。A、B、C、DからZに至るまでのあらゆる産業は、穀物価格の増大によってなんらかの影響を受ける。最大の影響を受けるのは平常労働者によって最も多く消費されるものを生産する大産業である。被服業はただちに相違の生じたことを感じる。この国では酒造業(イギリスの歳入の一大源泉)がほとんど同じように早速それを感じる。ことに二、三年の間、凶作が続いて穀物が長期間騰貴していると、疲弊しない産業はない。いずれも窮乏してくるので、他のものをもまた窮乏せしめないものはほとんどない。あらゆる取引がその売行の減退から緩慢になる。そしてその結果は巨額の資本が停滞し、多量の労働が無駄になり、生産は大いに阻害されることになる。

このような完全なる災厄を来たすまでには二、三年はかかる。これから回復するにもまた二、三年かかる。もし穀物が長い間安いと、労働諸階級はそのほかの好きなものに使う余裕が大いにできる。そういうものの生産者は繁栄してヨリ大きな購買力を得る。彼らがこれを使うと、それによって彼らの取引する階級に新たな購買力を作り出すことになり、かくして全社会に及ぶのである。全産業機関はその活動力の最大限に達するまで活気づけられる。それはちょうど前にその大部分がほとんど最小限度にまで減退せしめられたのと相応ずるのである。

いかなる大産業にしても非常な災厄を受けるものがあれば、その効果には大体変わりはないが、労働賃銀が費消される諸産業の浮沈は、他のあらゆる場合よりもはるかに重要である。それはヨリ大きな購買者大衆にはるかに急速に作用するからである。原則としては分業が完全に行われていると、各産業が完全に繁栄しなければ、そのいずれの一つも繁栄することはない。したがって取引の発展は間断なく、着々と変わることなく行われるものとなすことはできない。それどころではない。経験から言っても、理論から言っても必然的に膨張の時期があり、また同様に必然的に収縮の時期、そして沈滞の時期のあることは、さらに説明を加えることなくしてすでに明らかである。

しかしまたこれが現代の産業社会における唯一の可変的要素であるというのではない。

信用――一人の者が他の者を信頼するという傾向――は著しく変動しやすい。イギリスでも非常な災厄の後には各人は各人を信用しない。その災厄が忘れられてしまうと各人は再び各人を信頼してくる。大陸では信用が「資本」と名付けられるべきか否かについて喧しい論争が行われたことがある。イギリスでは抽象的な経済学にかつて払われたわずかの注意でさえ今では払われていない。何ぴともこの種の細かい問題には少しも注意しない。実質的な、実際的な点では、シュヴァリエ氏の言葉で言えば、信用は「加えられる」のである。言い換えれば、追加的なものである――すなわち信用の確実なときは生産力はその能率を引き上げ、信用が不確実なときは生産力はその能率を下げる。しかも信用状態がこのように勢力があるというのは、今先に説明したばかりの二つの原則によるのである。信用の確実なる状態の下においては財貨が手持ちされる期間は、信用の不確実なときよりも著しく短い。販売はヨリ急速に行われる。仲介の商人も容易に借入をなしてその取引を増加する。かくしてますます多くの財貨がいっそう急速に、いっそう容易に生産者から消費者に取り次がれる。

　これらの二つの可変的原因が真の繁栄の原因である。これによって取引も生産も増大される。したがってそれは明らかに有益なものである。ただ、誤って不用のものが生産されるとか、あるいはまた誤って不当の信用が与えられ、必要とされているものを生産することのできない者が、いずれはそれを生産するであろうという虚偽の想像に基づいて、他人の労働の生産物を手に入れるというような場合は別である。しかしなお真の繁栄よりむしろ外見的なるものを非常にしばしば作り出す可変的原因がもう一つある。しかもその効果は、実際生活においては、前述のものの効果と著しく混同されている。

普通われわれが考える場合には、貨幣に対する利子は高級の観念であって、普遍的に行われているものでないということを心に留めていない。実際、普遍的であるどころではない。たいていの国の貯蓄者の大多数はそれを否定するであろう。たいていの国では貯蓄はたいてい正貨の退蔵として行われている。それはアジアでも、アフリカでも、南アメリカでも、ヨーロッパでさえも広くこのようにして行われているのであって、彼らの手から出させるなどということは、大多数の所有者をびっくりさせるであろう。イギリス人――少なくとも現代のイギリス人――であれば、彼は「その金を五パーセントの利廻りになる、何か安全なものに投ずる」ことができるのが当然であるということをもって第一原理のごとくに考えるのであるが、たいていの国々のたいていの貯蓄者は怖がっていかなるものにも「その金を投ずる」ということをしない。彼らの考えでは安全なものは何もない。実際、たいていの国々では悪政と後れた産業とのために真に安全な投資というものは全然ない。あるいはほとんどない。たいていの国々では、たいていの人々は利子を取らないでもよいと思っている。しかるにいっそう進んだ国々になると、あるときは投資を求める貯蓄の方が投資口として知られるものよりも多いということもあるが、平常はかかる過剰のあることはない。マコーレー卿はこういう過剰の時期の一つを目に見えるように叙述している。彼は言っている。

王政復古と革命との間に国民の富は急速に増加してきていた。数千の勤勉なる人々は、クリスマスごとにその年の家計費をその年の収入から支払った後に剰余を残したのである。しかもその剰余がいかに使用されるべきかということはいささか困難な問題であった。われわれの時代であれば、かかる剰余を三パーセントよりいくらか多くで、従来いまだかつてなかったほどに安全な保証を得て投資するということは、わずか数分のうちにできることである。しかし一七世紀には数千金ばかりを貯蓄した弁護士、医者、隠居した商人がそれを安全にかつ有利に投資したいと思っても、しばしば非常に困惑したのであった。それより三代前には、専門の職業で富を蓄積した人はたいてい不動産を購入するか、あるいは抵当に取ってその貯金を貸したものである。しかしわが国における地所の数には変化はなかった。またこれらの地所の値は非常に増大したが、投資口を求めつつある資本の量ほどに急速には決して増大しなかった。多数の者はまたその金を一時間の予告で得ることのできるところに投じたいと考え、何か、家屋あるいは畑地よりもヨリたやすく引き渡すことのできるような種類の財産を探し廻ったのである。資本家ならば冒険貸借に、あるいは個人的保証で貸し付けることもできたであろう。しかしもしそうすれば彼は元も子もなくするという大いなる危険を冒すことになるのであった。少数の株式会社はあった。そのうちでは東インド会社が第一位を占めていたのであるが、かかる会社の株式に対する需要はその供給よりもはるかに大きかった。事実、新たなる東インド会社を要求する声は、主として、その貯蓄を確実なる保証で利子を得て投資するのに困難を感じていた人々によって挙げられたのであった。その困難は非常に大きかったので、退蔵の慣習は普通のことになっていた。詩人ポープの父は革命時代の頃、シティの事業から隠退した人であるが、二万ポンドに近いものを入れた金箱を田舎の隠居所に持って行って、家計費に必要なものを時々それから取り出したということである。しかもこれは決して唯一の例でなさそうである。現在では個人によって退蔵されている鋳貨の量は非常に少額であって、持ち出されたとしても通貨に対して目につくほどの追加をなすことにはならないであろう。しかしウィリアム三世の治世の初期には、通貨に関する一流の著作者はいずれもよほど多くの量の金銀が秘密のひきだしに、腰板の背後に隠されているという意見であった。

こういう状態の自然の結果として、あまたの発企屋（プロジェクター）が、才気あるのや愚かなのや、正直なのや悪辣なのが、過剰資本の使途に関する新計画の案出に従事したのである。「株式相場師」なる言葉がロンドンで初めて聞かれたのは一六八八年頃のことであった。四カ年という短期間にあまたの会社が、いずれもその応募者に巨額の利益が得られるという希望を確信せしめたのであるが、急に生れ出たのである――保険会社、紙会社、ルートストリング絹会社、真珠採取会社、ガラス瓶会社、明礬（みょうばん）会社、ブライス石炭会社、刀身会社。またたちまちのうちに中産階級のすべての居間と上流階級のすべての寝室とに窓掛を提供しようという綴織会社があった。イングランドの鉱山の探査を企てた銅会社があったが、それはポトシの鉱山にも劣らぬものになるであろうという希望を抱かしたのである。難破した船舶から貴重品を引き揚げることを企てた潜水会社があったが、これは揃いの甲冑に似た不思議な機械を仕入れたと発表した。冑(かぶと)の前方にはキュクロプス〔ギリシア神話に登場する単眼の巨人〕のように巨大なガラスの眼があった。てっぺんからパイプが出ていて、それで空気が入れられることになっていた。そのやり方をテムズ河でスッカリやってみせた。立派な紳士淑女がその見物に招待され、大いに饗応を受け、潜水夫がその甲冑を着て河中に下り、古鉄や船具を持って上ってくるのを見て歓喜したのである。またオランダの捕鯨船やニシン漁船を必ず北洋から駆逐してみせるというグリーンランド漁業会社があった。トルコあるいはロシアから持ってこられた最良のものにも優る皮革を提供するという鞣皮(なめしがわ)会社があった。紳士諸君に廉価で高等普通教育を授ける教授所を計画した協会があったが、これは王立学士院会社という堂々たる名前を僭称したのであった。その物々しい広告で、王立学士院会社の理事は各学科に一流の大家を聘し、二万枚の切符をおのおの二〇シリングで発行せんとしていると発表した。また抽籤も行われることになっていた——二〇〇〇の当たり籤(くじ)があった。幸運な当たり籤の持ち主は会社の負担で、ラテン語、ギリシャ語、ヘブライ語、フランス語、スペイン語、円錐曲線、三角法、紋章学、漆工法、築城術、簿記、テオルボ弾奏法を教授されることになっていた。

このパニックはマコーレー卿がその記憶を呼び起こすまでは忘れられていた。しかし実際は、つねに記憶されていた南海泡沫事件もこれと同じ形態のものであった。ただ、多少突飛であったにすぎない。この熱狂期の諸会社の目的はこういうものであった。

「アイルランドの海岸での難破船の引き揚げ――馬匹（ばひつ）その他家畜の保険（二〇〇万）――召使による損失の保険――海水の淡水化――私生児慈恵院の建設――海賊防御船建造――向日葵（ひまわり）の種子からの採油――麦芽酒（ビール）改良――船員賃銀補償――鉛から銀の採取――水銀の可鍛性純金属への煉化――石炭による製鉄――スペイン産大型種（たね）ロバの大量輸入――人毛取引――豚の肥養――無窮動輪」。しかしそのうちでも最も奇妙なものはおそらく「適当の時期にその計画を発表するというもの」であろう。その応募者はいずれも二ギニーを即金で支払い、その後目的の発表と同時に額面一〇〇の株券を受け取ることになっていた。この企画は非常に人気があったので、その日の朝には一〇〇〇の申込金が支払われ、発企人はそれを持ってその午後には逃亡したのである。

一八二五年にも会社投機はほとんど同様に無謀であった。一八六六年の直前にも、これほど突飛ではなかったが、似たようなものが少しはあった。事実は、貯蓄金の所有者が彼らの普通しているような投資口を充分に有していないので、もっともらしい約束をなすものには何にでも向う見ずに飛びつくのである。そしてこのもっともらしい投資を非常な利益を得て売ることができるとなると、彼らはますますこれに殺到する。最初は高い利息に食指が動くのであるが、それはまもなく二次的なものになる。次にはその利息を生む元本を売ることによって得られる非常な利益に対して食欲をそそられるのである。このような転売をやることができる間は熱狂が続くが、それをやることができなくなってくると瓦解が始まる。

貯蓄金がその所有者の手にある間は、投機的企業に対するこのように危険な賭博は、ほとんどすべて蓄積が試験済みの投資以上に超過してきたということによるのである。その国の取引全般にはほとんどなんらの影響もない。貯蓄金の所有者はあまりに散らばっていて市場から遠く、商業取引の大多数はこれがために変化を受けるということにはならない。しかるにこれらの貯蓄が銀行家の手に預託されるようになってくると、その結果は著しく広汎なるものとなる。銀行家は商業活動に密接している。彼らはいつでも悦んで優良なる商業証券に貸し付ける。彼らは、彼らに託された資金の大部分をそういう証券に貸し付けたいと思っているのである。したがってこのように託された資金が非常に巨額に上るときは、またそれが長く続くときは、その国の取引全般は漸次に変化してくる。銀行家は一日一日とますます積極的に商人に資金を貸し付ける。こういう人々に貸し付けられる資金は多くなる。その結果は売買契約も増大する。商品に対する需要が増加して、物価はますます騰貴することとなる。

物価の騰貴は信用状態の向上しつつあるとき、最も急速に行われる。一般物価はたいていは卸売取引によって決定されるものである。小売商人は卸売価格に、あるパーセンテージを加える。もちろん、つねに同一額の上乗せではないが、しかしたいていは同一である。たいていの品物はその卸売値段を聞けば、通例その小売値段がわかる。ところで卸売取引は普通、現金取引ではなくて手形取引である。手形の期間はその商売の慣習によって種々異なっていて、二、三カ月のものもあれば、六週間のものもあるが、しかしつねに手形はあるわけである。信用の確実な時期というのは、多数の人々の手形が即座に引き取られる時期のことである。信用の不確実な時期というのは、その手形を引き取ってもらえるという人々が著しく少なく、それさえ疑念をもってされる時期である。信用の確実な時期には非常に多数の有力な買い手があり、信用の不確実な時期には少数の力の弱いものがあるだけである。したがって信用の増進しつつある数年は、これを妨げる原因さえなければ、価格騰貴の年である。また信用の衰えつつある数年は価格下落の年である。

「ジョン・ブル〔典型的なイギリス人のこと〕はなかなか辛抱強いが、二パーセント〔の利率〕を辛抱することはできない」という諺の意味もこの点にある。それはかの三大原因が最も大きな効果を及ぼすのは、ほとんどイギリスに限られるということを意味するものである。すなわち投資に対する貯蓄の超過が銀行に預託されるのはこの国に限られ、他の国にはほとんどない、それが大規模の取引をなすために利用されるのもこの国に限られ、他の国には全然ない、物価が非常な影響を受けるのもこの国に限られ、他の国には全然ない、というのである。こういう事情の下にあって利率の低落が長く続けば、それは貴金属の値の全体の低下に等しい。ジェボンズ教授は金鉱大発見の効果に関する著作において、私の知れるかぎり初めて、金の価値のこれらの一時的変動を除去しておかないとその永続的低落を適切に評価することはできないということを明らかにした。彼は、一八四七年ならびに一八五七年の両年に先だつ数年間は物価騰貴があり、これらの年に続く数年間は大低落のあったことを明らかにした。必要なる変更を加えれば、同様のことが一八六六年の前後の数年についても明らかにされうるであろう。

しかし現在ではわれわれはなおいっそう顕著なる実例を有している。それはここにあえてその全文を引用する論文において、一八七一年一二月三〇日のエコノミスト紙上で次のごとくに分析されたのであった——

商品価格の高騰

わが国の取引が非常に活況を呈していることは、たいていの人が承知している。普通の指標はすべてそのことを示している——歳入の状況、手形交換所の数字、輸出入統計表はいずれも明白であって、すべて同じことを表わしている。しかし現在のきわめて顕著なる一つの特徴について考察するとか、あるいはまたその効果について充分に検討している者はほとんどいないように思われる。その特徴は昨年中の主要取引品の大多数の価格の高騰である。われわれは本紙の下方にほとんどすべて

		1月			12月		
		(ポンド)	(シリング)	(ペンス)	(ポンド)	(シリング)	(ペンス)
羊毛─サウス・ダウン仔羊	1梱あたり	13			21	15	
綿花─アプランド普通物	1ポンドあたり			7 1/4			8 3/8
40番手ミュール紡毛糸他	〃		1	1 1/2		1	2 1/2
鉄─英国物棒鉄	1トンあたり	7	2	6	8	17	6
クライド銑1号品	〃	2	13	3	3	16	
鉛	〃	18	7	6	19	2	6
錫	〃	137			157		
銅─薄板	〃	75	10		95		
小麦(ガゼット紙平均)	1クオーターあたり	2	12		2	15	8

の主要取引品を網羅する表を掲載するが、それによると価格の騰貴は、全般的でもまた一様でもないが、しかし非常に顕著であり、非常に広汎であることがわかるであろう。最も顕著なるものをあげると、表の通りである。しかもこのほかのものでも、価格騰貴の傾向は下落の傾向よりもはるかに著しく多いのである。

このような価格の全般的騰貴は、前掲物品の供給の減退によるか、あるいはそれに対する需要増加によるものであるにちがいない。若干のものでは、もちろん、供給不足もあった。例えば羊毛では国内産羊の減少が価格に非常な影響を及ぼした──

一八六九年における国内羊頭数　二九五三万八〇〇〇頭
一八七一年における　〃　二七一三万三〇〇〇頭
減少　二四〇万五〇〇〇頭
八・一％にあたる

他の若干の品においても、同様の原因が作用しているものもあるであろう。しかしこの国の商品の供給の全体の量をとってみると、輸入数量の明白なる指標によっても認められるように、減少しないで増加している。商務省の報告はこのことをきわめて顕著に証明している。われわれは後に若干の主要品の表を掲載することにする。かくしてこの物価の騰貴は、需要の増加によるものでなければならない。そこでまず第一の問題はその需要は何によるかということになる。

われわれはそれを三つの原因――安い貨幣、安い穀物、信用の回復――の結合した作用によるものと考えている。もっとも第一のものに関しては、一見したところでは、このような全般的な需要の増加は貴金属の価値低下によるものでなければならぬものとも言えるであろう。多くの論争では確かにこれよりはるかに顕著ならざる事実をも、これを証明するものとして挙げられたのである。また実際、貨幣の購買力は全般的かつ永続的にというのではなくて、局部的かつ一時的にではあるが明らかに減じている。貴金属の特殊性はその価値が、その市場にある量によって、異例に長期間左右されるという点にある。結局は、その価値もあらゆる他のものと同様に市場にもたらすために要する費用によって決定される。しかし一時的変動において価格を支配するものは、つねに市場における供給である。しかもこの国におけるその供給は非常によく変動する。商業的危機の――例えば一八六六年のような危機の――あとには二つのことが起こってくる。まず第一には、諸外国のわれわれに対する債務を回収する。そしてこの債務が商品でなく、貨幣で支払われることを要求する。イングランド銀行にある地金が一八六六年五月には一三一五万六〇〇〇ポンドであったが、一八六七年一月に一九四一万三〇〇〇ポンドに増加し、六〇〇〇万ポンド以上の増加を示したのは、重要ならざる原因もあるにはあるが、主としてはこれによるのである。次いで第二の原因がまた同じ傾向を助長するものとしてあらわれる。不況期にこの国の貯蓄はその捌け口以上にかなり急速に増加する。貯蓄した者はこれを何に使ってよいかわからない。そこでこの使用されない新たな貯蓄は追加的資金となる。貯蓄は投資され、使用されるまでは単に貨幣の形態を有するにすぎない。小麦を売って一〇〇ポンドを「純益として」持っている農夫は、その一〇〇ポンドを何か有利に使用することのできる途のあるまでは、貨幣で、あるいは貨幣に等しい何かで所持しているのである。おそらく彼はこれを銀行に預けるが、これによってその金はヨリ以上の作用をなすことができることになる。もし三〇〇万ポンドの鋳貨が銀行に預金されていて、一〇〇万ポンドを準備金として保有しておきさえすればよいとすれば、これによって二〇〇万ポンドが浮くわけであって、さしあたりそれだけ鋳貨が増加したのに等しい。原理的に言えば、使用されない新たな貯蓄があるという場合には、つねに*貴金属保有量の増加か、あるいは銀行がこれらの貴金属を節約するに用いる手段の効率の増加*があるはずであると主張することもできるであろう。言い換えれば、国民の勤労によって貯蓄されたものが投資されない時期には、われわれは金を蓄積し、われわれの金の効用を増大することになるというのである。したがってもしこのような貯蓄期が、かの対外的信用を減少し、対外債権を回収する時期に直接継続するとすれば、わが国の金の実質的数量はきわめて巨額となるわけである。外国から回収された旧資金と新たなる貯蓄をなす新資くる。そしてそれと同じことであるが、貨幣の購買力の減退が普及される。

この点までは金融市場の最近の歴史に特殊な点は全然ない。同様のことが一八四七年のパニックのあとにも、また一八五七年のあとにもいずれにも起こった。しかしなおこのほかに同じ種類の、同じ方向に作用する、現在に特有のいま一つ他の原因がある。それは現在ロンドンにある外国資金、ことに外国政府資金の額である。現在ドイツ政府は、おそらく従来ほとんどいかなる政府も所有したことのないほどに多額の、自由に使用しうる資金を有している。大雑把に言って、二つのことが起こった。戦争中イギリスは外国資金の最も安全な避難所となったのであるが、これがためにそこでは資金が、そうではない場合よりも著しく安くなったのである。また戦争後イギリスは最も便利な支払場所となり、資金に対する最も便利な休息所となったのであるが、これがまた資金を安くしたのである。商業上の原因には多数の先例があるが、その上に、その効果については全然先例のない政治的原因がこれを助長することになったのである。

しかし物価の騰貴には豊富な貨幣が必要であり、またそれはかかる物価を作り出す自然的傾向を持っているにしても、なおそれ自身でこれを実現することはできない。われわれの取り扱っている場合について言えば、物価を下げる〔「上げる」の誤りか――訳者〕ためには、追加的な貨幣が単にあるというだけでなく、その追加的貨幣を適切に使用する方法がなければならない。このことは増加した資金がどこから出たかを想起すれば明白である。それは人々の貯蓄から出たものであって、その時の所持者がかかる貯蓄に適切と考える方法によって投資するしかない。それは単に費消してしまうのに使用されるものではない。このように使用することは、その本来の性質に反することになる。新しい需要の途がなければ、新たな資金が引き取られることはない。またそうならなければ、この新たな資金は物価を上げるものでもない。それはしばしば述べたように、銀行に遊んでいることになる。しかもなおわれわれは取引の鈍調は金の安いことと互いに相伴うものであるという、しばしばある普通の現象を見ることになるであろう。

今度の場合の需要は、およそ最も有効な途をとってあらわれてきた。一八六七年および一八六八年の前半においては、穀物は表の数字の示すように高かった。この時からそれは下落して一八六九年および一八七〇年を通して非常に安かった。こう

ガゼット紙の小麦平均価格

		(シリング)	(ペンス)
1866年	12月	60	3
1867年	1月	61	4
	2月	60	10
	3月	59	9
	4月	61	6
	5月	64	8
	6月	65	4
	7月	65	0
	8月	67	8
	9月	62	8
	10月	66	6
	11月	69	5
	12月	67	4
1868年	1月	70	3
	2月	73	0
	3月	73	0
	4月	73	3
	5月	73	9
	6月	67	11
	7月	65	5

いうものの安値は産業の各部面に大きな効果を及ぼす。労働者階級は食糧が安いので、食糧に費すものはそれだけ少なくて済み、他のものに余計使えることになる。その結果は、ほとんどあらゆる取引部面にわたって需要の緩慢なる増加があらわれる。そしてこれがためにほとんどすべての場合、生産手段事業とでも名付けられうるものの――すなわち、各取引部門に使用される機械、器具およびこれに対する諸原料の取引をなす商売は非常な増加を示すことになる。例えば鉄取引をとって見ると――

	(トン)
一八六九年の輸出	二五六万八〇〇〇
一八七〇年 〃	二七一万六〇〇〇
	――
	五二八万四〇〇〇(トン)

一八六七年	〃	一八八万二〇〇〇
一八六八年	〃	一九四万四〇〇〇
	―	三八二万六〇〇〇
	増加	一四五万八〇〇〇

すなわち、穀物の安いことは全世界に作用して様々な種類の商品に対する新たな需要を作り出したのである。このような非常に多数の商品の生産は、様々な形をとる鉄の何かを使用するのであって、それだけ鉄が輸出されたのであった。しかもこの効果は累積的である。製鉄業が活気づけられると、この大工業に関係のあるあらゆる人々の生活はよくなってきて、金使いが多くなる。それによって他の工業諸部門の活動を促進し、再びまたその需要を伝播する。彼らは第三の従属的なる、関係の薄い諸産業に対して、その活動を促進することになる。

今年は穀物が大して安くなかったということは確かに事実である。しかしたとえあれ以上に高かったとしても、先に安かったために生じた甚大なる取引をただちに引き留めることにはならなかったであろう。一八六九年、一八七〇年には「ボールが転がされていたのだ」といってもよいであろう。当時ある取引に需要の非常な増加が起きて、あらゆる取引に伝播されたのであった。非常に高い物価が続けば、その反対の結果が生じてくるものである。それによってある取引の需要が不活発になる。そしてその効果は漸次あらゆる取引に拡大される。しかし今年の程度の騰貴ではなおそういう影響が明らかに認められるには足らない。

安い穀物という刺激に、貨幣が安いということが加わると、物価の広汎なる高騰の条件が充分に満たされる。これがために生ずる新たな使途によって貨幣を投じうる途が開かれてくる。手形はヨリ大量に、ヨリ大規模に振り出され、銀行や割引業者の代理店を通して地方の貯蓄はこれらの手形に投資される。かくして新しい欲望とその欲望を満たす新しい購買力とがあらわれる。その結果は広汎なる物価騰貴となるのであるが、その事実は数字にあらわれている。

この騰貴はまた信用の回復によって助長された。これは詳細に説明するまでもなく、買入を大いに助長する。したがってまた物価騰貴を大いに助長することになる。一八六六年以来、信用は漸次に、非常に緩慢ではあるが、回復しつつあった。そしておそらく適切な、それに当然な確実さを示しているといってよいであろう。現在われわれは当然信用すべき多数の人々を信用している。いまのところ、当然信用すべからざる人々を信用するに至るというような、むやみに過度な、誤れる信頼というものは全然ない。

以上、説明された過程が普通の過程である。諸銀行家の手にある貸し付けうる余剰の資本は、彼らによっては決して新奇の方法で使用されるものではない。それはほとんどすべてすでに増大しつつあり、またすでに好転しつつある取引に対して貸し付けられる。それが使用されると、その取引はこれがためになおいっそう発展する。そしてまたこれが他の諸取引を増大し、刺激する。資本は、産業が沈滞状態にあれば長く遊休していることもある。経験のある銀行家が優良なるものとなすような商業証券は増加しない。しかも彼らは他の証券を作り出すことも、不良のものを取ることもしない。

産業の拡張の盛んな時期には、たいてい三大原因が――多額の貸し付けうる資本と、確実な信用と、ヨリ有利に使用された労働および資本から得られた利潤の増大とが――同時に作用している。いずれも独立に作用しうるのであるが、たいていの場合、共に作用するというのは、つねに変わることなき一つの理由があるのである。不況の時期から見てゆけば、それはいずれも共に伸長してゆく傾向のあるものである。その時期には信用は不確実であり、産業には仕事がない。非常に多くの場合、食糧品は価格が高い。そしてこの高いことが景気を悪くした原因の一つなのであった。この時期が始まった初期には過剰の貸し付けうる資本があったにしても、なかったにしても、いずれにしてもまもなく過剰となってくる。質実な人々の間では好景気の時と同様に不景気の時にもその収入の一部を貯蓄することが依然として行われている。実際、ほとんど変わらない固定した収入の人々は、この二つのうちで不景気の時の方が物価が安いので貯蓄する力が大きい。沈静なる取引は新たな貯蓄を投資しうる新たな証券を供するものではない。したがってまもなく貸し付けうる資本は過剰となってくる。危機ののち一、二年すると信用は普通増進する。危機に際して信用を傷つけた悲惨事の記憶がだんだんと薄れてくるのである。食糧品はその普通の価格に復帰する。あるいはまた若干の大産業は、なんらかの一時的原因からして活発な前進を始める。したがってこの時期に、先に説明したように、取引を大いに発展せしめる三つの動力が、結合して同時にこれを発展せしめることになる。

その結果は必ず一躍して全国的繁栄をきたすことになる。国をあげてあたかも魔法にかかったように飛躍的に前進する。しかしその繁栄で確実な理由のあるものはわずかに一部にすぎない。繁栄が生産量の増大に、しかも適切なる品物の増大に基づいているかぎり――各種の商品がそれを必要とする人々の手に入るまでの速度の増進に基づいているかぎり――その基礎は確実である。人々の勤労の効率は増進する。したがって人々の間に分配されるものも多くなる。しかしその繁栄が物価の全般的騰貴に基づいているというだけならば、それは幻想的なものにすぎない。物価の全般的騰貴はただ名目上の騰貴にすぎない。何びともその販売する品物で利益を得るところを彼の購入する品物で失うのであって、以前と少しも変わるところはない。物価の全般的騰貴によって生ずる唯一の真実なる効果は、第一に、収入の固定している人々が購入者として損失しながら、それに見合うなんらの利得もないために切り詰められるということである。第二には、騰貴以前に作られた固定資本に特別の利潤を与えるということである。この場合は売り手として利益を得るが、買い手としてはなんらそれに対応する損失がない。第三には、この固定資本に対する利得は石炭、鉄のような産業の「手段」と呼ばれうるものにおいて最大であるということである。これらのものはあらゆる産業に必要とされ、物価の全般的騰貴が起こればつねに必ず他のものよりもはるかに著しく騰貴するからである。何ぴともこれを必要としない者はない。しかるにその供給は急速に増加されえないのであるから、その価格は非常に急速に騰貴する。しかしながら一国全体としては物価の全般的騰貴はなんらの利益にもならない。それは単に同じ商品の同一の相対的価値に対する命名法の変化にすぎない。それにもかかわらず、多くの人々はこれを喜んだ。彼らは事実はそうでないのに裕福になっているものと思うのである。またその騰貴は同時にすべての品物に起こるのでなく、漸次に全社会に伝播されていくものであるから、それが最初に来た者は実際に利益を得る。さらにまた最初は何ぴとも彼自身の品物が騰貴しているとき、利得していることを信じないという者はないので、商業界は浮き足立った楽観気分に溢れることになる。

この繁栄は現実の範囲では不確実であり、虚構なる点から言えば一時的である。生産の増大は現実の繁栄の原因をなすのであるが、全産業組織の——全資本家、労働者の——全力的活動に依存する。この繁栄はこの全力的活動に起因するものであるから、それとともに終息する。しかるにこの全力的活動は、いずれかの重要な産業になんらかの重大な事故があると、これがために害される恐れがある。それはそれに依存する産業にも災厄を及ぼし、先に説明したように全社会に波及して再び反作用してくるのである。

またこのような産業はいずれも深刻な動揺を免れない。しかもその最も重要なもの——食糧品産業——が最も深刻かつ急激な動揺を受ける。それは季節的な原因の作用に依存している。全世界にわたるただ一回の凶作があれば、あるいは単にイギリスに限られる場合にしても二、三回凶作が続けば、穀物の価格は著しく高騰してそのまま下落しないものである。しかも穀物価格が非常な騰貴を示してそれが長く続くときは、これまでの好景気の時にあらわれた異例な繁栄を現実に形成する部分をもすべてただちに破滅せしめることになる。それは産業機関の全力的活動を不完全な活動に変える。それはこの機関の生産物を平常より多いものから平常より少ないものにする。生産者の間に分配される一般的配当分が平均以上であったのが、ただちに平均以下になってくる。

しかるにもし貸し付けうる資本が非常に豊富なために、またその結果として物価が騰貴するために外見的繁栄を生ずるという点では、この繁栄は単に反動の恐れがあるというだけではない。反動を受けるのに必ずきまっている。この繁栄を起こした同一の原因によって、それがしばらく作用した後に、これに対応する不況を生ずるのである。その過程はこうだ。貸し付けうる資本が豊富なために物価が騰貴する。この物価の騰貴は同じ取引をやってゆくためにいっそう多くの貸し付けうる資本を必要ならしめる。物価の高い時の一〇万ポンドは、物価の安い時に買えただけのものを買えない。それは事業の経営にとってそれだけ効果が少なくなってくる。高物価の際には同じ商品に同じように替えるのに、低物価の際よりも余計の貨幣が必要である。たとえ取引は前と変わらないものと仮定しても、上述のような物価騰貴後にはそれをやってゆく上に、騰貴前に必要であったよりもヨリ大きな資本を要することになるであろう。しかしここに言うような場合にはおそらく取引は以前のままではない。それは――ある程度までは確かに、おそらく非常に――増大しているであろう。「貸し付けうる資本」は、その貸付によって物価の騰貴を惹き起こしたのであるが、それを増大することができるように貸し付けられたのであった。貸し付けうる資本も、いずれかの取引が繁栄し始めるまでは、銀行の手に遊休していたのであった。そしてそこで初めてその取引の発展に貸し付けられ、それによって第二の発展が生じてくるのであった。これらの第二の発展はいっそう多くの貸し付けうる資本の貸付を可能にし、またその貸付によって第三の取引の発展が生じてきたのであって、かくして全社会に波及したのである。

したがって利子が長い間継続して低率であると、必ずその後にはその利率の急激な高騰を伴うのが普通である。有利なる取引が見出されるまでは資本は遊休していて、多少とも貸し付けるということは容易なことではない。その一部は貸し付けられない。しかし有利なる取引が見つかるや否や——物価が騰貴するや否や——貸し付けうる資本に対する需要は強くなる。たいていの場合、事業をなす者にとっては従来いつもやってきた取引は続けてやらなければならない。もしそれが一〇パーセント余計の資本を借り入れないかぎりやってゆけないとすると、この一〇パーセント余計の資本は必ず借り入れなければならない。非常にしばしば彼らは支払わなければならない債務を背負っている。しかもそういう場合でも彼らの支払う利子の率は比較的どうでもよいのである。彼らの引き受けた手形を支払うのに必要なものを彼らは借り入れる。それに対し、いくら支払うかは問うていられない。彼らにはむしろどんな犠牲を払ってでも、これらの引き受けた手形を不渡りにするよりはよい。またそれほどに極端な場合でなくとも、事業家の持っている固定資本は遊ばしておけば必ず大きな損失を受けなければならない。一団の労働者はできるならば一緒にしておかなければならない。確かな得意先との関係は決して失いたくないのである。これらのものをすべて保持するために彼らは借入をする。また高物価の時期には多くの商人は特に借入を切望するのであるが、それは彼らの取り扱う品物の価格の増大によって、特別の利潤の機会のあることが事実上わかるからか、あるいはわかると想像するからである。巨額の新しい借入が新しい大きな取引に引き続いて早速にあらわれ、利率はただちに騰貴する。しかもたいていは急速に騰貴する。

ロンバード街は先にも述べたように非常に敏感な市場であるから、このことはいっそう確実にあらわれる。巨額の貨幣をそこでは銀行家やビル・ブローカーが利子をつけて預っている。これを彼らは使用しなければならない。さもないと彼らは破産する。彼らにとってはむしろ彼らの請求する利率を低下しても、彼らの支払う利率を低下してこれを償った方が、請求する利率を維持してそれがためにその資金を全部使用することができないというのよりはよいのである。彼らが利子を支払っている資金を全部使用するということは、彼らにとっては死活問題である。したがって、いささかでも過剰になると利子率は非常に抑えられる。しかしもしこの低利率が取引の非常な増大を惹き起こすことになるか、それとも助長することになれば、その騰貴は必ず急速にあらわれ、ややもすれば暴騰しがちである。貸し付けうる資本がわずかに数百万ポンドに達するにすぎない場合に、取引の数字は数億ポンドをもって数えられる。イギリスの商業の借入の要求に非常な増加があらわれると、ほとんどつねに貸し付けうる資本の需要に対する超過は、一変して需要に対する著しい不足となるのである。この不足は不況を、あるいは外見上の不況を惹き起こす。それはちょうど先の超過が繁栄を、あるいは外見上の繁栄を惹き起こしたのと同じく、同じようにして起こってくる。それは価格の低落を惹き起こし、それは全社会に波及する。この低落は活動の減退と利潤の減少とをきたす――先の快い拡張に代わって苦しい縮小である。

この変化はたいていの場合、比較的急速である。信用が多少阻害されるときはすでにそれが始まっているからである。商業界がもしその物価騰貴の行われている間に大いなる過誤を犯さなかったとすれば、それは異例の幸運としなければならない。かかる時期には当然楽天的かつ熱狂的な連中が興奮する。彼らは現に見ている繁栄がいつまでも続き、それはなおヨリ大きな繁栄の初期にすぎないと妄想する。彼らはその取引する品物、あるいは彼らのなす仕事に対する需要を完全に過大評価する。彼らはいずれもそれに相当に――すなわち、最も有能なる、最も敏捷なる者が最も多く――彼らのなすべき以上の仕事をなし、彼らの資力を超過する取引をなすのである。大いなる危機のあるごとに今まで誰も思いもそめなかった多数の商会の過度の投機が暴露されるが、事実これらの商会も日ごとの価格騰貴と周囲の熱狂とに誘われるまでは、たいていはかかる投機に手をつけるというようなことはなかった。少なくとも非常に深入りするということはなかったのである。

たいていの商業熱狂期には投機熱は旧式のものと比較的純粋のものとを若干混合してあらわれるために、事態はいっそう悪くなる。貯蓄している人々の資金は銀行の手にあり、その多くは利子をつけられるので銀行の手を離れないのであるが、なお銀行はその全部を、あるいはその全部に近いといったものをその手に握っていられるものではない。それは全部その所有者が使用することのできるものであり、また実際その多くを使用するのである。彼らはそれをもって泡沫会社や価値のない株券の投機をやる。それはまったく南海熱時代に、銀行のなかったときにやったのと変わりはない。また銀行がなくなったとしたら再びイギリスでもやるであろうと考えられるようなことをやるのである。一八二五年の狂熱、一八六六年の狂熱はその著しいものである。これらの場合には、現代の同様の場合にはたいていはそれほどでないのであるが、昔の賭博に見られるような錯乱状態が、現代の過大取引に伴う軽症の狂気と相まって大いに作用したのである。不況が始まると、たちまちのうちにこの賭博狂の勘定符、この狂熱を焚きつけるために作られた諸会社の株券は、無価値であることがわかって、それはみな駄目になってしまう。それと同時に信用も大部分失墜する。

物価騰貴の好景気のときにはまた、ほとんど必ず多数の詐欺が行われる。あらゆる人々が自身の最も幸運なとき最もよく瞞されやすい。しかもちょうどそのときに非常な金儲けがあったというようなとき、幾人かの人々が実際金儲けをやっているというようなとき、たいていの人々が自分自身で金儲けをしているものと思っているというようなとき、巧妙なる偽りを言う好機会があるのである。しばらくの間はほとんどどんなことでも信じられないということはない。それとわかる頃には最もタチの悪い、最も巧妙な詐欺師は、ずっと前から地理的にもあるいは法律的にも懲罰の手のとどかないところにいる。しかし彼らの加えた害悪は害悪を撒布する。すなわちそれは、さらになお信用を弱めることになるのである。

ロンバード街が相反する原因の規則正しい交代を免れないということを理解すれば、われわれもそれが外見上循環するということに驚かなくなるであろう。また突如として襲来するパニックに驚くこともなくなるであろう。反動と不況の期間中は、また繁栄の最後の瞬間にさえ、すでに全構造は敏感である。わが銀行制度に独特なるその真髄をなすものは、人々の間に今までにないような信用のあることである。しかもこの信用も知られざる原因によって非常に弱められていると、些細な出来事によっても甚しく害されることがある。大事件でも起これば一瞬のうちにほとんどそれを破壊することにもなるのである。

さてわれわれはすでにロンバード街の避くべからざる盛衰浮沈を理解するものであるから、巨額の銀行支払準備金をつねに保有するということの根本的重要性をもまた完全に理解することができるわけである。不況期に対して策のよろしきを得るか否かということも、他のいかなる事情によるよりもこれによって決定されるところがはるかに多い。その準備金が巨額であれば、その規模によって信用は支持される。また少額であればその減退はきわめて深刻な危懼を抱かしめるのである。またこの銀行支払準備金の重要性をよく理解すればするだけ、われわれはそれを保有する人々の責任をもますます高く評価することになるわけである。

第七章　イングランド銀行が確実なる銀行支払準備金を保有し、これを有効に管理するというその職責を果たしてきたやり方に関する詳細なる説明

以上の諸章によってある程度までにわれわれは、イングランド銀行がその銀行支払準備金に関して果たすべき義務のある職責の重要性を評価することができることになった。しかし、イングランド銀行がこの大いなる責任をいかにして果たしてきたかということになると、われわれは三つのことを思い出さざるをえない。第一に、前にも述べたように銀行はこの義務をいかなる会社条例によっても、あるいはまた権威ある言明によっても承認していない。しかもその理事のうちにはこれを否定する者も若干ある。第二に、（いっそう注目すべきことであるが）議会の決議にも、（私の知れるかぎり）いかなる議会

の委員会の報告にも、また責任ある政治家の、人々の記憶に残る演説にも銀行に対してこの義務を指摘したり、強調したりしたものは全然ない。第三に、(さらになおいっそう注目すべきことであるが)わが最高の諸権威のしばしば明白に指示するところによると、イングランド銀行の銀行部に対しては公にはいかなる種類の義務も課されていない。それは銀行業務に関しては他のいかなる銀行とも異なるところなき一株式銀行にすぎない。その管理者はただ株主の利益とその配当とに注意してやってゆけばよい。彼らはロンドン・アンド・ウェストミンスター銀行あるいはユニオン銀行の管理者と同様にやってゆくべきであるというのである。

かくも重要なる責任が命令もされず、承認もされないで否定されているというのは、最初は非常に不可思議に見えるのであるが、それにはこういう事情があるのである。われわれの周囲には古い論争の跡が残っていて、われわれもその言葉を用いてはいるが、われわれはそれと異なった思想、それと異なった事実を問題としているのである。五〇年以上もの間——一七九三年から一八四四年まで——イングランド銀行の公の職分に関して烈しい論争が行われた。イングランド銀行は紙幣の「管理者」であると言われ、その点で多くの人々はその功績があるものと思い、他の人々はそれが非常に害を及ぼすものと主張した。さらにまたそれは有益でも、有害でもありえないと言う者もあった。とにかくこの時期を通して絶えることなく烈しい論議が交わされたのである。この論議は一八四四年の条例によって終わった。この条例によって通貨は自ら管理をなすことになった。全活動が自動的になったのである。イングランド銀行はもはや明らかに通貨を管理してはいない——管理すべきものと言うことさえできない。かくして従来この銀行に帰されたる公の責任の唯一の根拠も今は明らかに失われてきたのであって、当然に、しかしまた軽率にも、多くの人々はイングランド銀行にはなんらの責任もないものと推定することになったのである。

イングランド銀行によって承認された責任の程度に関してまったく不確実であるということは、銀行理事自身が一八六六年のパニックに関して述べたところによって最もよく明らかにされている。その年のパニックは、おそらく記憶されているであろうが、その前のとは反対に春に起こった。そこで次の銀行株主総会——九月総会——においては非常に注目すべき論議がなされたのであるが、その詳細は後に掲げることにする。[*] そのうち最も重要な点はエコノミスト紙によって次のように述べられている——

＊　附録、註D参照。

最近のイングランド銀行株主総会の重大なる意義

最近のイングランド銀行株主総会は異例なほどの重要性を持っている。最近の危機の歴史を充分に調査するということは今ではもうできない。来年の議会委員会も、何か意外のことがその間に起こらないかぎり、時間の大いなる徒費に終わることであろう。実業家というものは鋭敏なる感覚を持ってはいるが記憶は悪い。彼らは来年二月になれば去る五月の出来事についても、現在、一八六四年一〇月の出来事について関心を持たないと同様に、なんらの関心も持たないであろう。形式のための調査は真面目に配慮されるものではなく、またなんら役立つものでないことを知らない者はないのであって、むしろ全然調査をしない方がはるかによい。こういうわけでこの銀行総裁の公式の声明は、銀行理事の政策に対してその過去、将来のいずれに関するを問わず、われわれに与えられた唯一の信憑すべき説明となるのである。また注意してこの議事を考査するときは、それがきわめて重大なる事項を含んでいることを知るのである。

この総会はイングランド銀行がこの国の唯一の銀行支払準備金を保有するもので

あるという事実を容認し、承認したものとみなすことができる。しかしわれわれはこのことをわが国の通貨の発行と混同したり、あるいはまた銀行券発行者は多数なるべきか、唯一なるべきかという問題と混同したりしているのではない。ここでは通貨の準備金ではなく、銀行の支払準備金のことを言っているのである――預金に対して保有される準備金であって、銀行券に対する準備ではない。従来、われわれはこの欄においてイングランド銀行は唯一の真の準備金を――すなわち、わが国におけるかなり巨額の使用されない現金を唯一手に――保有するものであるということをしばしば主張してきた。しかしこの点に関しては決して一般的に意見の一致があったわけではない。諸大家はこれを認めようとしなかった。もっとも彼らは改まって明白にこれを反駁したこともなかった。もしそんなことをすれば、彼らはイングランド銀行のほかにもなお使用されていない現金の巨額の貯蔵がどこか他にあることを指摘しなければならなかったのであるが、そんなものを見出すことはできなかったであろう。しかもなお彼らは特異の点を示そうとした――イングランド銀行がわが国の唯一の銀行支払準備金を保有するという教理は「その立て方がよろしくない」、それは誇張され、人を迷わしめんとするものであるというのであった。

しかるに最近の総会はそれが事実であることを完全に承認したのである。銀行総裁はこう言った――

「最近数カ月の間に本行ならびにロンドンの全銀行界の資金は非常な逼迫を呈してきた。しかし本行のみならず全銀行団は、この非常な苦難の時期を通してきわめて公明正大にやってきたということができると思う。銀行業は非常に特殊な事業である。それは信用のいかんに非常に左右されるものであって、ごくわずかな疑惑の風にも、いわば全一年の収穫を攫(さら)われてしまうことになる。しかし一般にロンドンの銀行機関が過去半カ年間の大半において、彼らに対してなされた要求に応じてきたそのやり方は、彼らの業務遂行の基準が堅実であったということをきわめて満足に証明している。本行も全力を尽して――しかもきわめて見事に――この危機にあたった。われわれは逡巡してわれわれの任務を怠ったことはなかった。嵐がわれわれのところに襲来したとき、すなわちオーバレンド商会が破産したということが知れ渡った日の朝、われわれはいかなる銀行機関に保持された状態にも劣らぬほどに堅実かつ健全な状態にあったのである。そしてその日も、またそれに続く一週間を通じてわれわれはほとんど信用されないほどの貸付をなしたのであった。これらの貸付の大きさは、たとえその直前においてさえこれを予言するということは、何ぴとにも思いもよらなかったことと信じている。こういう事情の下にあっては、公衆がある程度の恐慌に襲われたということも、またイングランド銀行からの融資を必要とした人々が大蔵大臣のところへ行って、政府に対して、法律による額を越えて銀行券を発行するということに関して、もしわれわれがかかる手段をとったがよいと考えるときには、これを実行しうる権限を与えるように要求したということも無理のないことである。しかしわれわれはなんらかかる権限を与えられないうちに手を下さなければならなかったのであって、大蔵大臣がおそらくまだその床を離れないうちに、われわれはわれわれの準備金の一半を貸付したのである。これがために準備金は確かに、われわれとしては遺憾の念を持つことなしには見ることのできないほどの額に減少したのであった。しかしながら、われわれは銀行界を支持するということは、われわれに課された任務と考えていたので、この任務を回避することはできなかった。また本行に対して正当に援助を求めてきた者が拒絶されたということは全然聞いていない。相当の担保を持ってここに来た者はいずれも寛大な取扱いを受けたのである。またたとえ融資は要求通りの全額をなされなかったにしても、適切な担保を提供しながら本行からの救援を得られなかったという人は全然ない」。

さて、これは明らかにわが国の他の諸銀行にとっては、このように突然のパニックを通して彼らを救助することになる正金および銀行券による支払準備金——手許現金——を、全然保有する必要がないということを指示するものである。これはイングランド銀行に「銀行界を支持し」イングランド銀行の準備金を自己自身のためにも、彼らのためにも役立てるようにするという「任務」のあることを承認するものである。

われわれの判断によれば、この言はきわめて公正である。また銀行総裁としてこのように実際的な、このように明瞭な言葉を使う以上に大いなる社会奉仕をなすことはほとんどできないことと思うのである。誰が銀行支払準備金を保有すべきものであるかを精確に知っておこうではないか。もし株式銀行、個人銀行、地方銀行がその分け前を保有すべきものであるならば、そうすることに決めよう。グラッドストン氏は最近議会において、かくあるべきものと言ったようである。しかしいずれにせよ、それが何ぴとの任務であるかについては少しの疑問もあってはならない。われわれは従来しばしば述べてきた論拠によって、一銀行が唯一の銀行支払準備金を保有するという変則はわが国の制度に非常に固く入っていて、これを変更するということは、たとえそうしようと思ってもできるものではないと思っている。恐るべき大きな弊害は、事実に対する明瞭なる観念を持たないということであったが、今ではそれはなくなったのである。

イングランド銀行によるこれらの宣言の重要性は、一八五七年のパニック後にはこの銀行が精確にこれと同じ言葉を使わなかっただけにいっそう大きい。簡潔なる表現を好む人が、最近「オーバレンド商会が銀行を潰したのは一八六六年には銀行が離れたからだ。一八五七年には銀行を離さなかったからだ」と言っている。かかる言葉をあまり厳密に検討する必要はないが、このうちに含まれている根本の真理は非常に明白である――オーバレンド商会に与えられた巨額の貸付は一八五七年のパニックにおける主要事件であった。その当時ビル・ブローカーは最近の諸銀行家とほとんど同じ状態にあった――彼らは不時に莫大なる貸付を必要とする借り手であったのである。しかるにビル・ブローカーはこうしたことを再び期待してはならないと言われたのであった。オルダーマン・サロモンズは、しかしながらロンドンの銀行家に代ってこう言っている。「自分はこの機会に、株式銀行の管理者ならびに株主にとってはこの日、イングランド銀行総裁が彼らの業務遂行の堅実にして公明正大なるやり方に対してなした証言以上に満足すべきものはありえないと信ずる旨を表明しておきたいと思う。株式銀行ならびに銀行団が一般にイングランド銀行と協調していくということは明らかに望ましいことである。イングランド銀行総裁が最近の金融危機を乗り切った株式銀行のやり方に好意をもって言及したことを心から感謝する」と。イングランド銀行は危急の際、必要なる援助を他の諸銀行に与えることに同意している。また他の諸銀行はそれを乞うことに同意しているのである。

第二に、イングランド銀行は表面上はともかくも、実際上は適切な担保には無制限に貸付を、これを求むる何ぴとに対してもなすことに同意している。今度の場合は四五〇〇万ポンドがこうして三カ月間に貸付された。しかもイングランド銀行は商業界に対しても、銀行家に対しても「二度とわれわれのところへ来てはくれるな。われわれは一度は諸君を救援した。しかしそれを先例と思ってはならない。われわれは二度と諸君を救援しないつもりだ」と言うことはなかった。反対に明らかにその意図として、同様の事情の下にあっては再びまたイングランド銀行は今度の場合と同じように行動するということを示しているのである。

この論説は多くのイングランド銀行理事の甚しく嫌忌するところとなった。しかもその意見が非常に権威のある若干の人々にあっては、ことにそうであった。彼らはエコノミスト紙が、それ自身「ある程度異論の余地のある」演説から「軽率な推論」をなしたものと考えたのである――その演説は、およそかかる演説の常として理論的精確さを欠いていた。またせいぜいのところ、その時の総裁の意見を表示したものにすぎないのであって、理事会によって公認されたものではなく、イングランド銀行を拘束することはできないというのであった。しかしながらこの論説には、少なくともそれによって事実が公にされたという効果はあった。一総裁が公になした演説に対して註釈を添えたり、制限を加えたり、あるいはまた不同意を唱えたりするということには、いずれの理事としても困難を感ずるのであった。しかしエコノミスト紙を攻撃するにはなんらの困難も、やりにくさもなかった。そこで最も老練なる銀行理事の一人たるハンキー氏はその後まもなくある機会にその意見を述べたのであった――

エコノミスト紙は、私の見るところでは、かつてこの国の金融ないし銀行界において唱道されたる教理のうちで最も危険なるものと考えられるものを発表した。すなわち諸銀行家が彼ら自身の財産を利用しえないものとしてしまったとき、彼らの要求にいつでも応じうるように役立つべき資金を保有するということがイングランド銀行の当然の機能であるというのである。こうした教理が銀行関係者によって否認されないでいるかぎり、ロンドン銀行業におよそ堅実なる原理を立てるということは必ず非常に大いなる困難となるであろう。しかしこのように銀行家が危急の際、彼らの援助をイングランド銀行に依頼することを正しいものとする教理を、一般にロンドンの銀行家が持っているとは思われない。

私はイングランド銀行にとっては、その銀行預金を(普通おおよそ三分の一を現金として保留しておいて)最も利用性のある証券として保有すること、また金融市場において突然に逼迫の起こった場合には、それがいかなる事情によって惹起したかは問わず、その資力に応じて流出の分担を充分に引き受けることがその当然の任務と考えている。しかしまた私も一般にイングランド銀行ははるかにこれ以上のことをなす用意をしていなければならないという意見が長い間行われていたということを認めるに躊躇するものではないが、正直のところ、こうした意見に対する左袒者をエコノミスト紙に見出したときには驚かざるをえなかった。＊たとえイングランド銀行がこうした急場に応ずるために資金を使用しないで取っておくということが実行しうることとしても、このようなことをなすのは非常に愚かなことであろう。しかし私はそれが全然実行しえないことを主張する。またたとえできたとしても、それはきわめて不得策であろう。したがって、イングランド銀行が銀行業あるいは商業の苦境に際してその及ぶかぎりの全般的援助をなさんとし、これによって従来こうした意見に力を与えるような行動をなしてきたということに対しては、私はただ遺憾の意を表するほかはないのである。イングランド銀行の業務の経営が連合王国内のあらゆる他の運用よろしきを得たる銀行の経営と同様にされれば、されるだけイングランド銀行にとっても、また大きく社会にとってもそれだけよいのである。

＊　一八六六年九月二二日のエコノミスト紙参照。

私としてはまさか判定を下すことはできないが、しかしハンキー氏がエコノミスト紙に対して確固たる答弁をなしたものとは考えられない。

第一に、彼は問題があるべきことに関するものではなくて、事実あることに関するものであるということを看取すべきはずだった。エコノミスト紙は単一銀行準備制度がよいと言ったのではない。それは現存する制度である。しかもそれを変更することができないのだから、必ずこれを運用しなければならない、と言ったのである。

第二に、ハンキー氏はパニックの際、それによって貸し付けられるものとして、イングランド銀行の銀行部にある準備金以外に、「使用されていない現金の貯蔵のあること」を指示すべきだった。これらの貸付は必要であって誰かによってなされなければならない。ロンドンの諸銀行家の「準備金」はかかる貯蔵ではない。それは使用されている現金であって、使用されないであるものではない。それは銀行預金の一部であって、かかるものとして貸し出されているのである。

第三に、ハンキー氏は、ロンドンの株式銀行がその負債の三分の一、あるいは三分の一に近いものを「現金」で――この「現金」という場合にイングランド銀行預金のことを指すとしても――保有するものでないということは、公表されたる数字によってわれわれの知るところであるということを看取すべきはずだった。個人銀行は別として、株式銀行の預金の三分の一といえば三〇〇〇万ポンドになる。イングランド銀行の民間預金は一八〇〇万ポンドである。彼自身の言うところによるとしても、そこには明白なる相違がある。株式銀行も、また個人銀行ももちろん一種の準備金を保有している。しかしイングランド銀行のはまったく異なった種類の準備金である。ハンキー氏はこの両者は同一の原則によって運用されるべきものであるというが、しかしもしそうであれば、彼はイングランド銀行のやり方を他の諸銀行のそれに同化しようというのか、あるいはそれとも他の諸銀行のそれをイングランド銀行のやり方に同化しようというのか、そのいずれであるかを明らかにすべきはずだった。

第四に、ハンキー氏は、先にも述べたようにたいていのパニックの場合「銀行支払準備金」の主なる用途は、諸銀行家に対して貸し付けることにあるのではなく、その最大部分はほとんどすべて商業界とビル・ブローカーとに貸付されるものであるということに気づくべきはずだった。しかし要点は、わが国の制度では特別の圧力がすべてイングランド銀行にかかってくるということにある。一八六六年の危機の最も甚しかったときは「新しい金」五万ポンドが最良の担保でさえ――コンソル公債でさえ――イングランド銀行以外では借りることができなかった。これよりほかには新しい借り手に対しては貸し手が全然なかったのである。

しかしいま私の目的とするところは、過去の論争を蒸し返すことではない。この論争がきわめて重要な問題をいかに不満足かつ不確実な状態に残しているかということを明らかにすることにある。ハンキー氏の説明は、イングランド銀行の政策に関してわれわれに与えられた最後のものである。彼は非常に老練な、注意の行きとどいた理事であって、多かれ少なかれ他の理事の意見をも代表するものと思う。そこでわれわれは何を知ることになるか。一八六六年における総裁の注目すべき演説は、少なくとも(エコノミスト紙の解釈によれば)明快にして卓越せるものではあったが、これを除外してなんら言及しないことにすると、ハンキー氏は次のパニックに際してイングランド銀行がいかなる政策をとるか、また公衆はその時いかなる額の援助をそれから期待することができるかということに関しては、全然われわれの疑問をはらしてはくれないのである。彼の言葉はあまりに漠然としている。誰にも、「相当の分担」が何を意味するかはわからない。いわんやわれわれに、他の人々がいつか将来それを何と解するというかがわかるわけはない。パニックに際しては最後の銀行支払準備金の保有者は(一行にしろ、あるいは数行にしろ)、確実な担保を提供する者にはすべて急速に、寛大に、かつ快く貸付すべきであるということは、理論の指示するところであり、経験の証明するところである。

この政策によってパニックは緩和される。これ以外の政策をとればそれを激化せずにはいない。公衆はイングランド銀行――われわれの最後の銀行支払準備金の保有者――がこの任務を承認して、それを遂行する用意があるか否かを知る権利を有している。しかるにこのことが今や甚だ不確実なのである。

われわれが歴史を参照して、事実イングランド銀行理事のやり方がいかなるものであったかを検討してみると、彼らが精確に、彼らの型（タイプ）、性格、地位を有する者の行動として、予期されうるような行動をなしてきたということを知るのである。それは質実な、物分かりのよい、裕福なイギリス商人の委員会である。そこで彼らがなしたることも、またなさずにおいたことも、いずれもかかる委員会ならばなすのが、あるいはまたなさないのが当然と予期されるところのものであった。何ぴともかかる委員会を経済学上の非常な学識を有するものと期待することはできない。骨の折れる研究はたいていの場合、イギリス商人の性質には合わない。また銀行業に関する独創的見解を期待することもできない。銀行業は特殊な職業であって、イギリス商人は大体においてそれになんらの経験も持ったことはないのである。また「委員会」には改革などというものはほとんどできるものではない。委員会の政策はその成員の多数を占める階級――その普通一般の成員——の意見によって決定されるものであって、この連中には決して急激な改革をなすような覚悟はできていない。実直な、物分かりのよい商人たちの委員会は、つねに彼らが「安全な」原則とみなすところのものにしたがって——すなわち、その当時、その辺の商業界に一般的に承認された格律にしたがって——行動する。またこのようにしてイングランド銀行の理事もほとんど一様な行動をとってきたのである。

彼らの強み、弱みは奇妙にも彼らが最も強力となったときに具体的に現われるのであった。一七九七年の正貨支払停止の後には、イングランド銀行の理事は彼らの欲するだけの銀行券を発行することができたのである。なんらの制限もなかった。これらの銀行券は支払を受けるためにイングランド銀行に復帰することはできなかった。過度の発行に対する誘惑は大きかった。ただちにその罰（ペナルティ）を受けるということは全然なかったのである。しかるに銀行理事はこの誘惑に打ち勝った。彼らはその不換銀行券を過度に発行するということはしなかった。そしてその証拠には、正貨支払停止後一〇年以上もの間、銀行券は価値の下落をきたさなかったのであって、金（きん）と比較して少しも割引されることなく流通したのであった。その当時の銀行理事は結局間違いをしでかすことになったが、しかしなお大体においては、彼らは特異な思慮と節制とをもって行動したのである。しかるに一八一〇年に彼らがその事情を調べられることになったとき、彼らは、その不条理な点においてほとんど典型的なものとされることになった答弁をなしたのである。イングランド銀行総裁ピアース氏は言った――

「銀行券が、その必要とされる不足を充たすために割引を請求されることから発行され、しかもその発行総額が過度にわたるということのないように抑制されるというやり方に関連して、この問題を考えるとき、私は銀行券発行高がいかにして地金価格、すなわち為替市況に影響しうるかを明らかにすることはできない。したがって私個人としては地金価格あるいは為替市況によって、発行されるべき銀行券の額を減少せしめるということは、前述のような抑制をつねに前提するとしても、全然理由のないことであると考えている」。

「銀行総裁はただいま副総裁によって述べられたものと同じ意見でおられるか」。

「ウィットモア氏、私はまったく同意見であって、われわれが貸付をなす日の金価格、あるいは為替市況はこれを顧慮する必要のないものと考える」。

「これらの二つの点を、あなた方の貸付の総額を加減するために顧慮されるということはないか」――「私はわれわれの貸付の全体をこの問題に関係するとは考えないから、このためにそれを顧慮するということはしない」。

またいま一人の銀行理事ハーマン氏は彼の意見を次のような言葉で表わした――「私は、自分の意見に非常に重大な変化を加えないかぎり、為替がわれわれの紙幣の制限などによって影響されるものと想像することはできない」。

このようなわずかな言葉のうちに、こういった多くの間違いを犯すということをやってのけることのできる人はおそらくあまりないであろう。

しかしその当時の銀行理事にとってはこうした間違いを犯すということは少しも不名誉ではなかった。彼らはイギリスの一流の商人の意見にしたがって述べたのである。ロンドンのシティおよび下院は、いずれも彼らの述べたことを是認した。異議を唱えた者は抽象的思想家、非実際家と言われたのであった。銀行理事は普通の意見を採用し、当時普通に行われているところを実行したのである。彼らが節制を守ったというのもこの「慣行」によるのである。彼らは、わずかに五パーセントでしかも優良手形の割引に限って「銀行券」を発行している間は、これらの銀行券がその価値を低下することはありえないと信じていた。また「優良」手形――堅実な商人たちが確実となすもの――の数は急には増加しないし、市場利率はしばしば五パーセント以下に低下したので、過剰発行に対するこの抑制は非常に有効であった。それはそのうちに役立たなくなったし、またその擁護に使用されていた理論も譫言（ナンセンス）であったが、しかし一時はその作用は有力でもあり、立派でもあったのである。

不幸にして、現在われわれの問題としているものの運用――銀行支払準備金の運用――に関しては、イングランド銀行理事は正しい原理に通じてもいなかったし、また寛厳よろしきを得たる慣行に守られてもいなかった。彼らが自分自身でこのような原理を発見するものとは考えられないことであった。抽象的に物事を考えるということは高い地位にいる人々には決して期待すべきものではない。現在行われている一流の取引を処理するということは、非常に専心に行われるべき仕事であって、これにあたる人々は普通、理論上の問題を考えるというようなことはほとんどない。たとえこのような考察がこれらの取引にきわめて密接に関連する場合でもそうである。もちろん、その人々自身の浮沈に関わるという時には、商人の本能は研究室の結論を何とかして予見するものである。しかし委員会には、それがその成員の収入となることもなく、単に職務を果たしているにすぎないという場合、こうした本能は全然ない。正貨支払停止の間に――この停止は二二年間継続したのであるが――正貨準備に関するあらゆる伝統がだんだんと消失してしまった。一八一九年以後、イングランド銀行理事は銀行支払準備金を、しかも(当時の法律にしたがって)正貨準備とともに保有するという任務をなんらの痛切な利害関係にも、確実な原理にも、あるいはまた賢明な伝統にも、いずれにも頼ることなく遂行しなければならないことになった。

こうした事情の下にあって銀行理事が非常に重大なる過誤を犯すというのはやむをえないことであった。最初の試練は一八二五年に来た。その年、銀行理事はその地金保有高がきわめて驚くべき減退を示すのをそのままに放任していたのである——

一八二四年一二月二四日現在の銀行の鋳貨および地金は
一〇七二万一〇〇〇ポンドであった
一八二五年一二月二五日にはそれが減じて
一二六万〇〇〇〇ポンドとなった

そこでその結果は非常に恐るべき結末として、ほとんど五〇年後までも忘れられないほどのパニックとなったのである。その次の極端なる試練の時期——一八三七年から三九年――には、イングランド銀行はフランス銀行によって二〇〇万ポンドの借金をなさざるをえなかった。しかもこの援助のあった後にもなお理事はその地金が、当時はなお銀行支払準備金たると同時に正貨準備でもあったのであるが、二四〇万四〇〇〇ポンドに減少するのをそのままにしておいたのである。そこで非常な恐慌が全社会を襲うこととなり、激烈な論争を惹起したのであって、これがついに一八四四年の条例を出現せしめることになったのである。その次の試練は一八四七年に来た。そこでイングランド銀行はその支払準備金を(当時は法律によって明らかに区別されていたのであるが)一一七万六〇〇〇ポンドに低下させてしまった。したがって恐慌は非常に激烈となったのであって、政府当局は免許状を出して、銀行をして必要の場合には新法を破棄し、また必要の場合には豊富にあった正貨準備から、空になっていた支払準備金のために借入をすることを許したのであった。一八五七年まで金融市場は非常に静穏であった。しかるにその秋、銀行理事はすでに一〇月にさえ非常に過度の減少をきたしていた銀行支払準備金を、次に示すように低下させたのである――

一〇月一〇日　　四〇二万四〇〇〇ポンド

一〇月一七日　三三一万七〇〇〇ポンド
〃　二四日　三四八万五〇〇〇ポンド
〃　三一日　二二五万八〇〇〇ポンド
一一月　六日　二一五万五〇〇〇ポンド
〃　一三日　九五万七〇〇〇ポンド

そこで一八四七年のそれと同様の免許状が発布されたばかりでなく、適用されることになった。当時の内閣はイングランド銀行が正貨準備から銀行支払準備のために借入をすることを認可したので、イングランド銀行は一一月の末日までに数十万ポンドの借入をなしたのである。一八二五年から一八五七年に至る間のあらゆる苦難の時期にイングランド銀行が充分な銀行支払準備金を保有することに失敗してきた事実の目録ほどに悲惨なものは歴史上にほとんどないと言ってよい。

しかし一八五七年以後は、事態は非常に改善されてきた。厄介な事件と絶え間ない論議とに教えられて、実業家はいまや巨額の銀行支払準備金の必要を認め、またイギリス銀行界の奇態なる構成からしてイングランド銀行がそれを有効に保有しうる唯一のものであるということを悟るに至ったのである。従来彼らはこの任務を決して承認しなかった。ある者は先に述べたようにこの任務を否認する。しかもなお彼らはすでにかなりの程度にこの任務の遂行にあたっていた。銀行理事は、老練有能なる実業家としてこのことを、他の実業家と同様に了解していたのである。一八五七年以来、彼らはつねに充分な銀行支払準備金とは言えないまでも、しかしかなり相当の支払準備金を保有してきているのであって、以前に彼らの保有したものとは全然異なったものとなっている。またある時期には銀行理事はさらに進んで一般有識者に明らかに一歩を先んじ、いかなる他の方法よりもはるかに有効な、利率引上げの特殊の方法を採用した。ゴッシェン氏はその為替に関する著書においてこう述べている——

ロンドンならびにパリにおける利率の間には、金(きん)を互いに現送する費用がこの二都市間で最低額に低下されたので、今後非常に大きな相違はありえないことになってきた。しかしまたこういうことを忘れてはならない——利息は年何パーセントと計算してとられるが、三カ月払いの手形の取引をとって考えれば、予想される利益は四等分され、しかも費用の料金歩合は一回の取引によって全部負担されなければならないから――非常にわずかの費用でも大きな障害となるのである。もし費用がわずかに〇・五パーセントであるとしても、利率に二パーセントの、言い換えれば三カ月〇・五パーセントの利益がなければ、少しも有利な取引とはならない。したがって、もしパリの資本家が〇・五パーセントの費用でイギリスにその金を現送し、有利な為替によってなんらの費用をも負担することなくしてそれを引き上げることができるものと計算したとしても、なおロンドンの利率がパリのそれよりも二パーセント以上も高くなければ、フランスから単にヨリ高い利子のために金を現送するということは引き合わないのである。

かくてゴッシェン氏は、イングランド銀行がその利率を引き上げる場合、その目的が「外国為替」に影響を与えるということにあるならば、原則として一時に一パーセント幅をもってすべきことを勧告している。またイングランド銀行は一八六〇年このかた、この原則によってきた。その前はほとんどつねに五パーセント幅をもって利率を引き上げていたのであるが、この政策を強いて変更せしめるような意見は一般商業界には少しもなかった。反対に、この変更はきわめて不評判であった。この時は、そして私の知るかぎり、この時にかぎってイングランド銀行は時の世論によって要求されることなく、むしろそれに先んじてその政策の変更を立派にやったのである。

銀行のこの政策改善は明らかにかつ速かに有益なる結果をもたらした。これによってわれわれは一八六二年より一八六五年にわたりインド綿花に対して支払うために起こった、ヨーロッパからインドへの銀の流出を堪えることができたのである。一八六四年の秋には特に危険であった。しかしイングランド銀行はこの新たな政策を急速かつ有能に使用することによって適切な準備金を保持し、かの先例にばかり頼っていたならば避けることはできなかったと考えられる災厄からわが国を救ったのであった。一八五七年のパニックを惹き起こした諸原因はいずれも一八六四年にも発動していた――一八六四年およびその前年の銀の流出は、一八五七年およびその前年よりも比較にならぬほど大きかった――しかもなお一八六四年には全然パニックはなかった。イングランド銀行は正しい原則を採用したことに対して、ほとんど即座にその報酬を受けることになった。すなわちこれらの原則によって、一般の信用は重大なる危機に際しても擁護されるものであることが明らかになったのである。

一八六六年にはむろんパニックが起こったが、これによってイングランド銀行を咎(とが)めることはできないと思う。彼らはその金庫に当時の評価にしたがえば非常に豊富な準備金を――おそらく一八四七年、一八五七年の危機にも充分に堪えることのできたほどの準備金を――有していた。イギリスにおいて最も信用されていた個人商会――オーバレンド・ガーニーの支払停止は、その突然さにおいても、その規模においても前例のないような恐慌を惹き起こしたのである。一八六六年のパニックに対して一八四四年の条例がいかなる影響を及ぼしたかということに関しては、意見は長く分れることであろう。しかしかの法律の規定の下にあって、イングランド銀行がその年はその銀行部にかなり巨額の準備金を――まったく何ぴとの予想にも反することのないほどに巨額の準備金を――保有し、不慮の困難な偶発事件に備えていたということは一般に承認されることと思う。

一八六六年から一八七〇年まで金融市場はほとんど中断されることなく静穏であった。イングランド銀行はなんらの困難にもぶつからなかった。その思慮のあるところを大いに示すべき機会は全然なかった。金融市場は自らその管理にあたった。しかるに一八七〇年にはフランス銀行が正貨支払を停止し、この時以後、新しい時代が始まることになった。わが国の市場における地金に対する需要は、これが今や唯一の地金の市場となったので、以前にあったよりもヨリ大きく、かつヨリ頻繁なものとなってきた。これがためにイングランド銀行は、以前に必要とされたよりもはるかに巨額の銀行支払準備金を保有し、またその支払準備金が突如として減退して危機に瀕するというようなことのないように、それまでよりもはるかにいっそう注意深くならなければならなかった。その圧力は従来よりもヨリ大きく、ヨリ強力となってきたので、ヨリ堅実な保護とヨリ確実な配慮とが必要となったのである。しかしイングランド銀行がこのことを充分に自覚しているとは考えられない。先に引用した、あの著名な理事ハンキー氏はタイムズ紙上に入念に書かれた書簡を発表して、再び負債の三分の一が、事情の変化したこの時代にも、イングランド銀行銀行部にとっては充分な準備金であるということを、また「輸出のための地金」の用意をしておくということは銀行のいかなる仕事にも属するものでないということを明らかにしたのであるが、これはイングランド銀行銀行部がヨーロッパにおいて金をただちに得ることのできる唯一の大貯蔵所となり、したがって以前のいかなる時代よりもはるかに巨額の地金の貯えが当然なされなければならぬ時になってからもなお主張されるものとしては、確かにきわめて危険なる説であった。

また現在ではこの欠陥のほかにイングランド銀行の政策には若干の慢性的欠点がある

が、それはやがて説明するように、その取締の形態の重大なる欠陥から生ずるものである。

第一に、新たに総裁がその地位について統治にあたることになると、必ず若干の躊躇を免れないものである。彼は銀行内閣の首相である。したがってこのように重要な役員に変更のある場合には、当然他の方面にもまた著しい変更がある。もし総裁の力が弱いと、この種の躊躇逡巡は彼の任期中を通して止むときはない。こういう場合の通弊は、イングランド銀行がその利率の引上げをなすにあたって充分に迅速でないということにあらわれる。引き上げることは引き上げる。結局警報に驚くのであるが、その驚きはすでに間に合わない。用心深い人が新しい役目につくと、強硬な手段をとることを好まない。銀行総裁は一般に用心深い人々である。彼らはきわめて用心深い階級から選ばれるのである。したがって彼らはともすれば姑息の手段をとって遷延しがちになる。しかしながら強硬手段の採用を遷延するということは、ほとんど必ずヨリ大いなる強硬手段を避くべからざるものにするにすぎない。小胆なる政策の効果は銀行から金を出させることになるのであった。しかもその金は取り返されなければならない。実際、時宜を得た方策によって準備金を保持していた方が、おくればせの方策によってそれを補塡するよりもはるかに容易であったことになるのであるが、新しい総裁でこのことを会得する者はほとんどない。

第二に、これらの欠陥は、その一部あるいは全部がこの力の弱い総裁の在職中を通してそのまま続くことになりがちである。思い切った政策に対する反対や、時宜を得たる行動に対する嫌厭は、誰にとってもその勢力がようやくできかかり、その支配がなお新たな間は無理もないことであるが、前述のような欠陥を当然とされ、ことごとにこうした欠陥を暴露するような人であれば、その全在任中を通してこの態度が改められるというようなことはない。

第三に、この欠陥はすでに非常にしばしば述べてきたように、現在なんら適切な原則が銀行支払準備金の管理に関して認められていないために強化されるのである。前の銀行総裁ウェゲリン氏はかつて調査を受けた際に、銀行はその銀行営業上の負債の四分の一ないし三分の一を準備として保有すれば充分であると言った。しかし今では銀行支払準備金がその負債の四分の一に近ければ、それで安心だという人は一人もいないであろう。ハンキー氏は先にも示したように、銀行の基準とすべき、負債に対する準備金の割合を「およそ三分の一」となしている。しかし彼は三分の一が銀行部における準備金の、それ以下に低下してはならない最低限であるというのか、それとも適正なる平均として、それを中心に準備金がある時はそれより多く、またある時はそれより少なくというふうに動くものとするのか、そのいずれであるかは言っていない。

のちの一章で明らかにすることになるであろうが、現在では銀行営業上の負債の三分の一では銀行部にとって決して充分なる準備金ではない——それは適切な最低限でさえない。適正なる平均ではなおさらない。またのちに論証するように、銀行がやり方を変えてヨリ高い水準を目指さないかぎり、それ自身の地位も今後危険なものとなるかもしれないし、また公衆も災害を蒙ることになるかもしれないとなすに、充分な理由とも言うべきものがあるのである。

二

しかしながら先にも説明したように、イングランド銀行は、わが国の制度によれば、パニックの日に対して充分な準備金を保有するばかりでなく、そのパニックの日が到来したときはこの準備金を有効に使用する義務を有している。かかる際に銀行支払準備金の保有者が、一行にしろ数行にしろ、その準備金を自己の安全のために利用するのはやむをえないことである。しかし彼らが他のあらゆる種類の信用を壊滅するに任せるならば、彼ら自身の信用もまもなく、またその結果として壊滅することになるであろう。

しかるにイングランド銀行に対してはこれが否認されているのである。一般に主張されているところでは、イングランド銀行はパニックに際して超然たりうるものであって、それはもし欲するならば他の諸々の銀行や商売を破産せしめることもでき、またもし望むならば他に比類なき地位を占め、他のあらゆるものがその周囲に壊滅しつつあるただ中に立って安全に存続することもできるというのである。様々な機会にきわめて勢力のある人々が、銀行の取締にあたっている者も、銀行外にある者も、いずれもこのように考えると言っている。そこでわれわれはただちにこの見解が正しいか、誤っているかを確かめなければならない。なぜならばパニック中のイングランド銀行の経営は、銀行が実際パニックにおいていかなる地位を占めるかを精確に知らないかぎり、これを論評するということは不条理であるからである。

この見解の最も極端な主張者はこう言っている。パニックに際してイングランド銀行はいつでもその手を控えることができる。またすでに多額の貸付をなしているとしても、それ以上の貸付を拒絶することもできる。こうした貸付によって準備金はすでに減退しているかもしれないが、それ以上に減少せしめることを拒絶することもできる。また手形の割引を全然打ち切ることもできる。すでに割引してやった手形は満期となるであろう。これらの手形の支払を受けることによって、その準備金を再び満たすこともできる。また株券やその他の証券を売却して、その準備金をさらになお補塡することもできるというのである。しかしこういうふうな考えは真面目に反駁する価値がほとんどない。ひとたび銀行支払準備が低下すると、パニック中に再びこれを引き上げる方法は全然ない。かかる時期に手離した資金を取り戻すということは非常にむずかしい。それを得た者はそれを離そうとしない——少なくともその代わりに他の資金を確実に得られると考えないかぎりそうである。またかかる瞬間には資金の回収はイングランド銀行にとっても他の何ぴととも異なるところなく困難であり、おそらくはさらにそれ以上に困難である。その困難は、もし銀行が割引を断わるならば、これまで割引されていた手形の所持者は支払うことができないという点にある。先に述べたように、イギリスの取引は大部分借入資金でもって行われている。もしその額を非常に減少しようとするならば、どこからかそれとおおよそ同額の新たな資金を注ぎ込むことができないかぎり、多数の破産を惹き起こすことになるであろう。しかるにパニック中に新たな資金は全然得られない。それを持っている者はいずれもそれを固守して手離すものではない。特に、商人に貸付されたものは容易に回収することはできない。彼らは巨額の負債を持っているのであって、たとえ一ペニーでもその負債の弁済に要するかもしれないと考えるから、返そうとはしない。しかも銀行家はさらにいっそう大いなる恐怖に襲われている。彼らはパニック中、多数の手形に対して新しく割引することをしない。彼らは自分自身の負債と自分自身のお得意のそれとでいっぱいであって、そのほかの者のを構ってはいられない。イングランド銀行がパニック中に割引を停止して新しい資金を得ることができると考えるのは間違っている。割引はもちろん勝手に停止することができる。しかしそうしたとしても新しい資金を集めることには少しもならない。その手形箱は日ごとに「不渡り」手形でますますいっぱいになってくることであろう。

また株券の売却をパニックの最中にイングランド銀行がやるということも不可能である。こうした際にはイングランド銀行が株券に対する唯一の貸し手である。この時期に巨額の買入をなすということは、銀行から借入をするよりほかにはできないことである。イングランド銀行が貸出をしないかぎり株券は全然買われない。即座にそれを買い入れるような巨額の遊んでいる現金は全国どこにもない。イングランド銀行銀行部の準備金が唯一の遊休資金である。したがってもしパニック中に銀行部自身が株券の売却をしようとでもするならば、馬鹿馬鹿しい失敗を演ずることになるであろう。いくらかでも売却するということは、ほとんどまったくできないであろう。おそらく五〇ポンドのものも売れないであろう。イングランド銀行がパニックの間にその準備金を、それが一度空になるのを、あるいはほとんど空になるのをそのままにしておいた後で、こういう方法で、あるいはその他のなんらかの方法で補塡することができるという考えは、あまりに馬鹿馬鹿しくて、真面目に主張されるべきものではないのであるが、それは今なお完全に放棄されているとは思えないのである。

ところが第二の、もっと合理的な、イングランド銀行独立の説はこうである――もしイングランド銀行がパニックの開始に驚いて警戒するならば、また平常より一シリングでも余計に貸付することを拒絶するならば、さらにまた確実な支払準備をもって戦いを始め、しかも特別の貸付によってそれを減ずることをしないならば、イングランド銀行は必ず安全であると言うことができる。またそう言われているというのである。しかしこの種の意見は比較的に合理的で穏かではあるが、それだからといって余計に正しいのではない。一八六六年のパニックはその真偽をためすのに最もよい実例である。何びとも知っているようにこのパニックは「オーバレンド商会」の没落とともにきわめて突然に起こってきた。その直前イングランド銀行はその準備金として五八一万二〇〇〇ポンドを有していた。しかし事実はその後数日間に新しく一三〇〇万の資金を貸し付けることになったのであって、準備金は空になってしまい、政府が救助しなければならなかった。しかしたとえイングランド銀行がこれらの貸付をしなかったとしても、準備金を保有することが果たしてできたであろうか。

確かにできなかったであろう。自身の預金を保持することができなかったであろう。その大部分は諸銀行家の預金である。したがって彼らがイングランド銀行の孤立政策の援助を承諾することはない。自ら支払の停止に同意し、イングランド銀行が存続して彼らの業務を全部取っていくのを黙って見ているということはない。彼らはイングランド銀行からその預金を引き出すであろう。彼らとしてはイングランド銀行が彼らの破滅のただ中に毅然として立つように助力するということはない。しかもたとえそうでなかったとしても、たとえ諸銀行がイングランド銀行に対してそれが貸出をしていないのに自ら進んで自分たちの預金をそのままにしておくということになったとしても、まもなく彼らはそれが実行できないということを知ることになるであろう。彼らはこのようなイングランド銀行への預金をそのままにしておくには、手形交換所制度の助けをかりなければならない。しかるにもしパニックが一定の程度を越えることになると、確信を基礎とするこの制度は恐怖によって破壊されることになるのである。

取引の普通の経過はこうである。ＡＢがＣＤから五万ポンドを受け取ることになっていて、ＣＤが一銀行家に宛てたいわゆる線引小切手を、したがって他の銀行家に対してのみ支払われるものを受け取る。ＡＢはこの小切手をその取引銀行家の自分自身の貸方に入れる。この銀行家はその宛てられた銀行家に呈示する。そしてもし有効ならば一般交換に、すなわち午後の決済に彼らの間の一口となる。しかしこれは明らかに非常に精緻なる仕組みであって、パニックによってややもすれば破壊される。最初からＡＢはその債務者たるＣＤに対して「あなたの小切手を受け取ることはできない。銀行券をいただかなければならない」と言うかもしれない。それが証券担保の債務であれば、そういうことに非常になりやすい。普通行われるところは――信用が確実であると――債権者は債務者の小切手を取って証券を引き渡すのである。しかしもしその「担保」が困難な時期に真に彼のために保証となるならば、彼はそれを引き渡して一片の紙切れを――支払われるか、支払われないかわからない一片の小切手を受け取ることを好むものではない。彼はその債務者に「銀行券をくださらないかぎり、あなたの証券をお渡しすることはできない」と言うであろう。そしてもし彼がそう言うならば、債務者は自分の銀行に行って、持っていれば五万ポンドを引き出さなければならない。しかしもしこういうことが大規模に行われるとすると、銀行の「手許現金」はたちまちにして尽きてしまうであろう。手形交換所が漸次不用となるにしたがって、銀行はイングランド銀行での預金に食い込まざるをえないことになるであろう。そこで銀行家はその店で非常に多額の支払いをしなければならないことになり、たとえ望んだとしてもイングランド銀行は多額の資金を保有することはできなくなるであろう。彼らはまもなく一シリングをも残さず引き出さざるをえないことになるのである。

パニックの結果、手形交換所の利用が減ずるということは、そのパニックを強化することになる。この国の有価証券取引の非常に大きな部分は一カ月に二回、株式取引所において決済される。そしてそのとき単に小切手に対して引き渡された証券の数と、そのとき手形交換所で受け渡される小切手の数とは大変なものである。もしこの制度が潰れることにでもなれば、破産の数は測り知れないことになる。しかもその破産はいずれもこの崩壊を惹き起こした不信を増大することになるであろう。

イングランド銀行の銀行業者外の顧客も、他の人々と同様に信用を失うことになるであろう。彼らの小切手も他の人々のそれと同様に受け取られないことになる。彼らは銀行券を引き出さざるをえなくなり、イングランド銀行の準備金はこの支払の一小部分にも足らないことになる。

事態は、簡単に言えばこういうことになってくるであろう。非常に多数のブローカーや商人は巨額の支払義務を負っているが、彼らは平常時にはこれらの資金をしかるべき証券の授受によって得るのである。すぐ前にも述べたように、第一の人が第二の人から五万ポンドを国庫証券を担保にして借り入れているとすると、彼はたいていの場合、これらの証券を他の誰かに売却するか、抵当に入れるかするまでは第二の人に支払うことはできない。しかし彼はその証券を手に入れるまではそれを抵当に入れることも、売却することもできない。そこでもし第二の人が金を得るまではそれを引き渡そうとしないならば、第一の人は支払うことができないために破産することになる。しかも非常によくあるように、第二の人がもし第三の人に対して支払わなければならないとすると、彼は第一の人の不履行のために破産することになるかもしれない。また第四の人は単に第三の人の不履行のために、というような具合にとどまるところがない。決済日に手形交換所がないと多数の破産と一束の証券とが残ることになるであろう。これらの破産の結果はあらゆる銀行家に対して、また特にイングランド銀行に対して全般的取付が起こることになるであろう。

もっともこうも言えるかもしれない。かくしてイングランド銀行の銀行部から引き出された資金は、まもなくそこに帰ることになる。資金を借り入れた公衆は他のどこにそれを預金してよいか知らない。それは朝のうちに引き出されて、夕方には元に戻されるであろうと。しかしまず第一に、この議論は銀行部がそれに対する請求に応じて支払うだけの資金を持っているということを仮定している。これは誤りである。銀行部はそれに必要な資金の一〇〇分の一も持ってはいないであろう。また第二には、手形交換所を混乱せしめた大パニックはたちまちにして全国に波及するであろう。したがってイングランド銀行から引き出された資金がただちに銀行に帰るということはありえない。それは引き出された日の夕方にも、また幾日たっても帰ってくるものではない。それは全国にわたって銀行家のいるところ、商売のあるところ、負債のあるところ、恐怖のあるところ、到るところに分散されることになるであろう。

またロンドンにおいてさえこのような測り知れないパニックになると、たちまちのうちにイングランド銀行銀行部の信用も害されることになる。銀行部は決して大いなる威信を有するものではない。それは一八四四年に創設されたばかりであって、爾来三度も失敗している。世間では前に起こったことは再び起こるものと思うものである。したがって彼らは金を手に入れると、それを払い戻すことができないかもしれないようなところに預金しようとは思わない。従来のパニックにそういうことが起こらなかったのは、われわれの問題にしているような事例が全然なかったからである。イングランド銀行は公衆に助力を与えてきた。しかも多かれ少なかれ確信をもって政府は銀行に助力を与えるものと信じられていたのである。しかし、もしこれまで恐慌を鎮静していたこの政策が放棄されるというようなことにでもなれば、恐慌はそれがために長引くこととなり、激化してついにはイングランド銀行銀行部自身にも及ぶことになるであろう。

それが発券部に及ぶものとは思わない。公衆は銀行券が得られればきわめて満足するものと思う。一般に一銀行の銀行券を銀行に預金しないで所持しているということで、なんらの利益も得られるものではない。しかしイングランド銀行の場合は非常に違う。その銀行券は法貨である。それを所持している者は誰でもその負債をつねに支払うことができるのであって、外国への支払のほかはそれ以上のものを必要とすることはない。争って求められるのは銀行券ということになる。手に入れることができると、北にも、南にも、東にもまた西にも持っていかれるのであるが、全国に充分にというわけではないから、銀行部はたちまちにしてその有するものを全部払い出すことになるのである。

したがって何よりも確かなことは、イングランド銀行がこの点でなんら特殊な特権を有しているものではないということ、それは単にこの国の銀行支払準備金を保有する銀行の地位を占めるにすぎないということ、パニックに際しては他のあらゆる同種の銀行がすべきことをしなければならないのであって、その準備金から公衆に対して寛大かつ力強く貸し付けなければならないということである。

またイングランド銀行にあっても、同じような場合の他の諸銀行と同様に、これらの貸付は、いやしくもなされるべきものであるならば、貸付がされる目的をできることなら達せられるようにするのが当然である。その目指すところはパニックを食い止めることである。したがって貸付はできることならパニックを食い止めるべきものである。しかもこの目的のためには二つの原則がある。

第一に、これらの貸付は非常に高い利率をもってのみなされるべきこと。これは過剰な臆病さに対して重い罰金として作用し、それを必要としない人々の請求を大多数阻止することになる。利率はパニックの初めに早く引き上げて、この罰金が早くから支払われるようにすべきである。そして何ぴとも下らない用心から借入をして、それに対して充分に代価を支払うこともしないというようなことのないように、また銀行支払準備金ができるかぎり擁護されるようにすべきである。

第二に、この利率ならば、これらの貸付は優良な銀行担保に対しては選ぶところなく、また公衆の請求するかぎりどこまでもなされるべきこと。その理由は簡単明瞭である。目的は恐慌を食い止めることである。したがって恐慌を惹き起こすようなことは何ごともしてはならない。しかるに優良な担保を提供することのできる誰かを拒絶すれば、恐慌を惹き起こすことになる。こういう報道はたちまちにして恐怖下の全金融市場に拡まる。誰がそれを伝えるかは何ぴとにも精確にはわからないが、半時間後にはあらゆる方面に伝えられ、到るところに恐怖を大きくすることになる。もちろん、銀行が結局損失を受けることになるような貸付をする必要は全然ない。しかし商業国における不良取引の額は全取引のうちではそのごくわずかな一小部分をなすものである。パニック中に最後の準備金を保有する銀行あるいは諸銀行が、不良手形あるいは不良担保を拒絶するということは、パニックを真に悪化せしめるものではない。「不健全な」人々は力の弱い少数者である。しかも彼らは自身の不健全なことが露見するのを恐れて狼狽の様子さえ見せまいとする。大多数は「健全な」人々であって、優良な担保を提供することができる。これが保護されるべき多数者をなしているのである。イングランド銀行が、平常時に優良な担保とされているものに――すなわち、普通抵当に入れられ、容易に換価されうるものに――対しては寛大に貸付しつつあるということがわかれば、資力のある商人や銀行家の恐慌は食い止められることになる。しかるにもし真に優良な、また普通換価されうる担保を銀行が拒絶すれば恐慌は静まらない。すでになされた他の貸付もその目的を達することができなくなって、パニックはますます悪化してくるであろう。

銀行部の準備金はあらゆるこうした貸付をなすには不充分であると言われるかもしれない。もしそうであれば銀行部は破産しなければならない。しかし貸付はそれにもかかわらずその最良の手段なのである。それは銀行部の資金を最も有効に役立たせる方法である。銀行部にパニックを切り抜けさせるものがあるとすれば、これがその方法である。全然貸付をしないということは、すでに述べたように銀行部を破滅させる。巨額の貸付をなしながらそれを中止することは、これもまたすでに述べたようにそれを破滅させることになるであろう。イングランド銀行に対する唯一の安全なる方策は、パニック中にあらゆる種類の広く行われている担保に対して、すなわちそれを担保として普通つねに資金が貸し付けられるあらゆるものに対して貸付をなすという、勇敢なる方策である。この政策もイングランド銀行を救済しないかもしれない。しかしもしこれが救済しないとすれば、それを救済するものは全然ないであろう。

イングランド銀行がこれらの任務を果たしてきたやり方を検討してみると、先にも述べたように、真の原理は決して把握されていなかったということ、その政策は首尾一貫していなかったし、またその政策は大いに改善されはしたが、なお重要な点で改善されうるものが残っていたということがわかる。

ここで言及しなければならない最初のパニックは、一八二五年のそれである。一七九三年および一七九七年のパニックからは多大の教訓が得られるとはほとんど考えられない。世界はそれからのち、あまりに多くの変化を受けてきている。一七九七年から一八一九年までの不換紙幣の長い期間に解決されなければならなかった諸問題は、われわれの現在のものとはまったく異なったものであった。一八二五年のパニックではイングランド銀行は最初は極端に愚劣な行動をとった。あらゆる手段を尽くして貸付を制限しようとした。その準備金は非常に少なかったので、できるだけ貸付を少なくしてこの準備金を擁護しようと努力した。その結果は狂乱とほとんど想像も及ばぬ暴力との時期となってあらわれた。ほとんど何びとも誰を信じてよいかわからなかった。信用はほとんどまったく停止された。この国はハスキッソン氏の言ったように二四時間のうちに物々交換の状態となった。援助を求める請願が政府に対してなされた。政府がそれを拒絶したことはよく知られているが、しかし私の知るかぎりでは最近に至るまで事実の真相に関してはなんら権威ある説明はなされていなかった。ウェリントン公爵の世界各地の「通信」の中にこれに関する詳細なる説明がある。公爵はその当時使命を帯びてサンクト・ペテルブルクにいたのであるが、サー・ロバート・ピールが彼に宛てた書簡のうちに次のような一節がある――

われわれは今ひとつの問題――政府による国庫証券の発行――に関して非常に不愉快な立場に陥った。シティの意向は、わが党の多数の者でも、反対派のある者でも、明らかに商人および製造業者を救済するために国庫証券を発行するということに賛成であった。

その発行を助成するために、一七九三年ならびに一八一一年にはこれと同様の方策が採用されて成功したと言われたのであった。わが党の士も、われわれがピット氏のなしたところと、また彼が生きていたならばなしたであろうと考えられるところとまったく異なったやり方をしていると噂し合っていた。

われわれはたとえ国庫証券の発行のためにしきりに説かれた理由がいかにもっともらしいものであったとしても、なおこの方策は危険なものであって、政府によって拒否されるのが当然であると考え、満足に思っていたのである。

三〇〇〇万の国庫証券が未払いである。最近のイングランド銀行のなしたる買入もこれを額面価格に維持することはほとんどできない。もし計画されたように多額の——すなわち五〇〇〇万の——新発行をなしたとすれば、大量の国庫証券はすべて額面を割って国庫収入に払い込まれるという大いなる危険を生むことになるであろう。もし新規の国庫証券が未払いのものと異なった利率で——例えば五パーセントの利子を有するものとして——発行されることになれば、元のものは利率を引き上げないかぎり、ただちに額面以下に非常な下落をすることになろう。もしその利率を引き上げるとすれば、歳入に対する負担はもちろん利率の増加に比例することになる。われわれはイングランド銀行が財貨の預託に対して資金を貸し付けることができるものであることを知った。われわれが国庫証券を発行したとしても、銀行がそれを現金に引き替えないかぎり役に立たないのであるから、したがってまたいかなる場合でも銀行の介在することは絶対的に必要なのであるから、さらにまたその介在は主としてそれが流通手段の増加に及ぼす効果によって役立つことになるのであるから、われわれはイングランド銀行に対してただちにこの件を全部彼ら自ら引き受け、その銀行券を財貨を担保として発行し、国庫証券のようにそれ自身またこうしたものを担保として発行されるものに対して発行すべきではないということを勧告したのである。

彼らは不承不承に承諾した。しかしわれわれはこれによって非常に迷惑な立場から救われたのである。

この時のイングランド銀行の成功は、それが正しい原理を完全に採用したということに負うている。イングランド銀行はこれらの原理を非常にあとになってから採用した。しかし採用してからは完全に採用した。先に引用した公式の陳述によると、「われわれは」すなわち銀行理事は「ありとあらゆる手段によって資金を貸し付けた。われわれがいまだかつて採用したこともないようなやり方によったのである。われわれは株券を担保にとった。われわれは国庫証券を買い入れた。われわれは国庫証券に対して貸し付けた。われわれは即座に為替手形を割引したばかりでなく、その預託に対しても巨額の貸付をした——要するにイングランド銀行の安全を害さないかぎり、ありとあらゆる手段をとった」。そこでいよいよという時にこの政策を完全にかつ勇敢に採用したという点では、当時のイングランド銀行理事は大いに称讃されてよいわけである。この問題は当時にあっては現在と比較してさえなおいっそう理解されてはいなかったからである。しかしまた銀行理事は、最初はこれと反対の政策を選んだということに対しては、またこの新しいものを採用することを渋っていたということに対しては、さらにまた行政府の要求によってその共同の責任において初めてようやくこれを採用したということに対しては、手厳しい非難を受けるのが当然である。

一八二五年以後は金融市場に真にパニックと言うべきものは、一八四七年まではもうなかった。一八三七年および一八三九年の危機はいずれも激烈ではあったが、しかし双方ともパニックに終わることはなかった。いずれも恐慌がその最後の極点に達しないうちに引き留められた。したがって双方とも恐怖の最後の段階におけるイングランド銀行の政策を試練にかけることはできなかった。

一八四四年以来の三回のパニックにおいては――一八四七年、一八五七年および一八六六年には――イングランド銀行の政策は多かれ少なかれ一八四四年の条例によって影響されてきた。したがって本書に予定した限度内においては、それを充分に論究することはできない。ただ二つのことを述べうるだけである。第一に、銀行の理事は、何よりもまず彼らがパニックの初期にあたっては一八四四年の条例に妨げられて、これがなければその当時なしたであろうと考えられるような貸付をなすことができなかったということは全然なかったと主張している。第二に、パニックの最後の段階では一八四四年の条例はこれらの場合、正否は別としてすでに停止されていたということ、また同じような場合にそれが停止されなかったということは、いまだに一度も起こったことはないということ、そしてまた正否は別として、世間では同じような場合にはいつでもそれが再びまた停止されることを安心して予期し、当然として信頼しているということである。理論がどういうことを指示しようとも、事実の論理は明らかにそこまでいかざるをえないように見える。そこでこれらの原則を総合して見るとこういうことになる。イングランド銀行はその理事の教義によれば、できるかぎり一八四四年の条例の下にパニックを処理するときでも、大体それのない場合にやると同じようにやるのが当然である――パニックの初期の段階では彼らは束縛されていないからであり、またその後期には束縛は解除されているからである。

したがってわれわれは、一八四四年の条例以後に起こった三回のパニックにおけるイングランド銀行の政策は、この条例の効果自身を問うことなくしても評価できるわけである。これらのパニックにおいては、いつも銀行が実に非常に巨額の貸付をしたということは確かである。またそのいずれにおいてもイングランド銀行は一八二五年の場合よりもヨリ敏活であったということも、またそのいずれにおいてもその支払準備金を貸付に使用するにあたって、事実これをなすのが、しかもただちになすのがこの準備金を保持する主たる目的の一つをなすのであるが、前よりも躊躇しなかったということも確実である。しかしなおかなり大きな欠陥がある。何ぴともイングランド銀行がかかる時期に必ずしなければならぬ貸付を、いかなる種類の担保に対してなすものであるかを知る者はない。

先にも考察したように、原則としてはこうした貸付は、いやしくもパニックを治療する目的をもってなされる以上、そのパニックを最もよく治療しそうな方法でもってなされるべきことを要求する。またそれはこの目的のためには平常時に優良な「銀行担保」たるものにはことごとく、いずれに対してもなされるべきである。欠点は、恐怖のために普通優良な担保たるものがそうでなくなるという点にある。そこで真の政策は、支払準備金をできるかぎりこの一時的欠点が抑制されるように、そして普通の取引状態が回復されるように使用するということにある。しかもこのことは、優良な銀行担保に対しては残すところなく貸し付けるというのでないかぎり実現されることはない。

不幸にしてイングランド銀行はこの方針をとらなかった。割引部は優良な手形の割引を許し、これによって巨額の貸付をする。銀行はまたコンソル公債およびインド証券に対しても、もっとも一八六六年の危機には一時これを躊躇しているように思われたことはあったが、貸付するのである。しかしこれらのものは、それによって平常時に資金が容易に得られ、またそれによってその払戻が充分に保証される担保のごく一小部分にすぎない。鉄道の無償還社債（デベンチュア・ストック）は商業手形と同様に優良な担保である。また多くの人々は、正直のところ私もその一人であるが、これをインド証券よりも安全なものと思っている。大体において大鉄道は、見たこともないインド帝国よりも不慮の出来事に襲われる心配は少ないように思われる。しかしイングランド銀行がパニック中に鉄道の無償還社債に貸付するとは思えない。とにかく何ぴとにもイングランド銀行がそうするであろうという公認された根拠は少しもないのである。しかもこのほかにこの種の担保は多数にある。

イングランド銀行の主として考慮しているのは貸付の額であって、それに対して貸付される担保の性質ではない。担保はつねに優良なものとされているだけである。イングランド銀行には一般に普通貸付をしていない担保に対しては、いかなる種類のものでもパニック中にこれに対して貸付してはならないという考えがある(ように思われる)。しかしながら、もし諸銀行家が平常時に大体かかる担保に貸付しているとすれば、またその担保が優良なことが争う余地のないものとすれば、イングランド銀行の平常時の慣例のごときは問題とすべきものではない。平常時にはイングランド銀行は多数の貸し手の一人にすぎない。それに対してパニック中においては唯一の貸し手なのである。しかもわれわれはできるかぎりパニックの時の非常状態を平常時の普通状態に復帰せしめたいと思うのである。

一般にイングランド銀行のやり方には非常に不確かな点があると言われている。銀行はここに問題となっている点についてなんらかの明白かつ確実な政策を立てたことは全然なかった。先に考察したように、その理事のうちには（ハンキー氏のように）間違った政策を主張した人々もある。公衆は最も重要な瞬間にいかなる政策が採用されるものであるかという点について確信を与えられたことはない。どの程度の額の貸付がなされるものであるか、またそれはいかなる担保に対してなされるものであるかわからない。パニックに対する最良の緩和剤は、銀行支払準備金が充分にあって、その準備金が有効に使用されるということを確信せしめることにある。そこでこの点に関してイングランド銀行と明瞭な了解に達しないかぎり、われわれにとって危機の危険性や危機に対する恐怖はいずれも、了解された場合よりも必ずヨリ大きいわけである。

第八章　イングランド銀行の取締

　イングランド銀行は理事会と総裁と副総裁とが取り締まっている。これらの人々が選任される方法と彼らの在職期間とはその全事業に影響がある。理事会は事実上自選である。原則としては一部の者が年々辞任して、一年間外部にあって株主による再選をまつことになっている。しかし実際は彼らはほとんど必ず、他の理事が希望しさえすれば必ず、一年後には再選される。これが多年の間、破られることなく行われてきたところであって、今ではこれを破ることはほとんど不可能となっている。死亡あるいは辞任によって空席ができると、全理事会によって新理事が選任される。しかし彼らはこれをなすに非常に注意を払うということである。ある特殊な理由から理事はその新任の際、若年であるということが重要とされている。そこで理事会はロンドンの古くからの商会の、きわめて注意深い、見込みのある若者の名前に目を通して、彼らが銀行理事に最も適当と考える者を一人選抜する。この任務に就くということはかなり熱望されている。それによって与えられる地位は、それに就く本人にも、彼がその一員たる商人の商会にもかなり重要である。意外にもこの選抜では不公平なことはほとんど行われない。銀行理事としてはさしあたり、彼らの力を尽くして将来の優秀な銀行の取締に備えるということが大いなる望みなのである。これとほとんど同じ程度の潔白さをもってなされる選抜は世界中にも非常に少ないであろう。彼らは銀行のために最善を尽くして品行方正な若者を、それは業務に身を入れたばかりではあるが、しかし二〇年後には立派にものごとのわかる、立派にやってゆける人になりそうに見える者を任命するように真面目に望んでいるのである。

年齢が第一の大事である。総裁および副総裁の職は順番に当てられる。副総裁は必ず総裁を継ぐ。そして普通いままで職に就かなかった者のうちで最も年とった理事が副総裁になる。ときに、個人的理由から、例えば不健康とか、特殊な一時的仕事とかのために理事が副総裁となる時期をしばらく見合わすこともある。またごくまれには非常に大きな仕事をやっている商人に対しては全然辞退するのを許されたこともある。しかし大

●いろいろな印刷方式●

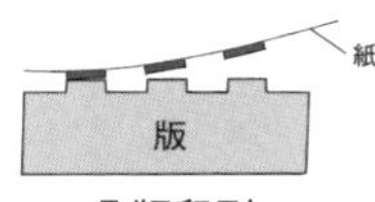

凸版印刷

印字部分が高くなっており，そこにインクを載せて紙や印刷物に転写する．最も古い印刷方式で，活字を組んで印刷することから始まったので活版印刷とも呼ぶ．

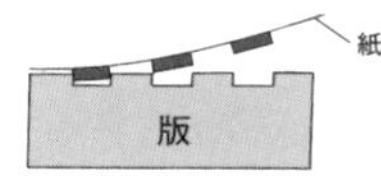

凹版印刷（グラビア印刷）

版の小さなくぼみにインクを入れ，余分なインクを落として印刷物に押し付ける方式．カラー，写真が得意で，包装紙などによく用いられる．

オフセット印刷

版に凹凸がなく，平版印刷ともいわれる．インキの疎水性を利用した印刷方法．現在，書籍や商業印刷物の多くはこの方式で印刷されている．

体から言ってこの原則は絶対的なものと考えてよい。まれな場合を除いては、理事は大体彼の順番がきたとき総裁および副総裁として彼の任期を勤めなければならない。しかも彼の順番よりずっと前にその仕事をさせられることはない。普通、最初選抜されてからおおよそ二〇年たって彼はいわゆるその椅子につくのである。また総裁および副総裁の職は非常に重要であるから、これに就く人はなお働き盛りでなければならない。こういうわけで理事会によって初めて選抜されたときの銀行理事は必ず若い人なのである。

最初はこのことはむしろ妙に思われる。知らない人はそれを何と解してよいかわからない。よほど以前のことであるが、自分も非常に若々しい立派な青年紳士に会って、彼がイングランド銀行の理事であると聞かされてびっくりしたことを憶(おぼ)えている。それまではいつもこうした銀行の理事はその見識に間違いのない老練の人であるとばかり想像していたので、元気よい青年がその一人だというのを聞いてびっくりさせられたのであった。これは少々危険であると考えたように思う。こういう青年にイングランド銀行の経営がうまくやれることはないと考えた。彼らはその職権によって困ったことをしでかすのではないかと心配したのである。

しかしながらその後よく調べてみると、まもなく彼らにかかる職権のないことがわかってきた。それは当然のことであるが、青年が多くの年とった人々のいる理事会で大した勢力を有するものではない。しかもイングランド銀行には彼らがそれを得たとしても彼らからそれを奪ってしまう特殊の規定がある。理事のうち若干の者は先に述べたように年々退任するのであるが、それは礼儀上必ず若い人々である。すでにかの椅子についたことのある人々——すなわち総裁の職を勤めた人々——はつねにとどまっている。理事会の若い方が異動する部分であって、年とった方は変わらない。したがって若い方の者がほとんど勢力を持っていないということも驚くにはあたらない。銀行理事は多くの点で非難を受けることがあるかもしれないが、しかし新参者政治（ネオクラシー）の移り気と興奮性とで非難されることはない。

また実際、さらになおいっそう確実にその点を予防するために理事会の長老連中——すなわちすでにかの椅子についたことのある人々——は常務委員会（コミッティ・オブ・トレジャリー）と称される漠然たる権能を有する常置委員会をつくっている。ここで「漠然たる権能」というのは、それについてかつてなんらかの精確な説明が与えられたということを聞いていないからであるが、またそれは精確に規定されえないものではないかとも思う。それは時には銀行と政府との関係や交渉を厳重に監督するものであるとも言われている。しかし私は正直のところ、それはその当時の総裁の性格によって非常に変化のあるものであると思っている。強力な総裁は主として自分自身の責任において大いになすところがあるのであるが、力の弱い総裁はほとんどなすところがない。それにしてもこの常務委員会の勢力は、必ずしも同じとは言えないが、つねにかなり大きい。それは成熟し、盛りを過ぎた、年とった人々の内閣（キャビネット）をなし、実際の当局者と密接な関係を有している。したがって善悪はともかく、こうした内閣が多大の権力を有するのは当然である。

古くからの慣例によって、イングランド銀行の理事は彼ら自身職業的銀行家であってはならない。このことは旧時代からの遺物である。各銀行は必然的に他の銀行に対して多かれ少なかれ対立するものと——同じ地位にある諸銀行は特に対立するものと——考えられたのである。その結果ロンドンではいかなる銀行家もイングランド銀行理事となる機会は与えられなかったし、またそれになってみようというようなことは考えもしなかった。ここに銀行家というのはイギリスで言う意味であって、それは外国の人にはおそらく意外とされるところであろう。ロスチャイルド家からもイングランド銀行の重役に一人加わっているが、外国人ならば彼らが銀行家でなかったとしたら、世に銀行家という者はないとおそらく考えがちのことと思う。しかしこれによって初めてわれわれイギリス人の銀行業に関する考えと、大陸のそれとの間の根本的相違が説明されるのである。われわれの考えは、彼らの考えよりはるかに分化した発達をなしている。ロスチャイルド一家は巨大な資本家であるが、もちろん多額の借入資金を持っている。しかし彼らは請求次第支払うべき一〇〇ポンドを受け取り、それを五ポンドずつの小切手で払い戻すというようなことはしない。これがわがイギリスの銀行業なのである。彼らのあらゆる借入資金は長かれ短かれ一定の期間を限って借り入れられた巨額の金である。イギリスの銀行家は少額の資金を集めたものを取り扱うのであって、それはいずれも短期の通知で、あるいは請求次第に払い戻されるべきものである。またその資金の使用方法も双方の間に相違がある。外国の人は「為替業務」——すなわち、諸外国に対する手形の売買——を銀行業の主要部分をなすものと考えている。先に説明したように送金は預金銀行業の始まるまでの初期の銀行が、便宜的にやっていた二次的のものの一つである。またイギリスの諸行あるいはロンドンに宛てた手形を出すのは、イギリスでは多数の地方銀行だけであって、ロンドンでは主要の送金業務は銀行家の手から離れてしまっている。彼らの大多数は、いかにして大規模の「為替取引」をやってよいか、あるいはまたいかにして「その益金を回収し」たらよいか知らないであろう。彼らはむしろそれより生糸商人になった方がましだと思うであろう。為替業務は少数の特殊な外国為替ブローカーの一団によって行われている。ロスチャイルド一家はその最大なるものである。したがってこの商会の一員がイングランド銀行の重役に加わるというのももっとものことであって、銀行家を禁止する原則があっても差し支えはない。彼および彼の一族は、彼らがその資金を借り入れる条件から言っても、あるいはまた彼らがそれを使用する方法から言っても、イギリスの銀行家ではないのである。しかしイギリスにおける意味の銀行家に対しては、この原則は厳重かつ絶対的である。いかなる個人銀行家もイングランド銀行の理事たる者はないというばかりでなく、いかなる株式銀行の理事もそれになることは許されていない。この二つの地位は両立し難いものとされたのである。

インングランド銀行理事の大多数は経験ある商人であって、かなり大きな資本を、彼らがそのうちに成育し、非常によく通じている商売に使用している。その多数の者は現在の商況、諸商人の性格や財産に関する消息に通じているのであるが、これは銀行にとってきわめて価値のある、否むしろほとんど評価することのできないほどのものである。その多数の者は地味で真面目な人々であって、習慣と本性とによって一種の注意をもって彼らの従事している業務のあらゆる点に注目し、それに対して細心なる意見を与える。

その大多数はかなり多くの閑暇を有している。自分自身の資本だけを使用し、しかもそれをほとんどつねに同じようにして使っている実業家の生活というものは、決してその仕事に残らずとられるということはないからである。いかなる額の資本にしても、主要社員の全時間をとるということはほとんどない。もしそういう人が非常に多忙であるとすれば、それはどこかに悪い点のある証拠である。彼は下役がやった方がよいような、したがって放任しておいた方がよい細かい事に携わっているか、あるいはまたそれともあまり投機をやり過ぎて彼の資本に堪えることのできないほどの負債を重ねつつあるのであって、それがために破産するかもしれないのである。したがって商業都市という都市には大いなる仕事の能力と経験とを有しながら充分に活動をしていないという人々が非常に多いのであって、彼らは仕事に従事することを希望し、また仕事をやるために非常に喜んで一般会社の理事となるのである。イングランド銀行の重役は幾代もの間、こういう人々によって占められていた。

株式会社にとってこのような取締は、その本質的性質にしたがって行われるならば非常に良いが、その性質にしたがって行われないと非常に悪い。その取締にあたる人々は高い程度の常識を持ち、事業一般に対しても優れた知識を持ってはいるが、彼らの従事する特殊な業務にはなんら特別の知識を持っていない。普通、株式組織の銀行や会社ではこの欠陥は、その特殊な事業に専門的修業をつみ、彼の全経験と全能力とを挙げてその会社の業務を引き受ける人を会社支配人に選任するということによって矯正されている。理事、あるいはまたしばしば特にそのうちから選任された委員会はこの支配人の意見を問い、彼の言うべきことを聞いた上で会社の業務について決定を与える。すべて普通の株式会社には、専門的手腕のある常任の執行機関と専門的手腕は持っていない幾分変動のある合議機関とがある。常任の支配人はその経営に継続性と経験とを保証し、確実な理事会は一般的方針を保証するのである。

しかるにイングランド銀行にはなんら常任の執行機関はない。その執行機関を形成している総裁と副総裁とは二年ごとに変わる。もっともこれは創立者がもともと考えたことではないと思う。少数の大きな特権を有する会社しかなかった往時は、会長は定期的に選任されはしたが、実際上はその政策が評判のよいかぎり永久的であった。彼は内閣の長であって、普通は反対者が現われるまでは変わらなかった。しかしこういう考えはイングランド銀行の構成に当面なんらの関係もない。現在では、総裁および副総裁は二年目の終わりにはほとんど必ず変わる。それ以上長くその椅子を占めるという例は非常にまれであるから、その点について述べる必要はない。しかも総裁および副総裁はロボットでよいというわけにはいかない。彼らは当然つねに出勤して、日常の事務の範囲を越える貸付の請求者には残らず面接し、また銀行とその最大の顧客、すなわち政府との間のほとんど間断のない交渉にあたり、あらゆる必要事項を理事会あるいは常務委員会に持ち出す——要するに大多数の諸会社で支配人の仕事とされているものとほとんどまったく同じことをやることになっている。こういうふうに異動のある執行首脳部の下にはもちろん非常に重要な部長がいる。割引部長は特に有能な経験者たることを必要とされている。しかしこれらの役員は本質的には従属的なものである。そのいずれも普通の銀行の総支配人のように——全活動の長ではない。たえずその局にあたっている執行機関——総裁と副総裁——があるので、その下役の者がこうした地位を占めるというようなことは不可能となっている。総裁は終日銀行に出勤していることになっているので、彼が真に有能かつ活動的な性質であると、実際上その主要業務にあたり、またほとんどあたらざるをえないのである。

理論から言えば、銀行にとってこういう取締ほどに悪いものはないはずである——すなわち執行機関は交代し、理事会はその有能なるか否かを知りえないほどに年若くして選任される理事からなり、経営委員会は長老たることを欠くべからざる資格とし、したがって通例老年者とならざるをえないし、しかも熟練した銀行家はいかなる地位にも全然参加せしめないというのである。

たとえイングランド銀行が普通の銀行であったとしても、こうした構成は不充分のものであろう。ところがその機能は大きいのだから、それだけにその欠点はヨリ大きく、その欠点の結果はさらにいっそう悪いわけである。イングランド銀行はこの国の銀行支払準備金の唯一の保有者でなければならない。金融市場のあらゆる変動、取引市場のあらゆる変転をとおしてそれを保有しなければならない。パニックになればただちにいかなる種類の貸付を、いかなる額まで、いかなる期限をもってなすかを決定しなければならない——しかもなお明らかに欠点のある構成を有しているのである。イングランド銀行の取締がいかなる他の銀行のそれにも優るということは、その機能がはるかに困難なる、重大なるものであることを考慮すれば当然のことであるが、実際はそれどころではない。これをもって新たな銀行の取締の模範としてあげる者があれば、誰だって笑われるであろう。また実際こうした取締が計画されたりしたら、各方面から旧式の奇妙なものと言われることになるであろう。

それは当然のことであるが、この構成の効果は——善いものも悪いものも——イングランド銀行の歴史の到るところに現われている。根本的な一点においては銀行の経営は卓越していた。おそらくそれは同じような規模を有し、同じような年代を経過したいかなる銀行と比較してみても「損な商売」をやったというようなことは少なかったし、大いに損をしたというようなことは確かに少なかった。その全歴史中にその名が一回でも信用を損なう、回収の見込みのない巨額の負債と結び付けられたというようなことは聞かない。それが誰か一人の人のために、あるいはなんらかの団体のために「動か」されたという嫌疑を受けたことは一度もなかった。理事が非常に堅実であったのと、多数の者がつねに銀行の業務に対して払ってきた不断の注意とによって、不名誉な、不信用なことは全然免れることができたのである。会議に集まる着実な商人たちは手形や証券に対して驚嘆すべき鑑識眼を有している。彼らはつねに危険な連中のいかがわしい地位を知っている。彼らは不正な取引のきわめて微細な徴候にも早速に目を留める。したがって彼らのうち最も有能な人々はいかに弁じ立てられても、それがためにその確実な直覚力を失うことはない。「オーバレンド商会」が最後にやったような取引をイングランド銀行の理事にやらせるということは、精神上の奇蹟のないかぎり——彼らの性質に変化のないかぎり、できるものではない。また合衆国銀行のきわめて不幸なる経歴もこういう人々によって経営されていたならば同様にありえなかったであろう。イングランド銀行が終局的には支払能力を有するということ、あるいはまたその巨額の資本が結局は安全であるということは、その歴史の最悪の時期においてさえ少しも疑われたことはなかった。

しかしそれにもかかわらず、先にも述べたように、銀行の政策にはしばしば悲しむべきものがあった。またこのような時期にはその取締の欠陥は災厄を惹き起こしたとは言えないにしても、それをいっそう悪化せしめることになったのである。

実際イングランド銀行の執行機関は今も、外務省あるいは内務省の行政官庁に責任のある常任長官が全然いない場合とほとんど同じである。政府のこれらの官庁では実際上の長官はイングランド銀行総裁と完全に同じではないが、ほとんど同じようにしばしば交代される。政務次官も――その役所のいわば副総裁であるが――ほとんど同じようにしばしば交代される。したがってもし施政がこれら二者に完全に、言い換えればその細目の点まで依存しているものとすれば、その施政は停止することになる。新任の者はそれを有力かつ有効にやってゆくことはできないであろう。おそらく全然やってゆけないであろう。

しかし実際は、彼らは常任の次官によって補佐されている。これがあらゆる日常事務を司り、その役所の機密の保管者であり、その伝統を体現し、交代される内閣の間のハイフンをなすのである。この補佐のあるために官庁の事務の大部分は、内閣の首脳部の頻繁な交代にもかかわらず継続的に大体満足に行われるのである。またこうした補佐なくしては、事務がこのように行われてゆくということはありえないのである。現在のイングランド銀行の管理にあってはますます拡大しつつある、またつねに継続している巨大な業務を、それに適切かつ永久的な成員も、またそれに充分な連鎖機関もなくやっていこうというのである。

これに対して、銀行の総裁ならびに副総裁にかかっている任務は、諸官庁の長官にかかっているもののように、そんなに重大でも、あるいはまたそんなに緊急でもないと言われるかもしれない。またおそらく単に労力の点で言えば、銀行の総裁の方が楽である。銀行業は決して非常に労力を要する仕事であるべきはずはない。もし異常な労力がその頭取にかけられるとすれば、その組織に大いなる欠点があり、また熟練せる補佐機関に大いなる欠陥があるに相違ない。しかし重要さの点ではイングランド銀行の頭取の役目はいかなる官庁のそれにも劣らない。この国の現金準備はいかなる人々によって管理される預金にも劣らぬ貴重なものである。またパニックにあたる困難は(イングランド銀行の管理者はこれにあたらざるをえないことになっているのであるが)、おそらくいかなる一大臣にふりかかる困難よりもはるかにおそろしく緊急なものであろう。とにかくそれは、これに最もよく比較することのできる諸困難よりもなおいっそう急激にやってくるものであって、いっそう即座に対処しなければならない。またこれにあたるには言うまでもなく非常に大いなる判断力と神経と精力とを必要とするのである。

これに対する対策は当然常任の銀行総裁を任命することであろう。また先にも述べたように、その創立者の意向もそうであったということには、大して疑問の余地はないはずである。一七世紀に創設された古い会社はすべて同じような構成を有していた。そのうちでわれわれの時代までなお残存しているものはそれを保持している。ハドソン湾会社、南海会社、東インド会社はすべて一種の最高執行機関をもって設立され、それは常任のものとされ、有力なものとされた。これはもちろん会社に馴れない人々の考えとしては最も自然な会社形成の方法である。これらの人々はつねに取引がかなり専断的に行われるのを見てきたことであろう。彼らは迅速なる決定と首尾一貫せる方針との価値を教えられてきたことであろう。彼らは事業の経営が最もよく行われていながら、これをなしつつある人々にとっては、彼らのとりつつある方針を他の人々に理解することのできる明瞭なる議論によってはほとんど弁明することができないというような場合もしばしば見てきたことであろう。「シティ」の人々はいずれもしばしば充分に理屈のたった理由のある投資によってその金を儲けているのであるが、彼らは議会委員会に呼び出されて要求されても、その理由を述べることはほとんどいつもできなかったのである。彼らはそれを明確に分析することなくして、それによってやってゆくことに馴れてしまい、しかも王制風に、ただ単に引き続き成功してきたということをもってその確実性を証するものとしていたのである。こういう人々が会社の組織に着手するとき、彼らが従来それによってうまくやってゆくのを見馴れてきたものにならってやるということは当然である。彼らはまず第一に何は措いても執行機関を準備する。このことがどれだけイングランド銀行創立者の心の内にあったかということは、彼らがそれに与えた名称によっても判断することができるであろう。その会社名は「イングランド銀行総裁および社員(*Governor* and Company of the Bank of England)」である。創立者は執行機関を非常に重要と考えていたので、それを明確に述べ、しかもそれを最初にあげたのである。

またこのような会社の構成は会社なるものが目新しかった初期の時代にきわめて当然

であるばかりでなく、それはまた会社なるものがすでに長年の間試練を受けてきた今日でも、経験によって最も有効なることを明らかにされているのである。大鉄道会社の経営もこれよりほかの方法で行われてはいない。非常に成功した鉄道で、その社長がたえず会社の業務に注意して従事する活動的かつ賢明な実業家でなかったという実例はほとんど挙げることができない。その社長が単に名義上の長——貴族あるいはそういった種類の者——で、体裁のために選ばれたにすぎなかったものには、鉄道事故の無数の実例を容易に見出すことができる。「鉄道会社社長」は職業となっている。それには実力が非常に重んぜられているし、才能が必要欠くべからざるものとなっている。イングランド銀行に常任の「社長」を任命しようという案は、大いに現代的なる経験によって力強く支持されているのである。

しかしなお私はその利害得失に関しては疑問を持っている。いずれにしてもむしろそれより先、第一に他の方策を試みるべきであると考えるのであるが、それには様々な理由があるのである。

第一に、この案はきわめて不評判である。常任のイングランド銀行総裁はイギリスにおける最高の地位にある人々の一人となるであろう。彼はシティにおける小「国王」となり、「市長」以上にはるかに高い地位に立つであろう。彼はイングランド銀行を個人的に体現するものとなり、ほとんど無限の威信を絶えず担うことになるであろう。実業界の何ぴとも彼に頭を下げてその厚誼を得ようとしない者はないであろう。けだし彼はパニックにおいてほとんど何ぴとをも彼の好むところにしたがって救済することもできれば、破産せしめることもできるからである。彼の好意は繁栄ということになり、彼の不信任は破産というような時節が来るかもしれないのである。このような真の勢力と顕著なる威信とをそなえた地位は非常に熱望されるところとなるであろう。実際的な人々は総理大臣よりも良い地位であると言うようになるであろう。それははるかに長く続くし、また実際的な人々が最も大いなる価値を置くものに対して――金に対して――ヨリ大いなる裁決権を有することになるからである。とにかくこのような総裁はその仕事のことを心得てさえいれば、首相が一人の身代を作り上げる間に五〇人の身代を作ることができるであろう。シティでは彼らの上に君臨する小国王の任命以上に不評判なものはほとんどありえないのである。

　第二に、この地位に最上の人物を必ず得られるものとは思われない。むしろかなりな人を得るということさえむずかしいのではないかと気遣われる。あまりに高い報酬を申し出ると希望する人物が得られなくなるという場合は世間に多いのであるが、これはその一つである。威信という高い報酬はほとんど必ず非常に危険である。それがためにその地位は虚栄心の強い人々、怠惰な人々、上流の人々によって望まれることになる。しかもこの地位が実際の技術的な業務の一つであり、したがってよほどの準備的訓練とよほどの継続的労働とよほどの忍耐強く迅速な判断力とを必要とするというからには、かかる種類の人々はすべて危険である。しかるに彼らは必ず非常に威厳のある地位はすべて得ようとするのであって、彼らを避けることはきわめて困難である。おそらくいかなる内閣でもその閣員の幾人かは（以前の閉鎖的な都市選挙区の時代には大勢あったが）、なおその地位を個人的能力あるいは天性の徳によってではなく、その格式、その富によって、あるいはまたその堂々たる風采によってさえ得たというのがいる。政治上の最高の官職にはもちろんこうした人々を入れてはいない。というのはそこでは真面目で重要な任務が社会の面前で果たされなければならないからである。総理大臣、あるいは大蔵大臣、その他国務大臣は議会においてその政策を説明し、その施政を弁明しなければならないのであって、喧(やかま)しいこの集会の鑑識力は――経験に富み、伝統に導かれて――たちまちのうちに彼の何者たるかを明らかにするであろう。しかるに銀行の総裁は地味な役目を果たすにすぎない。それは実際はそうでないのに機械的仕事のように見え、ただちに成功あるいは失敗のあらわれる危険の全然ないものである。いかにもそれは数年経ってみれば、様々な不良貸付となってあらわれるかもしれないが、しかし軽々しくやる人でなければ誰にでも差しあたり立派な、もっともなものに見せることのできるものである。大銀行はまさに腕のない浅薄な人物が権勢を有するところである。もし彼が落ちついた、条理の立った人であったとしても——そういう人々も往々にしているのであるが——まもなく、しかも正体を発見されるに至らないうちに、無数の失敗を演ずるかもしれないのである。たとえ彼が幸運にも膨張の時代に就任したとしても、たいていの場合、必ずボロを出さないうちに緊縮の時代がやってきて、彼のなした失敗を数え上げるにも非常に大きな数字を必要とするに至るのである。

また第三に、こういうような地位を与えるということは、これを与える権利を有する人々の、いかなる連中をも誤らせることになるのではないかと思う。社長の選挙は株主総会または理事会のいずれかで行われなければならない。株主が選ぶとすればアメリカの大統領選挙の弊害とやや似たことになるであろう。銀行株は「シティの首領」の選挙に対する投票資格を得るために買い入れられるであろう。社長は選挙されてみると、彼の最も活動的な支持者が銀行の大口の借り手であることを発見するというのも当然である。また彼がその銀行に対する任務と彼を選んだ者に対する恩義との間にあって決定に迷うのももっとものことである。おそらく彼は、もし彼が普通の能力を有する用心深い者であれば、双方の災害を結合することになるであろう。すなわち彼は求められただけの資金は貸し付けないので彼自身の支持者を立腹せしめることになり、また損失となるものをいくばくか貸し付けて銀行の利益を減ずることになる。銀行株主の大きな団体は非常な威信をもつ役を選挙するものとしては不良選挙団体たるにすぎない。彼らは普通、確実な人物を選ばない。また彼らの選ぶ人物は、彼を不確実ならしめるような諸々の約束によって縛られることになるのである。

理事会の選択の方がまだよい。少数の実業家の団体に非常に不適当な人を選ぶように納得させるということは容易ではない。しかし彼らも非常に優れた人を選ぶということはまれである。真に最もよい人はおそらく大多数の理事ほどに富裕ではない。またそれほどに身分のある者でもない。なおまた彼らがシティにおいて彼ら自身よりもはるかに低く評価される者を、シティの首領に挙げることはあまり好むものでないということは怪しむにあたらない。その上彼らはあらゆる方法で、あらゆる方面から商業上の貫禄、あるいは商業上の勢力を有する者を選ぶように勧誘される。シティにおいて最大の威信と地位とを有する多数の人々はこのような顕職を彼ら自身のためではないとしても、少なくとも誰か友人のために、あるいは誰か縁者のために切望するのであって、理事は各方面から攻め立てられることになる。

このように有力な腐敗の諸原因によって妨げられやすい選挙に、充分なる選択が行われることは少ない。最善の候補者が選挙されることはほとんどありえないであろう。むしろしばしばこのように重要な地位には全然不適当な者が、選ばれることになるのではないかと思う。しかもかくまで烈しい選挙の騒ぎは銀行の平静をまったく攪乱することになる。銀行理事会の確実有効な活動はその内部的調和に依存するのであるが、その調和は大選挙に伴う興奮や言説や行動によって永久に破られることにもなるであろう。理事会が主権者を選ばなければならぬために堕落することになるというのは、ほとんど間違いのないところであって、実際彼らが立派な人物を選定するという点では確実性は全然ないし、また非常に見込みがあるというわけでもないのである。

フランスでは銀行総裁を選ぶべき適切な団体を得ることの困難に対して独特の方法を採用した。フランス銀行は国家の資金を保有しているので、国家がその総裁を任命するのである。フランス人にはたいてい自分たちのなすあらゆることに対して論理にかなった理由がある。もっとも彼らの行動の結果となると、必ずしもその理由ほどに立派なものとは言えないのが多い。フランス銀行総裁は必ずしも非常に適任の人とはかぎらなかったということである。副総裁の方はこれもまた国家が任命するのであるが、予想される通りたいてい優れている。しかしわれわれイギリス人にとってはこの点を詳細に研究しても無駄である。いかなるイギリス人の政治家もイングランド銀行総裁の選定に責任を持つことに同意する者はないであろう。パニックのあった後では、いつも在野党は議会においてこの災厄が政府の任命した総裁の「ひどい失策」によって、もっぱら惹き起こされたとまでは言わないにしても、「甚しく悪化」されたと言うことになるであろう。あるいはまた、ことによると諸官庁がその主を変えていることがあるかもしれないが、そうするとパニックの時に政権をとっている内閣は、以前に総裁を任命した内閣の反対党であることになる。この場合、彼らはややもすると彼らの政敵によって指名された者が「続けてやった方がよいと考える」方針に対して「異常な遺憾」を感じ、その旨を告げるということになるであろう。彼らは総裁の感情を害するということを大して意に介しない。そしてもし彼が辞職すれば、彼らは自ら有力な後援を自分たち自身の味方の一人に与えなければならぬことになる。いかなる結果があるにしても、銀行の管理や経営が党派政策の問題とされるほどに悪いことはない。またあらゆる党派に属する人々もたとえ他の点ではほとんど一致することがないとしても、この点では一致するであろう。

そこで、常任の総裁を任命することによってイングランド銀行の取締を改造するという方策は、必ずしも優れた総裁を選定するとはかぎらないし、また実際多くの場合は役に立たない者を選定するという非常な危険を冒すことになるので、これを放棄しなければならないのではないかと思う。

しかしながら、私はこれほどに大袈裟(おおげさ)ではない方策によってほとんど危険を冒すことなくして多大の利益が得られうると思うのである。イギリスの政治上の官職では前にも述べたようにその悪弊たる長官の交代も高位の属官の常置によって可能となっている。国務大臣および政務次官は内閣の変わるごとに交代するが、いま一人の次官はかかる変化のいかんにかかわらず留任し、その点で「常任」と呼ばれている。さてこの制度は原則として完全にイングランド銀行の管理に適用しうるもののように思う。上に述べたような理由からして、イングランド銀行に常任の支配者を任命することはできない。またそのすぐ前に述べたような他の理由からして、なんらかのきわめて有力な常設機関が銀行の業務の適当なる遂行には欠くべからざるものとなっている。しかも必要なる変更を加えて言えば、わが国の主要諸官庁に現在のような組織を与えることになったのも、まったくこれと同じ困難と利益とによるのである。

　この種の副総裁であれば、シティにおける「国王」などとは全然言えない。この役ならばどこにも危険なる威信というものは全然ない。手腕のない男がそれに引きつけられるということも全然ないであろうし、またそれが猛烈な勧誘や大胆な運動の目的物となるような点も全然ないであろう。この役はその性質から言って本質的に従属的なものであって、官庁における常任の次官とまったく同様のものとなるであろう。報酬は高くすべきである。立派な手腕が求められているのであるからである——しかしどんな報酬を出したとしても最も危険なる連中を引きつけることにはならない。非常に有力な、しかしあまり賢明ではないシティの貴族は、これが実際非常に危険なのであるが、ふつう非常に富裕である。富裕でなかったならば、そういう勢力などはほとんどないであろう。そこで彼の求めるところも金ではなくて「地位」なのである。イングランド銀行総裁の職ならば、ほとんど俸給がなくても就くことであろう。おそらくそれを得るためには金を出すことさえするであろう。しかしそれより下の本来従属的な役になると、彼を引きつけるところはまったくないであろう。その報酬は優秀な人を得るために充分高くしても、かかる報酬のためにまさにわれわれの求めていないような種類の人を――社会的特権によって誘うというように――誘う心配は全然ない。

もちろん、こうした常任の役員は熟練した銀行家でなければならない。銀行業と他の種の商業との間には根本的な相違がある。銀行業では商業と異なって大いに危険を冒してやってなんかいられない。はるかに注意深くやってゆかなければならない。普通の取引では、商人は自分の販売する商品の費用価格に多額の商業利潤、例えば一〇から一五パーセントを加えることができる。しかるに銀行家は貨幣の利子をもって満足しなければならないのであるが、それはイギリスでは平均して五パーセントにも上らないのである。銀行家の業務はしたがって商人ほどに多大の不良貸付に堪えることはできない。彼は彼が信用を与える者に対してはるかに大いなる注意を払わなければならない。現金は普通の商品と比較して非常に人の欲しがる商品である。製造業者、あるいは商人に対して企てられる詐欺一件について、銀行家に対しては二〇件も、あるいはそれ以上も企てられる。その上また銀行家は他人の金を、しかも請求次第支払われるべき金を取り扱っているので、つねにいわば後を振り返ってみて、支払を請求されるようなことがあったときも、準備金をこれに対して充分に貯えておくようにしていなければならない。たいていは自己資本をもって取引している商人にとっては、そんなことは考える必要もないことである。商業の生命は冒険であるが、銀行業の生命は大事をとるということである。ほとんど臆病とまで言いたいところである。そこでイングランド銀行がその準備金の取扱いに関して一八五七年より後に至るまでの長い間、大失策を繰り返してきたということは、銀行の役員会において商人たちが誤って銀行の業務に彼ら自身の商人としての業務において本来とらなければならぬものと同一の見地をとるということがなかったとしたら、起こりえなかったと考えられるのである。イングランド銀行理事は銀行の業務に関してほとんどいつもあまりに楽観的であって、警戒しようという気があまりになさすぎた。われわれが銀行役員会に入れたいと思うのは、賢明なる憂慮ということである。しかもこれは熟練せる銀行家にとっては、いずれも彼の職業上の習慣と彼の生活上の雰囲気とから教えられているところである。

常任の総裁は当然銀行の業務にその全力を捧ぐべきである。彼は他のいかなる事業に従事することも当然禁止されるべきである。現在の理事は、総裁および副総裁をも含めて、すべて彼ら自身の業務に従事している。したがって彼らの大部分の者は、ちょうど銀行の業務に専心従事すべき最も大切なる時に、商人としての彼ら自身の業務に最も多くその心を奪われるということが大いに起こりうるのである。また実際たえず起こったに違いない。銀行の業務が最も骨の折れる、最も人の心を奪うものとなるのは、パニックの時とパニックの直前とである。しかるにちょうどその時は、たいていの商人の業務も異常に多忙となるに違いないし、また極度に危険となるかもしれない。現在のイングランド銀行の組織では、その支配をもっぱら引き受けている人々の注意は銀行の事務から、ちょうどその事務にかかる注意を最も必要とするときに逸せられることにきわめてなりやすいのである。したがってこれに対する唯一の救済策は、銀行よりほかにはなんらの業務をも持つことのない、常任の有力な人を任命することである。そういう人であれば、おそらく注意の最も必要とされる危機的瞬間に、最もよく注意してこれに勤めることになるであろう。彼には少なくともパニックに際して金銭上の心配は全然ない。これに対して現在の理事の、全部ではないにしても多数は、たえず自分自身の業務について考えていなければならないのであって、それを彼らの心から一掃するということはできない。

常任の副総裁は理事であって、相当の地位の人でなければならない。彼は総裁に対して「サー(Sir)」を用いなければならぬというのではいけない。尊敬の意を表示しなければならぬ下役と、尊敬を受けねばならぬ上役との間に公正なる議論が行われることはない。上役はその下役の誤った議論をいつでも反駁することができるし、またたいていそうしている。しかし下役がその上役の誤った議論をあえて反駁してみるということはほとんどない。また彼がその言い分を充分に述べるということはなおいっそう少ない。彼は言いよどみ、躊躇して最も有効な言葉あるいはきわめて適切な説明を用いることをしない。たいていは不完全な説明をしたり、不適当な言葉を用いたりする。そこで上役に突っ込まれて失敗することになる。重要な業務というものは、言いたいと思うことはすべて思う存分に互いに言いうる人々によって、初めて充分に論議されうるものである。発言者の考えは自分の心にあるままに述べられるべきであって、丁重な言葉に隠蔽されたり、疑念を装って弱められたりしてはならない。銀行に必要とされるのは理事に対する新たな書記ではない――彼らは現在も非常に経験のある優秀な書記を持っている――理事に対等の常任の者であって、彼らと同等の地位に立って銀行の業務を論ずることのできる人であり、また議論に際して銀行以外の業務を全然考慮する必要がないという点で、彼らに対して有利な地位を占めるという人である。

このような常任の役員の常例的任務については、イングランド銀行の業務に精通している者でないと明らかにするることはできない。一般の人に対してわかるように論ずることはほとんどできない。また細かい任務はなんら重要でもない。このような役員は堅実で有能で勤勉であれば、まもなく銀行の事務を決裁するようになる。彼は他の誰よりもヨリ以上に過去の伝統にも、現在の事実にも、いずれにも精通することになる。彼は非常な経験をつみ、多くの不安の時期に遭遇し、つねにその再現を油断なく警戒するようになる。また彼はこうした時期には彼の最も多く取引しなければならぬ人々の性質から、特殊の指導力を得ることになるであろう。たいていのイングランド銀行総裁は注意深い商人ではあるが、銀行業には大して熟練していない。しかし彼らの在職中は繁栄がつづいて、自ら非難を受けることのないように非常に望んでいる。もし「安全な」方針をとるように強要されれば、たいていはその方針をとることになる。さてたいていの場合、有力な、定評のある「権威」の意見に従ってさえいれば「安全」であるが、これに従わなければきわめて「安全ならざる」ことになるものである。もし交代する総裁が常任の副総裁の意見に従って行動すれば、不幸な場合、たいていの非難は後者の方が受けることになる。世間では、総裁のように交代する役員には何をなすべきかがわからないのが当然であるが、常任の役員はそれがわかるようにそこに設けられ、俸給も支払われているのだということになるであろう。しかるに、もしこれに反して交代する総裁が彼の常任の同僚の意見を無視し、その結果がよろしくないということにでもなれば、彼は極度に非難されることになるであろう。「経験なくして多大の経験のある者をあえて威圧せんとした」とか、「銀行の組織によって熟練した顧問役が与えられているのに自分ひとりの考えであえて行動し、その顧問役を無視した」とか、その他無数のことを言われることになるであろう。しかもシティの者にとってはこれ以上に侮辱的な話はありえないであろう。そこでは誰も彼も、正否は別としてこう言うであろう。「われわれは判断を誤るということに対しては、決してあまりに苛酷であってはならない。われわれはみな毎日これをやっている。責任ある人々がその最善を尽くすならば、われわれはそれ以上のことを要求することはできない。しかしこの場合はそれとは違う。総裁は誤ったやり方によって行動したのである。彼はあえて自ら不必要なる責任を取ったのである」と。そこでその熟練せる顧問役を無視して不幸を招いた総裁は、シティにおいては永久に馬鹿にされることになるであろう。かくして一人の熟練せる顧問が実際上銀行を支配することになるのである。

私は新しく常任の熟練せる権威者を銀行に任命するということが、銀行に対して加えうる最大の改良であり、最も要求されているものであると信じている。このような人物は銀行の態度決定に対して、現在は明らかにそれに欠けているところの、かの先見と、かの迅速と、かの一貫性とを与えることになるであろうと思う。私の推測しうるかぎり、イングランド銀行の組織におけるこの変更はきわめて必要なことであって、他のものとは比較にならない。おそらくあらゆる他の変更よりもヨリ重要でもあるであろう。しかし、なおわれわれは先にわれわれわれが欠陥となした他の諸点をも改良してゆかなければならない。

第一に、ロンドンの銀行家が理事会から全然排除されるべきではない。昔は先に説明したようにロンドンの銀行家はイングランド銀行の競争者であって、できればこれを害しようとしている者であると考えられていた。しかし今ではロンドンの銀行家はイングランド銀行に対して、当時は存在しなかったし、またしたがって想像もされなかった他の関係を有している。私人として彼らはイングランド銀行に対し主要な預金者である。したがってその安定性に特殊の利害関係を有している。彼らは確実な支払準備金が維持されることに特に利害関係がある。彼ら自身の信用と彼らの巨額の預金の安全とがそれにかかっているからである。また彼らは理事会にイングランド銀行外において得られた銀行業自身の経験をもたらすことができるのであるが、それは現在の理事の何ぴとも所有しないところである。理事たちが銀行業に関して知るところはすべて、イングランド銀行自身において学んだものである。またイングランド銀行の秘密は、それがもし銀行家に伝えられれば漏れることになるだろうという古くからの考えがある。しかしおそらく銀行家は沈黙と秘密とを守ることにはたいていの人々よりもヨリよく修錬をつんでいる。しかも現在では銀行家とイングランド銀行の秘密とは、わずかに薄い仕切りをもって隔てられるにすぎない。ごく最近に破産した一商会では、社員の一人はロンドン・アンド・ウェストミンスター銀行の理事であり、他の一人はイングランド銀行の理事であった。こういう事情の下にあるこういう人々の間の秘密の交渉について、その範囲を明らかにしたり、その種類を分けたりすることが誰にできるであろう。

先に述べたように、現在銀行家に対して引かれている線は非常に技術的な、しかもイギリスに限られるものである。大陸の考え方からすれば、ロスチャイルド一家が銀行家でないとすれば銀行家なるものはないということになる。しかるにロスチャイルド家はイングランド銀行の理事にその代表を出している。またその代表が出ているということはきわめて望ましいことである。それはこの商会の社員ならば銀行にとってきわめて重要な内密の情報をも、もしそうした方がよいということになれば、与えることができるからである。しかもなおイギリスで言う銀行家に対して大いに主張されている反対は、こういう外国で言う銀行家に対しても、少なくとも同じように適用されるべきものである。彼らにもある時期にはイングランド銀行の政策に反する利害関係がある。またありうることである。最大の為替取引業者として彼らは、ちょうどイングランド銀行がその利率を引き上げて何ぴとにも金の輸出を阻止しようとしているときに、金を輸出したいと思うかもしれない。一大為替取引業者の投票に対しても、反対の利害関係にあるというもっともらしい理由によって、もしこのようななんらかの理由が顧慮される価値があるとすれば、異論を唱えることができるかもしれない。しかしながら実際は個々の理事の特殊の利害関係は顧慮されるべきものではない。特別の情報をもたらす理事はほとんどすべて利害関係を有するという嫌疑を受けて困惑する。彼らがこうした情報を得ることのできるのは現在の事業からよりほかにはない。しかもこうした事業はイングランド銀行の政策によって善かれ悪しかれ影響を受けるということが少なくない。しかしこれがためにイングランド銀行を新鮮な情報に対して厳重に封印してしまってはならない。

大体において理事が公平なる団体を形成するようにすれば、多少の個人的利害関係による偏重は姿を隠し、全体のうちに没するものとしなければならない。そこでもしこういう指導原理をもってするとすれば、役員会からイギリスで言う銀行家を排除するのは首尾一貫していないということになる。

常務委員会の構成にもまたしばしば異論が唱えられている。この団体は総裁と副総裁とすでにかかる役目を終わった全理事とからなっている。しかしこれらの役は大体順番に移るのであるから、これを選挙する方法もたいてい年長順による選挙となるのであって、年齢に、優越が認められるばかりでなく、独占を与えることに対して明らかに反対が唱えられるのである。もっともある場合にはこの独占はすでに破られていると思う。理事が大規模の取引に従事し、その結果その事務に専心あたらなければならぬためにこの椅子につくことを辞退するというような場合には、時によるとこの委員会の委員には、なることを求められることがあるのであった。そこで原則としては、ある点において経営委員会に近い委員会を、年齢よりもむしろ能力によって選んだ方が確かに賢明であるということになるであろう。

異論はまた銀行の理事が多数であることに対しても唱えられている。二四人の理事と一人の総裁と一人の副総裁とがあるので、全員で二六人の役員会を形成している。これは困難な事務を真に討議するというような場合には明らかに大きすぎる。しかもこの役員会はわずかに一週に一度開かれ、非常に短時間の審議があるだけであるから事情はいっそう悪い。かつて銀行の理事が四時間審議しなければならぬことになると、「単にそれだけでパニックが」起こると言われたことがあるが、これは誇張されてはいるものの、事実によらないものとは言えない。トゥック氏は言っている。「役員会は一一時半あるいは一二時に開かれる。そして審議が長引いて一時半を過ぎると、株式取引所や金融市場は重要な対策が討議されているという考えから騒ぎ立ってくる。銀行の部屋の戸口のあたりには、いち早く決定の知らせを得んものと人々が集まるのである」と。また彼はさらに進んで推測を加え、外部の焦慮を知って内部でも焦慮とは言えないまでも急き立てられるように感じざるをえないことになると言っている。このような役員会の決議が測り知りえないほどの重要性を有するというのは、まったく非常に不思議なことである。

イングランド銀行の組織変更に関しては少しもやりにくいという点はない。現在の組織は過ぎ去った時代に作られたものであって、現在とは非常に異なった目的に役立てるつもりであった。その創立者はそれによって政府に資金を貸し付け、政府の資金を保管し、持参人払いの銀行券を発行するというようなことを考えたかもしれないが、しかしそれによって一大国民の「銀行支払準備金」を保有するということは一七世紀には誰も想像しなかったところである。しかもわれわれが古い物に与えようとしている用途が新規のものであるときは、普通、常識として、その古い物がわれわれの向けようとする用途によく適するか否かを考えるべきである。「古き革袋に新しき酒を盛る」ということは、その革袋の具合を注意して観て、その作り方を注意深く作り変えないかぎり安全ではない。

第九章　株式銀行

わが国の株式銀行はきわめて顕著な成功を示している。大体においてこの国における株式会社の歴史には変化が多かったと言える。アダム・スミスは幾年も前にこうした企図の困難に対して幾多の含蓄あるヒントを――非常に年月を経た今日もなおよく閲読に価するヒントを――投げかけた。しかし株式銀行業はこの原則に対する例外であった。四年前に私はこの問題に関する事実とその論拠とを集録したことがあるが、あえてその論説をここに引用することにする。その後の経験によって見ると、ほとんどそれに加えられるべきものはないと思われるからである。

実際行われてきた株式会社の主要なるものは三種に分けられる。第一に、その資本がその事業をなすためにではなく、その事業を保証するために使用されているもの。例えば銀行家の事業は――彼の本来の事業は――彼が自身の資金を使用している間は始まるものではない。彼が他人の資本を使用し始めてから開始される。保険会社は結局なんらの資本をも必要としない。受け取られる保険料は当然の権利として生ずる請求を超過すべきものである。この両者の場合には資本は公衆を安心させるために、また彼らをしてその会社を信頼せしめるために要するのである。第二に、独占的特権を有し、これをよく弁(わき)まえて利用するか、あるいはこれがためにおそらく非常に利益があってほとんどなんらの思慮を加えることなくしても繁栄することができるというような会社が行われてきたのである。第三に、大規模でかつまた簡単な事業を企てたもの――たいていの個人あるいは個人商会が自由にすることのできる資金よりヨリ多くの資金を使用し、しかもなおアダム・スミスの言葉で「その経営が型にはまっていて、あるいはなんらの変化をも加えることのできないほどに単調なる方法で遂行されうる」ようなものである。

原則としてこれらの会社のうち、最も利益の多かったのは銀行である。実際、多くの銀行では今まで述べたような有利な諸条件が全部そなわっているのである。古くからの銀行はほとんど「特権的便宜」に近い「威信」を有している。法律によって独占的権利は与えられていないが、声望（オピニオン）によって特殊の勢力が与えられている。銀行業の事務が簡単なのは当然である。もしそれがむずかしかったら、それはどうかしている。銀行家が短期の通知で払戻を請求されるかもしれない資金を使用して手にすべき担保は、容易に売却しうる。容易にその性質を知りうるものに限られている。そこに困難か疑点かがあれば担保は断わるべきである。もちろん、いかなる事業といえども、その全部を固定的な手続きに化してしまうことはできない。前もって考えられた、いかなる理論をもってしても究めることのできないような偶発的事例もあるに相違ない。しかし銀行業は固定的手続きに近いという点では確かにいかなる現存の事業にも、おそらくいかなる将来の事業にも劣るものではない。設立の古い銀行の事業では単純な事業であるという利点は完全に、また独占的事業であるという利点はある程度まで与えられている。これに対する競争は「ロンドンの酒場（タヴァーン）」との競争が自由であるという意味で自由たるにすぎない。このいずれを相手にしなければならないにしても高い犠牲を払うことになる。

しかし基礎強固なる銀行業が利益をあげる主要の源泉は、これに必要となる資本

	会社数	資本
		(ポンド)
20% 以上	15	5,302,767
15-20%	20	5,439,439
10-15%	36	14,056,950
5-10%	36	14,182,379
5% 未満	3	1,350,000
	110	40,331,535

が少額なることにある。単に「精神的影響力」として必要とされるのであるから、この影響力を確保するのに必要な以上のものはいらない。したがって銀行家はきわめて安全なる証券を、しかも最低の利息を生むものを取り扱うにすぎないのであるが、それにもかかわらず利益を得て彼自身の資本には非常に多額の利潤を配当することができる。彼の手にある資金がその資本よりはるかに巨額に上るからである。

簡単な数字によっても示されるように、経験はこの結論を確証している。われわれはこの論説の末尾にイングランド、スコットランド、アイルランドにおける一一〇の銀行について、その各々の利潤を掲げることにする。それはわれわれが充分なる報告を得ている、これら諸地方の――イングランド銀行を除く――全銀行である。もちろん、これ以外にも銀行はあるが、それは地方株式取引所の表にさえ上っていないものであって、たいていはなんらの報告をも公表していない。これら諸銀行の配当支払に関する成績は表の通りである。すなわちこれら諸銀行に使用されている資本の二五パーセント以上は一五パーセント以上を支払い、資本の六一・五パーセントは一〇パーセント以上を支払っている。このような顕著な成績は他のいかなる株式事業でもあげることはできない。

これらの計算のなされた時期は特に利益のあった時では確かにない――反対に特別に不利益の時であった。利率は非常に低かった。市場に出た優良証券の額は少なかった。多くの銀行は――ある程度まではたいていの銀行が――おそらくその帳簿に一八六六年の苦しかった回想をとどめていたことであろう。国民を見舞った騒ぎの熱は銀行が最も多く貸し付けていた階級に最も高かった。したがってきわめて注意深い諸銀行でさえ(田舎の隠れたところにあるものを除いては)、その損失はおそらく普通より大きかったのである。しかしこの非常に不利な調査にあってさえ、銀行業は諸事業の平均をはるかに越えて利益のある事業なのである。

これらの諸銀行には全体において、また原則として過度の配当をしようという企ては全然ない――反対に彼らはおおよそ一三〇〇万ポンド、すなわち彼らの資本のほとんど三分の一にあたるものを主として未配当の利潤から蓄積したのである。彼らのうちには留保をできるだけ多くし、配当をできるだけ少なくすることに熱心な理事もあったのである。

その理由は簡単である。二〇パーセント以上を支払う銀行のうち、一行を除いて全部が設立の古い銀行であった。一五から二〇パーセントを支払っているものもまたすべて古い銀行であった。先に述べた「特権的便宜」はこれらの数字のうちに非常に明白である。これによって銀行は多額を支払うことができたのであって、これらの銀行もそれがなかったならば多額を支払うことにはならなかったであろう。利潤の額は明らかに「特権的便宜」の価値に比例している。二〇パーセント以上を支払う銀行は、一行を除いてすべて二五年以上を経る銀行である。一五から二〇パーセントを支払うものもまたすべて同様である。新しい銀行はこういう利潤をあげることはできない。また競争してもこの利潤を大いに削減するということはできない。そんなことをやれば、単に自分自身を破産せしめることになるだけである。多年蓄積された信用を有していないために、その信用を得ないうちに解散しなければならぬことになるであろう。

こうした便宜の価値はまたそれに対して支払われるところのものに比例する。古い銀行のうちにも、あるものは彼らの全資金に利子を支払わなければならない。あ

	資本	配当
	(ポンド)	
スコットランド銀行	1,500,000	12
ブリティッシュ・リネン・カンパニー	1,000,000	13
カレドニアン	125,000	10
クライズデール	900,000	10
スコットランド商業銀行	1,000,000	13
スコットランド・ナショナル銀行	1,000,000	12
ノース・オブ・スコットランド	280,000	10
スコットランド・ユニオン銀行	1,000,000	10
シティ・オブ・グラスゴー	870,000	8
ロイヤル銀行	2,000,000	8
	9,675,000	

るものは少しも支払わないものを多額にもっている。その得意先に余計に与えるものはもちろん、その株主に残すところが少なくなる。例えばスコットランドでは必ず日歩をつけているので、そこでは一五パーセントを越えて配当する銀行はこの表中には一行もない。スコットランドの諸銀行の利潤は表の通りである。かなりよい利潤ではあるが、しかしロンドン・アンド・ウェストミンスター銀行あるいは他の南部のきわめて利益のある諸銀行の利潤のようなことは全然ない。

イングランド銀行はいかにもこういう計算方法では他のイギリス諸銀行のように多額のものを支払っているようではない。巨額の利潤をあげるが、しかしそれと同時にまたその資本も巨額である。事実、イングランド銀行には二つの困ったことがある。他の株式銀行よりはるかに古いので、利益の少なかった時代に属している。その設立された当時は、諸銀行はむしろ彼ら自身の資本に対する利潤を、また銀行券発行による利得を図り、預金の利用を顧みなかった。国家との最初の諸関係は、今日われわれが銀行業と考えるような銀行としてよりもむしろ、金融会社としての関係に近かった。もしイングランド銀行が政府に対して今日われわれがいかがわしいと考えるような貸付をしなかったとしたならば、銀行は存立することにならなかったであろう。けだし政府は決してそれを許さなかったであろう。イングランド銀行ではその資本が比較的に大きいばかりでなく、利潤をあげる資力もまた比較的少ない。慣習と了解との下に、イングランド銀行は他の諸銀行より著しく多額の準備金を、利益にならない現金で保有している。もし保有していなかったならば、われわれの全仕組みを変えなければならない。そうでなければわれわれは完全な破産に潰滅することになるであろう。イングランド銀行の収益能力は比率的に他の諸銀行より劣っている。しかも配当を支払わなければならぬ基本額は、また彼らのそれよりもまったく大きいのである。

株式銀行業の実際の事実とそれに対して抱かれていた懸念とを比較することは興味深い。一八三二年にオーバーストン卿はこういう意見を述べている――「私の考えるところでは株式銀行は銀行業務の遂行に必要なあらゆる点において欠けている。ただ責任を拡大したというにすぎない。銀行業務はその業務の細目にわたって残すところなく注意し、たえず日々刻々各取引に目をつけている人を特に必要とすることにおいて、商業その他の取引業務と到底比較にならない。また事の起こるたびにただちに機敏な決定を与えることを必要とする。多くの場合、その決定は相談のために延引することのできないものである。また各々の場合の特殊な事情に応じて働く分別を必要とする。株式銀行の活動はもちろん事務員によってなされ、頭取によってではない。したがって一般的原則によって拘束されざるをえないから、相手の責任の性質の様々な相異に非常に綿密に注意して行われるというわけにはゆかない。また一時的困難に陥った諸商会に対する援助をなすにあたっても、各々の場合の都合のよい、あるいは都合の悪い諸種の事情に非常に精確に適応して、これを加減するというようなことをなすことはできない」と。

しかしまさにこの点で、株式銀行はけだし銀行業務を改善したのである。昔の古い個人銀行は民間の個人に巨額の貸付をなすのが常であった。銀行家は、オーバーストン卿が他の機会に説明したように、彼が貸付をなす人々の思慮、分別、支払能力によってその適否を判断する以外にはなんらの保証も得られなかったのである。そこでロンドンが比較的小都市であった時代、また各人が大体自分の本業を守っていた時代には、このやり方が安全であったかもしれない。しかしロンドンが非常に大きくなり、何ぴとも他の者を注意して見ていることのできなくなっている今日では、こうした取引は非常な損失を招くことになる。現在ではそれは地方都市においてもほとんど安全とは言えない。株式銀行はオーバーストン卿の言う意味の業務にはまったく不適当である。しかしそれと同時にまたそういう業務が現在にまったく不適当なのである。

株式銀行のこの成功はその出現当時に一般に予期されたところとまったく反している。当時オーバーストン卿はその一人であったが、そういう個人銀行家ばかりでなく、非常に多数の識者が株式銀行はたちまちにして破滅し、そのうえ国内に崩壊とパニックとを惹き起こすものと思っていた。一八三〇年から一八四〇年のイギリスの商業に関する文書はすべてこういう考えでいっぱいであった。一八四〇年にもその跡を絶たなかった。一八四五年に至ってもなおサー・ロバート・ピールは株式銀行の設立を非常に危険と考えていたのであって、彼はこれに対して容易ならぬ非常に厄介なことを持ち出したのである。彼の提案した一八四五年の条例によると、この種の会社は一〇〇ポンド株を発行し、各々五〇ポンドの払込をすまさないかぎり設立されることはできないことになった。これはこの種の銀行の発達を実際上阻止することになった。けだし新しく設立されたものは多年にわたって、すなわちこの条例が廃棄されるまではほとんどなかったのである。しかしこの点でも他の多くの場合と同様に、おそらくサー・ロバート・ピールは達見というよりは慧眼であったといえるであろう。彼は周囲に興隆しつつあった若干の株式銀行を気遣っていたのである。しかるに彼の立法の効果はまさにこれらの銀行に対して独占ではないにしても、少なくとも新たな競争者の免除を与えることになった。何ぴとも今では新たなる個人銀行を創立する者はない。また創立することはできない。しかもサー・ロバート・ピールは法律によって新たな株式銀行の設立されることを制止したのである。彼は一八二六年から一八四五年に創立された株式銀行に対して非常に疑念を抱いていたが、しかし事実においては株式銀行の特別の保護者であった。彼は他の誰よりもヨリ以上に株式銀行を奨励し、保護したのである。

しかし、この驚くべき成功のうちには疑わしい点が二つある。それぞれ異なった二つの問題であるが、これがためにわれわれは他の諸国では、たとえ共同事業の能力を持った諸国でも、株式銀行がイギリスで見られるような成功をなすとは言えなくなるのである。第一に、これらの大銀行はその負債に対して彼らの一流の規模から言って当然保有すべきものとされるような巨額の準備金を保有する必要がなかった。彼らも最初はもちろん今日の彼らと較べては非常に小さかった。彼らはイングランド銀行の周囲に若干の個人銀行家が集団をなしているのを見た。そして彼ら自身もこの集団に加わったのである。彼らは初めからイングランド銀行にその準備金を入れておいたばかりではない。イングランド銀行のような銀行が全然なかったとしたら保有していたであろうと考えられる程度の準備金を保有しなかったのである。長い間このことはほとんど注意されなかった。多年の間「通貨」に関する議論、ことに一八四四年の条例に関する議論がこれらの問題に携ってきたあらゆる人々の注意を奪っていたのである。株式銀行を貶すことならば非常にやりたがっていた人々でさえ、この特殊な弊害を挙げることはしなかった。私の知るかぎりで最初にこの点がとにかく重要な文書において論評されたのは、一八五七年に当時イングランド銀行総裁であったウェゲリン氏から当時大蔵大臣であったサー・ジョージ・ルイスに宛てて書かれた公文書簡であった。イングランド銀行の総裁と理事とはサー・ジョージ・ルイスから、それぞれ一八四四年の条例に関するその意見を述べるようにと求められていたのであるが、彼らの答申はすべて公表された。ウェゲリン氏は彼の答申においてこう言っている――

「イングランド銀行によって保有される準備金の額を株式銀行によって保有される準備金と対照すれば、この国の信用に対する危険の新たなる、今までほとんど考えられなかった一源泉が明らかになるであろう。ロンドンの株式銀行はその公表した計算書によって見ると、三〇〇〇万ポンドに達する預金を持っている。その資本は三〇〇万ポンドの程度である。しかも彼らは様々な方面に平均三一〇〇万ポンドを投資している。したがってわずかに二〇〇万ポンドをこのような巨額の全負債に対する準備金として残しているにすぎないのである」と。

しかしこの注意すべき言葉も、その当時の論争に紛れてほとんど認められなかった。その空気は他の問題によって曇らされていたのである。しかし本書では、すでにこの問題に関して非常に多くを述べてきたのであるから、もはやほとんど述べる必要はない。

株式銀行は現在その準備金の主要部分をビル・ブローカーに預託して、あるいは優良な換価性のある利付証券として、保有している。これらのものから彼らは巨額の収入を得ている。そしてこの収入によって彼らの利潤は増加する。もし彼らがその準備金のうちから現在よりはるかに多くの部分を、子を生まぬ現金として保有しなければならなかったとしたならば、彼らの配当は減少し、彼らの現在の成功もこれほどに顕著のものとはならなかったであろう。

第二の疑問点は、わが国の最大級の株式銀行に関して多数の冷静なる観察者がますます大いに感じているところであるが、それはその取締にかかっている。その取締は果たして数百万というような額を適切に貸し付け、安全に保有しうるかというのである。その取締は何ぴとも知るように理事会が総支配人に補佐されて行っている。しかもロンドンには確実なる理事会を構成するのに比類のない人材がいる。非常に多数の、充分に資産を有する、大いに聡明な、また大いに事業の経験のある人がいるのであるが、彼らは一日もシティを離れるわけにゆかないのであって、終日そこにとどまっていなければならない。しかも非常に多くの余暇を持っているのである。まったく自分自身の資本だけを、あるいは大部分自分自身の資本を使用しているという商人にはかなり多くの閑暇を有している者が少なくない。彼は市場にいて何が起こっているかを聞いていなければならない。毎日いくらかの取引をしなければならないが、彼の仕事はわずかしかない。彼の資本ではわずかに限られた数の買入しかできない。もし彼が毎日毎日自分の時間を全部とられるほどの買入をしたならば、彼はそれに対して支払うことができないのでたちまちにして破産することになる。こういうわけで多数の、優れた実業家がまったく悦んで理事会の一員となり、会社の事業に勤めることになるのであるが、それは大部分仕事に就くということのためである。興味ある仕事でしかもそれによって品位と勢力とを与えられるというようなものは彼らを非常に歓ばせる。大都市における商業の量の増加するにしたがってこの種の人の数も増加する。真面目な、注意深い、また経験のある人々を会議に集めるということが、ロンドンの大銀行には造作なくできる。そういうことはこれまではできなかったし、また現在でもほかではできないことである。

また優秀なる銀行家を聘して支配人にするということも、いまだかつて全世界になかったような便宜がある。そういう人々の数が著しく増加しつつある。数字の取扱いに経験のある、また真に分別のしっかりした、注意深い人でさえあれば容易に優秀な銀行家となることができる。銀行家が資金を安全に貸し付けることのできる方法というものはたくさんはない。したがって頭のハッキリした、落ちついて勤勉な人ならば、たちまちのうちにそれに関する必要なことを全部習得することができる。わが国の複雑なる不動産法は地方銀行業における障害となっている。それはいくらか特別の研究をしないかぎり、術語でいっぱいの、しかも沿革的説明によるよりほかには解釈されえない。この法律の大意を会得することもできないからである。しかし大都市の銀行業は土地財産に対する貸付にはほとんど関係がない。また銀行家の必要とするあらゆる他の知識は、それに心を向けることのできるような人ならば容易に得ることができる。もちろん、非常に多くの型にはまった仕事を習得しなければならない。また大銀行の支配人は取引を迅速にやっていく上に大いなる手腕を持っていなければならない。しかし今日では非常に多数の人々が一人前になると、すぐこの型にはまった仕事の真っただ中で教育されているのである。彼らは言葉を覚えるようにこれを覚える。したがってそれを忘れるということは、言葉を忘れることができないと同様にできなくなっている。また彼らのうちの有能な者はこの型にはまった仕事による取引をなすにほとんど手品のような早さを習得する。非常に優れた支配人や理事会を得るということは、現在ロンドンの銀行にとっては途方もなくむずかしいことではない。

これ以上に何か要るのかと訊かれることであろうが、これに対して私は要るものが大いにあると答える。最も優れた理事会にしても真になしうるところは、支配人が彼らに持ち出す件に対して、なおまたわずかではあるが、彼らのうちの一、二の熱心な者が問題として取り上げる件に対して、適切な決定を与えるということに尽きる。一五人あるいは一八人の会議はこれ以上の仕事をなすには全然不適当である。これだけのことができるとしても、それはよい方である。また指導よろしきを得ているものに相違ない。簡単な実際的な件でさえ、それだけの人数で議論することになると多少手間どることになる。彼らのうちの多数の者は重要な決定に対しては必ず発言することを希望する。また若干の者は――おそらく彼らのうちで最も優れた者の幾人かであるが――なかなか発言しない。発言しても手間がかかる。論議に際して厳格な議長が喧しく注意しないと、様々な件が同時に提起されるという場合が非常に多い。また一つの件に対しても議論の結果は答えることのできないような重大な問題を呼び起こし、その会議によってはなかなか決定することのできないような、多くの論点を示唆することになるという場合も少なくない。多数の人々が多数の問題を論議することになると、それがために時間を要するという点だけからいっても、多数の人々の会議によって広汎な複雑なる事務を監督するということはできないわけである。

またこれが唯一の難点というのではない。広汎なる事務を理事会によって真に監督するということは非常に多大の時間を必要とするので、理事会にとってはそんなに会議を開いてはいられないということになるばかりではない。また個々の理事にとっても多大の時間と考慮とを必要とされるために、そんなことをしてはいられないということになるのである。これらの理事は銀行の事務に対しては、ただその閑な時間とその余剰の精神力とをあてているにすぎない。彼らはこれ以上を銀行に提供することはできない。それはこのほかになお彼ら自身の業務を安全にやっていくために必要なのである。またもしそれをこれらの業務からとるとすると、彼らは破産することになる。彼らのうちには他の業務はほとんど持っていないとか、あるいはその業務には他の社員がいてその精励をあてにすることができ、その判断に信を置くことができるというような人も少しはある。一、二の人は事業から引退したという者もあるであろう。しかしたいていの場合、会社の理事が会社の業務を第一として心からこれに勤めると、自分自身の業務はこれを怠って破産に陥るという危険が大いにあるものである。しかも彼らはもし破産すればその信用をも失うのであって、慣習上もはや理事となってはいられない。

またたとえ一五、六人の富裕で有能な人々の有効かつ不断の監督によって事業が真に監督されうるものとしても、このような監督の費用となると最も大きな事業にも容易に堪えられるとは言えない。ここに富裕と言ったのは、大銀行を支配する理事会の成員がなおその上に地位のある名士であるということは言うまでもないことであるからである。そうでないとその銀行を不信用にする。彼らは何百万という財産家であるという意味で富裕たることを必要としないが、しかし相当額の資本を所持する者として知られ、相当の取引をしている者と思われていなければならない。しかしこうした人々の労力は余剰の能力というのでなく、主要の活動力となると高いものになる。事業は実際それをやっていくには、法律家や医者と同様に、多大の知識と多大の技術とをしばしば必要とする専門的職業の一つであるが、しかもその上に資金を所持することをも必要とする。純然たる実業家になると、彼が充分に知り抜いている商売に相当の資本を使用しているので、その資本に対して利潤を得るというだけでなく、じつに彼の職業的技術からも多大の収入をあげている。彼は資金からはもちろんであるが、才能からもまた収入を得る。したがって一六人あるいは一八人にそういう地位と収入とを棄てて専心に株式会社の事務を勤めさせるとすれば、支払う方の銀行にとっても、申し出る方の何ぴとにとっても、あまりに多額の俸給とならざるをえない。

しかも全理事会によって有効に監督するということは不可能であるから、全事業は総支配人の手に帰するかもしれないという非常な危険がある。多数の不幸なる実例によって、これは非常に危険であることが明らかにされている。しかも株式銀行の取引が著しく少なかったときにも、またそれに託された預金が非常に少額であったときにも、支配人は時として危険な不正手段を弄するということもあったし、また破滅的な過誤を犯すことはさらにいっそう多かったのである。実際の犯罪はいつも滅多にあることではない。しかし大銀行の支配人が監督を受けないとなると、数百万という莫大の額の金を左右することになるのであるから、時としてはそういうことになるものと予期しなければならない。誘惑の大きさに打ち負かされて、人情の弱点を暴露することもあるのである。しかし、過失は不正手段よりもはるかにいっそう恐るべきものである。強気の支配人の過誤は、不正直な支配人の窃盗よりもはるかに恐るべきものである。安易な思い違いの方が周到な詐欺よりはるかに多い。また大胆な、もっともらしいことを言う支配人がまったくの誠意から進んで銀行にかけることになる損失は、不正な支配人によって、しかもきわめて巧妙に隠蔽されるいかなる損失よりも比較にならぬほどに大きい。銀行業における過誤による損失と不正手段による損失とを並べてみると、過誤によるものの方が非常に大きい。銀行にとって熱心な、活動的な支配人がただ単に多人数の理事会の監督の下にあるにすぎないというくらい不安な取締はない。たとえその理事会が優れたものであったとしても、その支配人は危険で不確実な取引に入りやすいことになるし、またその理事会は彼を充分に阻止することはできないからである。

対策はこうである。ある人数の理事によって、他の人々より比較的閑暇の多い人々か、あるいはまたその時間の大部分を銀行に委ねることを比較的喜んでする人々かによって真に仕事をする委員会を構成する。この委員会がたえず開かれていて大きな取引は残らず審査し、あらゆる巨額の債務者の資力と信用とに通じ、また支配人との不断の交渉によって、彼が彼らの知らないうちに危険きわまる冒険的企てに従事して、これを制止する機会を与えないというようなことのないようにされなければならない。ほとんどあらゆる場合に彼らはこれを制止することになるであろう。委員会というものはすべて用心深いものである。したがって大都市から探し出された、注意深い実業家の委員会となれば、たとえ失策と言えるようなことをやるとしてもたいていは慎重に失するということになる。規模は小さいが、しかし充分能力を有する少数の会議に理事の権限の大部分が委任され、これが内閣のような地位に立ち、理事会が開催されるとその協議を指導するということになれば、これによって日々注意されているということは大銀行にとって専断的かつ活動的な総支配人の軽率な所業に対する唯一の適切なる保証となるのである。不正手段をとるというようなことは、こうした委員会を憚っておそらく全然なくなるであろう。また現在でもその弊は滅多にないし、あまり大したことではないのである。

何かこれに類する委員会がわが国の大株式銀行の全部ではなくとも、たいていのものにあるということは漠然とは知られている。しかしその実際の構成はわからない。おそらくこれらの大銀行のいずれにあっても、その得意先にもまたその株主にもこの経営委員の名前を知っている者は一人もあるまい。これはじつに重大な間違いである。巨額の預金者は事実、誰が自分の資金を処理する人であるかを確かめることができるのでなければならない。大株主であればなおさら誰が自分のために取引にあたっているかを知るまでは安心できないのが当然である。事実、彼は彼らのやり方によっては破産するかもしれないのである。この委員会は平静な実業家によって構成され、彼らが立派な人物であり、判断力の優れた人であるということは、聞き合せれば確かめられるというのでなければならない。そこでもし公衆なり、株主なりがこうした委員会のあることを知れば、彼らとしても充分なる理由をもって、今日このような理由なくして与えている信頼をかけることになるわけである。

一定の人数の理事が日々交代して事務を執るというのでは、なんら常置委員会に代るものでないと言わなければならない。それでは充分なる責任を持つことにならない。交代する一団の人々にはなんらの責任もあるはずがない。月曜日に出席していた一組の理事によって承認された取引が、水曜日に出席していた理事によって大いに非難されることになったものと、まさに同じものであるということもありうるのである。たいていの事業としては、銀行業にとっても同様であるが、その決定をなすにあたってつねに同一の人によってなされるということが重要である。取引の連鎖は同じ人物を通して続かなければならない。大事業が第二流のおとなしい連中によってそれなりに経営されるということも、もしこれらの人々がいつも同じであればありうることであるが、動揺があることになると、きわめて才能のある人々からなるにしても全然その経営は不可能である。それは国家の政治を同じように閣僚の変わる内閣によってやってゆこうというのと同様である。

わが国の大株式銀行は無分別にもその取締に関する詳細なる点を非常に注意深く隠蔽

し、こうした点を論難されることを避けている。これに対する答弁は必ず「そのままにしておいてくれ。すでに諸君の認められる通り、いまだかつてわれわれのこれらの銀行ほどに大いなる成功をなしたるものはほとんどなかったのである。諸君はそれ以上に何が要るのか。また要ると言えるのか」と言うのであるが、私としてはたださらに進んでこの大成功を確認し、これを将来に確保するようにしたいのだと言うだけである。現在、少なくとも非常な反動の起こりうる可能性がある。もしロンドンの大株式銀行の中からもその一行が取締の欠陥から破産するというようなことがありでもすると、早速その全制度に対する疑惑を生ずることになる。未知の国の一つがいけないとなると、他の未知の国も残らず疑われることになる。もしこれらの銀行の実際の取締が長い間、人に知られているならば、またもし現に存続している銀行は、倒れた銀行を破産せしめることとなった不良の取締方法によって支配されていないということがわかっているならば、その銀行の破産も有害にはならないであろう。他の諸銀行にはかの銀行を破壊した原因のないということがわかるからである。しかし現在では、これら大銀行の一つが破産すると全部のものの信用を大いに損なうことになる。ほとんど何ぴともそのいずれか一行にしても精確にその取締について知っている者はない。その取締に対して信頼するに足る説明がなされたことは一度もない。そこでその一つが重大な失政から倒産でもすると、それは他のものもまた同様に容易に失政に陥りうることを示すものとされるのである。また立派な組織にしてもこれを後になってようやく洩らすというのでは、残存する諸銀行にとって大して役立つことにはならない。それはやむをえず言わされたものであるから、疑念をもって聞かれることになる。疑い深い世間では「もちろん、彼らがもう大丈夫だというのは当然である。ほかに何と言おうと彼らには役に立たないのだ」と言うであろう。

しかもこれら大銀行の預金者や株主だけがその確実なる取締に重大なる利害関係を有しているのではない。公衆もまたそうである。すでに前に述べたように、わが国の銀行支払準備金はその負債に比較して著しく少額である。またこれらの大銀行の興隆はこの準備金の負債に対する比率を逓減してきている。そしてまた支払準備金の極度の逼迫は「パニック」となるのである。ところでロンドンの第一流の株式銀行の破産以上にパニックを惹き起こす力を持ったものはない。おそらくこれに及ぶものはないであろう。かかる事件はオーバレンド・ガーニー商会の破産と同じような結果を惹き起こすことになるであろう。他のいかなる事件があったにしても、これと同じような結果を惹き起こすということはほとんどないと言えるであろう。したがってわが国銀行業の現在の制度の下にあっては、これらの大銀行の取締はわれわれすべての者にとってきわめて重要なのである。

第一〇章　個人銀行

おそらく読者のうちには、前章の最後の部分を読んで、著者は株式銀行業に対して潜在的敵意を持っているに相違ないと言いたくなった人が多少はあったことと思う。それはともかく私はその重大なる欠陥と考えられるものを指摘しておいた。しかしこの章を読むと、同じような理由から個人銀行業の敵となすのではないかと思う。そこで私としてはただ、この二つの印象が互いに相殺し合って、その意図が不公平にならぬという点にあったことを明らかにしてくれるようにと願うよりほかにはない。

初期の個人銀行以上に理論的に優良なる、実際的に成功せるものを想像することはできない。富と高潔と能力との点で何ぴとにも知られた人が、彼の隣人の資金を大いに預かるのである。その信頼はまったく個人的なものである。隣人は彼を知っているのであって、彼を信用するのも彼を知っているからである。彼らは日々、彼の生活の様子を見ている。これによって自分たちの信頼を当然と考える。田舎では、以前は破産するとなると、彼の住んでいるところでするよりほかにはなかった。たいていは彼の資金もそこに投じ、かりに投機をやっていたとしても、そこでやっていたのである。またそこに住んでいる者も彼が彼らの信頼を揺がすようなことをしていれば、たちまちこれを知ることになる。大都会においてさえも、その当時の都市ならばたいていの人は主だった人々の実際の状態をかなり精確に確かめることも、彼らの信用を固くする上で重要なあらゆることを知ることもできるのであった。したがって長い年月の間この厳重な、絶え間のない詮議に首尾よく合格してきた銀行家は非常に裕福かつ有力になるのであった。

「ロンドンの銀行家」という名は特に魔力を持っていた。それは金銭上の聡明さと、他のいかなる方面の社会にもほとんど見られないほどに洗練された教養とが結合されていることを表わすものと考えられ、また実際しばしば表わしていたのである。商人社会が現在よりはるかに粗野であった時代に、個人銀行家の中には、今日でも非常にまれとされるほどの様々な知識と優れた芸能とを有する者が多数にあった。こうした地位は実際非常に有利である。その職業は親譲りで、銀行の信用は父から子に伝えられる。この受け継がれた富によって、まもなく洗練さをも受け継ぐことになる。銀行業は油断のならないものではあるが、労力を要する商売ではない。銀行家は手広くやっている場合でも、彼のあらゆる取引が確実にいっていることにかなり確信を得ながら、なお大いに心の余裕を持ちうるのである。彼の時間のある部分と思考のかなりの部分とを、彼は容易に他の方面に捧げることができる。しかもロンドンの銀行家は、しようと思えば世界中で最も知識の程度の高い連中と接することもできるのである。従来おそらくロンドンの個人銀行家ほどにしあわせな地位を持っていた者は非常にまれであったことと思う。また今後もこれ以上にしあわせな者はおそらくないであろう。

こういう階級の永続を疑わなければならぬということは心苦しいことではあるが、しかしなおそれを疑わなければならないと思う。数字がこれに不利な証言をしているのである。一八一〇年にはロンバード街の個人銀行で手形交換所に加入を認められたものは四〇行あった。今ではわずか一三行にすぎない。一八一〇年以来、銀行業の仕事は非常に増大してきたが、この種の銀行は当時より数において少なくなっている。しかもこれは最悪の点ではない。個人銀行は更新されていないのである。事業にはできないものとされているものは大してないのであるが、しかし「新しい個人銀行は創立できない」ということを認めない者はない。長い間この種のものでロンドンに創立されたものは全然ない。また私の知るかぎりでは地方にもない。古いものは合併されるか、あるいは失くなって、その数は少なくなっている。しかも新しいものが起こって、その数を再び増加するというようなことは全然ないのである。

元来、個人銀行の設立に有利に作用した事情は今ではほとんど失くなってしまったというのがその真相である。世界が非常に広くなり、複雑になってきて、誰が富み誰が貧しいかを容易に確かめることができなくなった。もちろん、イギリスには何ぴともその資力のあることを承知し、これを疑う者がないというような、非常に富裕な者もいくらかはいる。しかし個人銀行業の巨額の負債を引き受けるというのは、こういう人々ではない。もし彼らが個人銀行のうちに育った者とすれば、そのうちにとどまっているかもしれない。しかし彼ら自身が着手するというようなことは決してない。またやったとすれば人々から彼らの富でさえ疑われだすであろうと思う。「何のためにＡＢは銀行業に乗り出すのか。彼はわれわれの考えるほどに富裕ではないのだ」と言われることになるであろう。百万長者という者は普通、責任を負うことを恐れるものである。しかも大きな責任を負うということが大銀行の本領である。もちろん、われわれが今日財産家となす者のうちには「第二流」の財産家であって、その収入に個人銀行の利潤を、ただ彼らにそれを経営することができさえすれば、大いに加えたいと思っている者がたくさんいる。しかし不幸にして彼らにはそれを経営することができない。彼らの富はそれほどには世間に知られていない。彼らはそれに必要な信頼を得ることができない。新しい個人銀行がイギリスにまったく創立されないというのは、第一流の財産家がそれを創立しようとしないからである。しかも第一流の財産家でない者には全然できないことであるからである。

現在ではまた、個人銀行業はその初期においては対抗する必要のなかった競争を受けることになっている。上に述べたような事情の変化のために、株式銀行業がこれと競争することとなった。昔はそんなことはなかった。イングランド銀行が会社制の銀行業を独占していた。しかるに今では株式の大預金銀行はロンバード街において最も顕著なる銀行のうちに入っている。彼らは巨額の払込済資本を有し、明瞭なる計算書を公表している。彼らはこれをたえず広告として利用しているのであるが、何ぴともこういうふうに自分自身の富を利用することはできない。彼らがますます進展するにしたがって、いかなる新しい個人銀行の創立も、これがために実際上阻止されることになる。

現在の個人銀行の取引額はまったく不明である。彼らの貸借対照表は実際上秘密である――厳重に警戒されている。しかし少数の最も大きいものを除いては、とにかく取引を拡大しているとされているものは全然ない。ロンバード街の一般的評判は、場合によっては誤っていることもあるかもしれない。しかし一般的信条としては、それはほとんど確実に正しいといえる。少数のあまねく知られた例外があることはあるが、しかし一般に信じられるところによると、ロンドンのたいていの個人銀行家の預金は増加するよりも、むしろ減少する傾向にあるのである。

比較的小さい銀行においては、これは当然のことである。大銀行はつねにますます大きくなる傾向にあり、小銀行はますます小さくなる傾向にある。人々はもちろん彼らの銀行家として現在最も信用のある銀行家を選ぶのであるが、手許に最も多くの資金を有する者がかかる信用を有している。この点に、古い歴史を持った裕福な銀行は「特権的便宜」を持っているという言葉の意味もあるわけである。それは取引をなすに他のいかなる者よりも有利な地位にある。古くからの競争者に対して非常に有利な地位を占め、新参者には圧倒的な優勢を持している。ロンバード街に新しく入ってきた者は結果によって判断し、持っている者に与える。彼らがその資金を最大の銀行に持参するのは、それが最大だからである。正直のところ、遠く将来まで先を考えてみると、比較的小さい個人銀行がその地位を維持するものとは思えない。古くからの取引先は彼らを見捨てることはないであろう。致命的な破産があるわけでもなく、急に破滅することもないであろう。しかしその運勢は徐々に引き潮となり、取引の流れはよそに移されることになるであろう。

遅かれ早かれ、ロンバード街の取引は、外面から観ても、原則から考えても株式銀行と少数の大個人銀行との間に分けられることになる。そこでわれわれはこういう大個人銀行は永久のものでありうるかと自問してみなければならない。どうも非常に残念だが、そんなことは確かにありえないと思う。それにつけても彼らの打ち勝たなければならぬ重大な困難に目を覆うということはできない。

まず第一に、大規模の事業を世襲的にやるということが危険である。こうした事業の経営には普通の勤勉以上のものが、普通の能力以上のものが必要である。しかるに、これらのものが必ず代々続くという保証は全然ない。オーバレンド・ガーニー商会の事件は事業上のあらゆる悪弊の代表的実例であるが、この疾患のきわめて驚くべき一例である。この商会の創設者や最初の支配人以上に賢明な実業家は（ここで賢明なというのは彼らの特殊な職業にとってのことである)、おそらく容易に見出しえないであろう。しかるにごくわずかな年月のうちに、その支配は普通考えられる程度の無能を越えて愚昧なる後裔の手に移った。ほどなく彼らは繁栄を没落に代え、富裕を破産に変えたのである。このような大馬鹿は幸いにして滅多にない。また銀行の仕事は割引業者の仕事ほどに困難なものでは決してない。しかしなお馬鹿はなかなか多い。しかも大銀行の仕事は非常な才能を、また熟練した沈着な分別の、むしろ類いまれなものをさえ必要とするのである。新緑の樹にかくも驚くべきことが起こるのであるから、枯れたものにもまた同様のことが起こるであろう。大個人銀行にしてもそれを経営する者が分別者から馬鹿者に変われば、たちまちにして非常に腐敗したものにもなるであろう。

今までのところでは幸いにもロンドンにはこういう例は一つもなかった。事実、今まではほとんどそういう時期に達していなかったのである。現在に至るまで個人銀行は小規模であった。われわれが現在銀行となすものとしては小規模であった。その窮境に対しても普通の程度の才能をもって真面目に警戒していれば充分である。しかしもし銀行の規模が大きくなってヨリ大いなる才能を必要とすることになれば、世襲的な取締の困難がたえず感じられることになってくるであろう。「父は偉大なる知能を持って事業を起こしたが、息子は知能も劣り事業に失敗するか、あるいはそれを縮小した」。これがあらゆる偉大なる王国の歴史である。それはまた大個人銀行の歴史でもあるだろう。オーバレンド・ガーニー商会の事件の特性は——少なくとも一つの特性は——その疾患がたちまち発見されたことである。最も富裕な共同経営者たちは経営に関係することがきわめて少なかった。そこで彼らは驚くべき損失によって潰れそうになっていることを発見すると、その関係を打ち切ってこれを会社に変えたのである。しかし彼らのなしたことはなんらの役にも立たなかった。もし彼らが少なくともそれ以上の損失を防ぎさえしたならば、この商会も存続して現在では非常に名声を博していたことであろう。彼らの破産したのはその損失が知れ渡ったためであった。もし彼らが引き続き合名組織にとどまっていたならば、この損失を公にするには及ばなかった。蓄積することもできたであろうと考えられる巨額の利潤から、それを秘かに帳消しにしてもよかったのであった。彼らは一〇〇〇万ばかりの他人の資金を持っていたが、それをどうこうするということは誰も考えなかったのである。彼らの破産が最後に惹き起こした全国にわたる騒ぎから見ると、彼らの名声がいかに一般に広く行き渡り、それがいかに損なわれていなかったかがわかる。田舎では(私は見聞して知っているが)彼らに不利なことは何と言おうが、それまでは一言だって信ずる者は一人もなかった。破滅がきたのは組織変更に際して旧個人商会の共同経営者が――ことにガーニー一家が――以前の損失に対して新会社を保証したからであった。その損失は予期以上にはるかに大きいことがわかった。それに必要なだけを支払うために「ガーニー家」はその所有地を売却しなければならなかった。そしてこの目に見える没落が商会の信用を打ち壊したのである。これがもしそういう保証もなく、所有地の売却もなかったとしたならば――非常な損失も人の目に触れない原簿の中に静かに眠っていたとしたら――何ぴとも驚き慌てる者はなかったであろう。そして「オーバレンド家」の信用と事業とは今日もなお存続し、彼らの名前はなお引き続いてわが国一流の名門の一つとなっていたことであろう。優秀なる経営を世襲して代々伝えるということは、個人銀行ならびに割引業者にあっては彼らの本質的な秘密主義からいってきわめて困難である。

この危険は、もっとも、新たな有能なる共同経営者をたえず加入せしめることによって避けられるかもしれない。古い血液の老廃を新鮮な血液の優秀なる性質によって償うこともできるであろう。しかしこれに対してもまた故障がある。それも外見上はおそらくほとんど大したものとも見えないが、実際上はなかなか大きな影響を有している。新たな共同経営者を加入せしめるということは、古い共同経営者に収入のかなりな犠牲を求めることになる。古い者は新しい者の受け取るだけを放棄しなければならない。これは古い者には喜ばれない。この有効なる対策も非常に苦痛となるので、しばしば遷延されて時期を失することになるのではないかと思う。

こうして、わが国の個人銀行業制度がこのまま継続することを確信をもって期待するわけにはゆかない。小銀行の時代は幾年もたたぬうちに終わり、大個人銀行の困難は非常に重大なものとなることを確信する。その間、大個人銀行の経営よろしきを得るということは非常に重要である。しかも銀行業の現状はそれを特に困難ならしめているのである。個々の業務は圧倒的な速度をもって増大してきている。年々振り出される小切手はますます多くなっている。それは単に絶対数において増加するばかりでなく、各個人としても、また彼の収入に比較してみても増加している。普通の勘定口の払込、払出は以前よりも非常に著しくその数を増加している。そしてこれがために、個々の仕事は著しく増加してきた。その上になお銀行家は最近たいてい新しい業務を開始した。彼らは今日では単に人々の資金を保管するばかりでなく、彼らの収入をも彼らに代って集める。もっぱら株券や債券や外国債の収入によって生活している人がたくさんいるのであるが、それは利札で支払われ、これが銀行に引き渡されて集められる。さらに社債や証書(サーティフィケイト)や公債は銀行家が保管していて、その利札の支払期日に注意し、それを切り取って送付し、支払を受けるというようになっているのも非常に多い。しかもこういうあらゆる細かい仕事は驚くべきものであって、それをやってゆくには特殊な機関を必要とするのである。

大株式銀行の経営よろしきを得たるものはこの機関を持っている。その執行機関の筆頭に銀行の営業の細目にわたって経験のある総支配人がいる。彼は一意専心これに従事し、ほとんど完全にこれに没頭して悔いるところがない。彼は他のことはほとんど考えない。また考えないのが当然である。彼はその主要任務の一つとして部下行員の上下の別をたて、それぞれその任務を明らかにし、彼らがこれらの任務を遂行しうるように、また遂行するように監督するのである。しかしロンドンの普通の型の個人銀行になると、こういう役員は全然いない。それは共同経営者によって経営されている。ところでこれらの連中はたいてい財産家ではあるが、細目にわたる大きな仕事を処理する能力はほとんどない。またできるとしても、その一生をかけてこれに全心を捧げるという気持はない。財産を貯え、教育を受け、ロンドン大銀行家という社会的地位を有する者が、このような仕事に一意専心に従事するということは愚かである。彼は相応な、また快適な生活を不快な、また不適当な生活のために犠牲にすることになる。しかしなお細目の仕事は適切に片付けられなければならない。そこで誰かこれを監督し、これを決裁する者が特に選ばれなければならない。さもなければ適切に片付けられることにはならない。現在に至るまで、少なくとも最近まではこの困難は充分に意識されていなかった。小個人銀行の細目の仕事は大したことはなかったので、実際上その共同経営者に監督することができたのである。しかし先にも述べたように銀行業の細目の仕事は――銀行の規模に比較して――どこでも増大してきている。個人銀行はそれがなくなってはならないとすれば、その規模を拡大しなければならないであろう。したがって細目の仕事に対する適切な組織は差し迫って必要とされるところである。もし銀行が大きくなってそれと同時に細目の仕事もその銀行に比例して増大することになれば、用心しないと非常な混乱に陥ることになる。

　これに対して有効な組織と考えられるのは、かの競争者の有しているところのもの以外にはない。大個人銀行はなんらかの形で、またなんらかの名目の下になんらかの種類の総支配人を任命して、彼らに代って細目の仕事を監督し、商量し、処理せしめなければばならない。その組織の精確なる形態のいかんは重要ではない。各銀行にはそれぞれその型があるであろう。しかしこれにあたる人はいなければならない。こうした銀行の共同経営者の真になすべき仕事は大体、株式銀行の理事の仕事と同じである。彼らは永続的委員会を形成して、その総支配人と相談し、彼を監督し、巨額の貸付や原則的な問題に心を用うべきである。彼らは細目の仕事に責任を負うべきではない。もしそれをやれば同時に二つの欠陥を生ずることになる。すなわち細目の仕事はうまくいかないであろうし、また重要問題を決裁すべき者がその心をそれらの重要問題から奪られることになるであろう。銀行の内部には悶着が絶えないこととなり、悶着の結果は不良貸付が行われやすく、損失に陥りやすいことになる。

　この組織はなおそれに附随して個人銀行業を株式銀行業に変更することが必要とされる際に、これを容易にする利点がある。個人銀行は便宜からいって、また事情やむをえずして株式銀行に併合されることもあるであろう。しかし強いてこの問題に立ち入って論ずべき点はない。個人銀行の組織も株式銀行のそれと異なるところはないのである。すべて公衆はその確実なることに関心を持っている。確実なる組織を欠けば、これらの銀行の破産は一行にとどまらないかもしれない。しかもこのような銀行のこうした破産はパニックをたとえ惹き起こすというようなことはないとしても、これを激化することにはなるのである。

第一一章　ビル・ブローカー

銀行業の制度のいかんを問わず、すなわち銀行の支払準備金が多数の銀行によって保有されているか、またそれが唯一の銀行に保有されるにすぎないかを問わず、多忙な銀行家にはできないほどに注意深く様々な証券の性質を吟味する一階級の人々が必ずいるものである。しかも彼らはただ一種類のものを専門的に注意して取り扱うことによって、その種類には特によく通暁することになる。そこでこれらの特殊の能力をもった商人はたいてい彼ら自身の所有する資本よりはるかに多くのものを貸し付けることができるのであって、彼らはつねに進んで銀行家やその他の者から多額の借入をなし、またその確実なることを知る証券を借入に対する担保として預託する。彼らはかくして借入をなす一般公衆と、この能力では彼らに劣る資本家との間に立って仲介をなすのである。彼らはどの貸付が優良であるか、またどれが不良であるかを普通の資本家よりヨリよく知っているので、資本家から借り入れて、彼らが資本家に支払う以上のものを一般公衆に課することによって利益を得るのである。

多数の株式仲買人はこのような取引を大規模にやっている。彼らは外国債や鉄道株やその他この種の証券に対し多額の貸付をなし、その資金を銀行家から借り入れるのであるが、銀行家にその証券を預託して、必ずそうとは言えないが、普通その保証とするのである。しかしこういう仲介業者としてはビル・ブローカーの方がはるかにこれを凌駕する最大のものである。商業手形はそれに通暁することの非常に困難な証券である。様々な商人の間に信用の優劣をつけるのは多年の「伝統」によることであるが、それは非常に多くのきわめて貴重な知識であって書物には決して書かれていない。またおそらく書くこともできない。またその対象資料は日々移り変わっている。年の始めには商会の信用のあることを精確に表わすものが、その終わりにはきわめて致命的なものとなることも少なくない。毎年毎年非常な変化がある。ある商会はかなり繁栄し、またあるものは没落する。また特にある年にはその変化は恐ろしく大きい。一八七一年のような年には、多数の活動的な人々が非常に大きい儲けをするので、その年の終わりにはその年の始めに誰もまったく夢想さえしなかったほどに大きな信用を受けるのにふさわしいものともなるのである。これに対して一八六六年のような年には、伝染的な破産によって非常に多数の商会や個人が、ことにすぐ前まで非常に信用のあった多くの人々さえ、しばしばその信用を破壊されるのである。こういう年には商業界の重要部分はまったく変わってしまう。ビル・ブローカーの最後の問題たる「どの手形は支払われ、どの手形は支払われないだろうか。どの手形が二流で、どの手形が一流であるか」という点も、その年の始めと終わりとでは非常に違った答えが与えられることになる。何ぴとも立派なビル・ブローカーになるには、いわゆる「取引先の地位」に関する商業界の大いなる伝統を覚え込まなければならない。また刻々にこの伝統の真理を傷つけてゆく、不可避的の変化に対して自ら絶えず注意しなければならない。一人の人の「信用」は――すなわち彼の金銭上の信義にかけられる信頼にほかならないが――彼の財産とは別のものである。もちろん、他の事情が同一であれば、富者は貧者よりたいてい支払がよいわけである。しかし実際は大した資産もない者で、市場においては「取引上のこととして」彼らより数倍も富んでいる者の資金を著しく超過するほどの信用を受けている者がたくさんいる。商会にしても、個人にしても、長い間「その契約を履行する」者として知られていれば、その財産の額にはよらない高い信頼を人に感ぜしめるのである。ただちに転売するために買い入れる者が、彼ら自身の資本より非常に大きい額の負債を負うことがしばしばある。こういう額の金を手に入れる力というものは、市場でのいわゆる彼らの「人格」、彼らの「地位」、彼らの「信用」によるものである。もっと簡単に言えば、彼らと取引する者が彼らに対してなす評価によるのである。商人が資金を調達する方法は主として「為替手形」によるものである。彼らがこれらの手形をどの程度まで確実にその満期日に支払うものとされるかが、彼らの信用の尺度である。その危険率を最も確実に評価する者、実際それを非常によく評価しうる唯一の者がビル・ブローカーである。そしてこれらの商人は特殊な知識を利用して巨額の金を銀行家その他から借り入れる。彼らは普通その手形を担保として入れる。さらにまた彼らは普通その手形の確実性に関して彼ら自身の保証をなすのである。しかしこういう慣行は両者とも常例ではあるが、いずれも実際に重要なものではない。オーバレンド商会が破産した時、先にも述べたように、彼らはこの方法で非常に多額の借入をしていたのである。今もこの商売にはそれとほとんど同じ額の借入をしている者がいる。

それは普通のことであるが、この種の業務の発達はまったく徐々たるものであった。

一八一〇年には今日われわれがロンドンで手形仲買と呼ぶものに精確にあたるような業務は全然なかった。その当時用いられていた言葉の意味での「ビル・ブローカー」の第一人者であったリチャードソン氏は、「地金委員会」に彼の業務をこう説明している。

――地方銀行に対する代理店の性質はいかなるものでありますか。

それは二重になっています。第一に、地方銀行家が割引によって借入をするというようなことのある場合、彼らに代って手形で資金を手に入れるのでありますが、これはしばしばあることではありません。次に、地方銀行家に代って手形の割引によって資金を貸し付けます。私のところでは地方銀行家に代って割引によって貸し付ける資金の額は、地方銀行家のために借り入れる額の五〇倍も大きい。

――あなたはロンドンの手形を割引のために地方に送付しますか。

いたします。

――あなたはこれに対して同じ日に地方からロンドンに宛てた手形の、割引されるべきものを受け取りますか。

そうです。特殊な地方からはまったくかなり多くの額を受け取ります。

——双方の手形は、これによって割引を受けることにはならないですか。

なりません。一地方から受け取った手形は他の地方に送られて割引されるのです。

——それではロンドンで割引されないのですか。

されないのです。ある地方になるとロンドンに宛てて振り出された手形はほとんど流通していません。例えばノーフォーク、サフォーク、エセックス、サセックス等です。ところがそこではかなりの額の地方銀行券が流通しています。大体は強制通用力のない銀行券です。ランカシャーでは地方銀行券の流通はほとんど、あるいはまったくありませんが、ロンドンに宛てて振り出された二カ月、あるいは三カ月期限の手形が非常に流通しています。私のところでは、ことにランカシャーからかなりの額の手形を受け取ります。そこでこれをノーフォーク、サフォーク等へ送付します。そこでは銀行家が巨額の預金を持っていて、手形の割引に貸し付ける余剰資金が大いにあるのです。

リチャードソン氏は手形に資金を、資金に手形を調達する仲買人であるにすぎなかった。彼はなお続いて質問を受けた。

——あなたはあなたの割引する手形を保証しますか。また手数料は何パーセントですか。

いや、私たちは保証いたしません。手数料は割引された手形に対し〇・一二五パーセントです——しかし私たちは資金の貸し手にはなんらの手数料も取りません。

——その手数料は、あなたがこういうふうにして割引してもらう手形を選択するにあたって示される熟練に対する報酬と考えますか。

そうです。手形を選択し、書信を認め、その他の手数に対して。

——資金を供する方の人があなたになんらかの報酬をいたしますか。

全然誰もいたしません。

——その人はあなたを代理人として、しかもある程度まであなたが彼に提供する手形の確実性に対して責任を有するものと考えてはいないのですか。

全然そんなことはありません。

——彼はあなたがその点で確実な消息を知らせてくれるものと考えてあなたを選んだのではないですか。

そうです。彼は私たちを信頼しています。

——そこであなたは、手形が大体確実性を有するかどうかという点を自ら判断して決めるのですか。

そうです。もし私たちが確実とは考えないような手形がくると、それを返送します。

——それではあなたにやれる仕事の量は、資金を貸し付ける側の恩顧に大いに依存するものとお考えになりませんか。

そうです。大いにそうです。私たちが仕事をうまくやれば顧客を失わないですが、そうでないと彼らを失うことになります。

手形の所持者が支払うのに、資金の所持者は支払わないということはまったく当然である。ほとんどいかなる時代にも借り手は、多かれ少なかれしきりに求める者であった。彼はつねに自分の求めている資金を調達してくれる者に悦んで支払うのであった。しかるに資金の所持者になると、進んで少しでも支払うという者はほとんどない。彼はたいてい借り手が自分をまもなく見つけるものと信じているが、事実そうに違いない。

他の点は変化したけれども、ビル・ブローカーの顧客が様々な地方に分布しているということは、今もなおリチャードソン氏が六〇年前に述べたのとほとんど変わりはない。たいていの場合、農業諸州では貯蓄するほどには資金を使用しない。工業諸州ではこれに対して貯蓄する以上にははるかに多くのものを使用することができる。そこでノーフォークあるいはサマーセットシャーの資金はロンドンのビル・ブローカーに預託され、ビル・ブローカーはそれをランカシャーおよびヨークシャーの手形の割引に利用するのである。

リチャードソン氏の述べている手形仲買の旧来のやり方もなお残っている。ロンバード街附近のブローカーには、彼らが割引しようと思う手形を保証しないというのがたくさんいる。彼らは時としては自分自身の資金をもってこれらの手形を割引することもあった。そしてもし彼らがこれをわずかに低い利率で再割引することができると、その差額を儲ける。これは一見ほんのわずかのものにしか見えないが、しかし彼らがこれで充分に満足するというのは、こういうふうにまず貸し付けて、すぐまた借り入れるという方法は彼らの資金を非常に頻繁に回転せしめ、数千ポンドの資本で数十万の手形を割引することができることになるからである。取引の数が多いので、彼らは各々の取引には比較的少額の利潤で満足することができる。普通のこれらの保証を与えないブローカーは、割引を引き受けた手形に対して資金をあさる代理人であるにすぎない。しかしいずれにしても銀行あるいはその他の終局的な資本家にとっては、この取引は本質的にはリチャードソン氏の述べるところと同じものである。こうした銀行家の貸付は手形の再割引である。この銀行家が貸付の払戻を受けるには、手形が満期になって支払われるよりほかにはない。彼は自分にその手形をもたらした代理人に対しては、なんらの要求をもなす権利はない。手形の仲買は、われわれがその形態と呼ぶことのできるこの形では、銀行家が自分たちの引き受けうる、また再割引する手形を手に入れる方法の一つにすぎないのである。そこではビル・ブローカーの信用は全然引き合いに出ない。手形は彼に「関係なく」割引されるので、乞食から手に入れようが、百万長者から手に入れようが同じことである。貸し手が自ら手形の確実性に対して判断を下すのである。

しかるに現代の手形仲買では、ビル・ブローカーの信用が根本要素である。貸し手はビル・ブローカーが――個人たると会社たると商会たるとに関係なく――かなりな資金を有するものと考える。そこで彼は「手形」を引き取るにあたって、ブローカーもそれを確実と考えないかぎり、それを保証してその財産を賭するようなことはするものでないということを当てにしているのである。貸し手はまたビル・ブローカーは毎日手形に、しかも手形だけに関係しているのであるから、おそらく手形に関するあらゆることを知っているものと考える。彼は半ばブローカーの財産に信頼して、また半ばブローカーの熟練に信頼して貸し付ける。彼は自分に託される手形に対して自分自身で判断を下すことはあまりない。彼はそれを非常に細かに注意して見ることもしない場合が多い。オーバレンド・ガーニー商会の保証で貸し付けた債権者で、この保証によらなければならぬと考えたり、あるいはまたそれに非常に真面目な注意を払ったりしたという者は、おそらく一〇〇〇人に一人もなかったであろう。時としてはビル・ブローカーに対する信頼は実にそれ以上である。かなりの数にのぼる人々が担保に大して注意しないばかりでなく、なんらの担保もとることなくして彼らに貸し付ける。これは一八一〇年にリチャードソン氏が述べたところと正反対である。その当時は貸し手は完全に手形の確実性に信頼をかけた。今ではこういう特殊の場合には一重にビル・ブローカーを信頼し、手形らしいものを全然とらないのである。しかしこの変化ほどに当然なあるいは必至のものはない。ビル・ブローカーは手形によく通じているものと考えられていたので、貸し手から、彼の提供する手形に対する自身の信頼を明らかにするように保証を与えることを求められるのは必然のことであった。またビル・ブローカーはこの利益のある取引にたえず従事して高い地位を得、莫大な富を獲ているので、たいていは銀行家にもなり、なんらの保証をも与えることなくして預金をも受けるということになるのもきわめて当然であった。

しかしこの変化によってもたらされた効果は非常に顕著なるものがあった。リチャードソン氏が説明したような方法では、金融市場に特殊の影響を及ぼすということは大してなさそうである。ビル・ブローカーは銀行家に手形を持ってきたが、それは他の者が持ってくるのと少しも変わりはなかった。それに関してはなんら言うべきことはなかった。ただ銀行は不良手形を割引してはならない、あまり多くの手形を割引してはならない、充分な準備金を保有しなければならないという点だけである。しかし現代の方法はもっと複雑な問題を持ち込んでくる。現在のような手形仲買業においては一つの大きな困難がある。ビル・ブローカーは彼の手に入れる資金に残らず利子を支払わなければならない。これがいかにして起こったかはすぐ先に述べてきた。ビル・ブローカーに対する現在の貸し手は最初はつねに手形を割引していたのであった。これは彼がつねに利子をとる貸し手であるというのと同じことである。彼がブローカーの保証をとるようになり、手形を単に見返り品として見るにすぎないことになったときも、もちろん彼は利子を辞退したのではない。まして彼が全然担保をとらなくなったとき、それを辞するということはなおさらなかった。ビル・ブローカーは、彼に託されるわずかの金にも残らずなんらかの形で利子を支払わなければならない。そしてこの利子を支払うという不断の慣行から重大な結果が生れてくる――ビル・ブローカーは多額の資金を使用しないでいるということには堪えられないのである。彼は払戻を請求されうる巨額の負債を持っている点で銀行家となったのであるが、彼には普通の銀行家と同じ程度に、あるいはそれに近い程度でそういう金を現金で保有するということはできない。利子の損失によって破産することになるからである。競争によってビル・ブローカーのかけうる利率は低下し、ビル・ブローカーの支払わなければならぬ利率は高騰する。そこで彼は非常に幅の狭い差額によってやってゆかなければならないことになる。したがってもし彼がつねに利益のない資金を巨額に退蔵でもしていれば、たちまちにしてガゼット紙〔官報〕に載せられることになるのであった。

困難はさらにビル・ブローカーの手許にある資金の大部分が彼らのところに預託される条件によって、いっそう大きくなる。その非常に多くのものは請求次第、あるいはきわめて短期の通知によって払い戻さなければならないものである。恐慌期におけるブローカーに対する請求は、したがって非常に多いわけである。また実際しばしばそうである。パニックの時は取付ではないにしても、非常に烈しい請求は必ずある。しかも彼らの業務の本質的性質からいって、彼らは自分自身の準備金を、使用しないで実際に現金でつねに巨額に保有するということはできないのであるから、誰かそういう現金を所有する者に援助を求めざるをえないことになる。彼の商売の事情からしてビル・ブローカーは言わば「従属的金融業者」に、すなわち自己の準備金を保有しないために、非常に困難な危機のたびに他の者に依らざるをえない階級に属する者となるのはやむをえないことである。

銀行業の自然本来の状態から言えば、主要銀行は自ら準備金を保有するものであるから、このビル・ブローカーやその他の従属的業者の要求は、その準備金に対する要求の主たるものの一つとなることになる。パニックの初期にあたってはつねにその保有者はこれらの従属的業者を支持するということが、彼ら自身にとって非常に重要であることを認めるのである。パニックはこれらの業者を滅ぼすと、(その性質として)犠牲としたものによって大きくなる。そしてたいていの場合、準備金の保持者たる銀行家をもまた滅ぼすことになるのである。こうした時期の公衆の恐怖には見さかいがない。非常に信用のある一軒が潰れると、同じように信用のある他の商店までもが、その性質が異なっていても潰れる危険がある。多数の銀行支払準備金の保持者は、銀行業の自然本来の制度の下においては、その準備金から貸付をしてビル・ブローカーおよびそれと同様の業者を支持せざるをえないことになる。こういう業者を倒れないようにするということは、彼ら自身の保持のために緊要なのである。したがってかかる業者の保護は、彼らにとってその準備金保持の目的として必要欠くべからざるものの一つとされるのである。

おそらくまた銀行業のかかる制度の下にあっては、ビル・ブローカーに対する要求は非常に恐るべきものとはならないであろう。かなりの額の金はもちろん彼らから引き出されることになる。しかし彼らが他の金融業者よりもヨリ多くの資金を求められるという特別の理由は少しもないであろう。彼らはパニックの負担を、準備金を保有する銀行家と分担することにはなるが、しかし銀行家以上に強くこれを感ずるということはないであろう。いかなる危機においてもその騒乱の形勢はこれを惹き起こした原因によって決定されるものであるが、手形仲買の性質には彼らに特有な、恐慌を発展せしめるというようなものは全然ない。彼らが他の人々以上に損害を受けるとは考えられない。唯一の相違は、彼らが損害を受けた場合、彼ら自身に充分な準備金が全然ないので他人の援助を求めざるをえないことになるという点だけであろう。

しかしながら銀行業に単一準備金制度の行われている場合には、ビル・ブローカーの地位はそれよりはるかに特異な、はるかに不確かなものとなる。事実、ロンバード街ではビル・ブローカーの預金者の主たる者はロンドンの、あるいは地方イングランドの、スコットランド、アイルランドのいずれたるかを問わず銀行家である。かかる預金は事実これら銀行家の準備金の一部をなしているものである。それは彼らがパニックに対して準備し、貯蓄した金額の主要部分をなしている。したがってパニックのたびに、これらの金は必ずビル・ブローカーから回収されることになる。それはパニックの時はその所有者によって利用されなければならなかったのであって、パニックになると彼らはこれを求めるのであった。オルダーマン・サロモンズは一八五七年のパニックの後で委員会にロンドン・アンド・ウェストミンスター銀行を代表してこう言った。「おそらくこれは委員会にとって興味あることと思いますが、一一月一一日にわれわれは五六二万三〇〇〇ポンドに達するブローカーの割引手形を保有していました。これらの手形のうち二八〇〇万ポンドは一一月一一日から一二月四日までに、さらにまた二〇〇〇万ポンドは一二月一一日〔附録、註Bによると四日――訳者〕から三一日までに満期となりました。〔……〕その結果われわれは、単にわれわれの為替手形の満期となるだけで、われわれに対してあるいはなされたかもしれなかったいかなる要求にも充分に準備ができていたのでありますと。これはいかにも預金の直接の引き出しではないが、しかしその主たる効果には変わりはない。この時期の始めにはロンドン・アンド・ウェストミンスター銀行はその終わりに比較して五〇〇万ポンドだけ余計にビル・ブローカーに貸し付けていた。そしてこの五〇〇万ポンドをこの銀行は困難なる時に備える準備金に加えたのであった。

したがって、ビル・ブローカーへの要求の度はわが国の特殊な銀行業制度によっていっそう激化されることになる。彼らの仕事の性質上、彼らが銀行家の準備金によって必要な支援を求めざるをえないという、ちょうどその時に、銀行家はその準備金を強化するために、ビル・ブローカーから巨額の金を取り去るのである。非常に大きな負担が、ちょうど彼らにとってそれに堪える力が最も少ないときに追加的にかけられることになる。しかもそれをかけるのは、自然本来の銀行業制度の下にあってはビル・ブローカーに対する圧迫を強化しないで、これを軽減することになる人々なのである。

しかし、手形仲買の利潤はそれだけに増加する。このようにビル・ブローカーに預託された銀行家の準備金は、彼の業務の最も有利なる部分となる。それは全体としては非常に巨額である。パニックの時以外にはいつも充分に当てにすることができる。銀行家がそれをそこに置いておくということはかなり確実である。それはまさに彼らが準備金を保有していなければならないからである。彼らはそこがそれを保有するのに最も適切な場所の一つであると考えている。もっと自然的な制度が行われていれば、銀行支払準備金のうちからブローカーのところに預けられるというようなことは全然ないことになるであろう。銀行家は余剰の資金だけをブローカーのところに預託することになる。この資金は彼らにとっては安全に貸し付けうるものと考えられるものであって、パニックの間にも必要としないものである。そこで銀行家から見ると、ビル・ブローカーのところにある資金は現金投資の一つということになり、前述のような現金の一部をなすものとはならない。ビル・ブローカーへの預金と手形仲買の利潤とはわが国の現在の制度によって増大されるのであるが、それとちょうど同じ比例をもってビル・ブローカーのパニック中における危険は、それによって増大されるのである。

なおまたビル・ブローカーの要求によって惹き起こされるわが国の銀行支払準備金に対する圧迫も、自然本来の制度の下に見られるよりもいっそう危険である。その準備金が元来少なくなっているからである。全準備金を最後の単一の銀行で保有するという制度は確かに保有される準備金の額を減少する。そしてまさにこの同じ理由によって、この準備金に対してなんらかの特殊な要求がなされる場合の危険は増大してくる。その要求の向けられる基金の量が減退しているからである。かくてわが国銀行業の単一準備制度は二つの欠陥を結合している。まず第一に、それは最後の準備金に対するブローカーの要求をヨリ大なるものにする。この制度の下にあっては非常に多くの銀行家が非常に多くの資金をブローカーから移すことになるからである。しかもこの制度の下にあっては最後の準備金もまた最小限度に減ぜられ、全信用制度はヨリいっそう微妙で敏感なものとなっているのである。

単一準備の効果には実際この点ではさらにいっそう大きな特殊性さえある。自然的制度の下にあっては、ビル・ブローカーはいかなる点から言っても最後の準備金を保有する銀行家と商売敵になることはない。彼らはむしろこれらの銀行家の代理人となって、銀行家自身が貸し付けようと思わなかったか、あるいはまた安全に貸し付けられると感じなかったような証券に対して貸し付ける。銀行家はパニックの時には彼らを助けなければならないが、普通の時には彼らから多額の利益を引き出すのである。しかるにわが国の現在の制度の下にあっては、これらのすべてが逆になっている。イングランド銀行はビル・ブローカーに少しの資金をも決して預託しない。普通の時は決して彼らから少しの利益も得ていない。その反対にイングランド銀行は自ら大規模の割引業務に従事しているし、また自らあらゆる種類の手形に貸し付けられるものと考えているので、ビル・ブローカーはその最も恐るべき商売敵である。ビル・ブローカーはつねに資金に対して高い利率を払っているのであるが、それがために彼らはイングランド銀行より安くしなければならないことになる。また普通の時は安くしているのである。しかし最後の支払準備金はイングランド銀行だけが保有しているので、ビル・ブローカーも必ずこの最後の準備金に頼らざるをえない。したがってパニックのあるごとに、また金融市場の本質的性質からいって、イングランド銀行はこれらの業者を援助し、その存続を計らなければならない。しかもこれらの業者はそれに対してイングランド銀行に助力するということは決してしない。むしろ普通の時はその最も近接した競争者であり、その最も鋭敏なる商売敵なのである。

こういう事情がイングランド銀行に多大の不満を惹き起こすであろうということは当然に予期されるところである。また事実においてもこの点に関して大いに議論があり、これに対して大いに異議が申し立てられたのである。一八五七年のパニックの後では特にそうであった。このパニックの間、イングランド銀行はビル・ブローカーに九〇〇万ポンド以上も貸付した。これに対してロンドン、地方のいずれを問わず、銀行家に対するその貸付は八〇〇万ポンドにすぎなかった。また無理からぬことではあるが、イングランド銀行は自らの資力に対するこのような巨額の蚕食が、彼らの商売敵によってなされることは不合理であると考えた。その結果、一八五八年には、ビル・ブローカーに対する貸付は一年のうち一定の時期を限って政府の資金がイングランド銀行に特に巨額なる時にこれをなし、他の時は貸付に対するいかなる請求も例外とみなし、またそれにしたがって取り扱うという原則を立てたのである。またこの規定の目的は「彼らをして彼ら自身の準備金を保有せしめ、イングランド銀行に依存せしめない」ようにするにあり、と公に述べられたのであった。当然想像されるようにこの原則は、ブローカーに非常に不人気であった。そして彼らのうちの最大なるオーバレンド・ガーニー商会はこれを無効にするつもりで奇妙な政策を決心した。彼らはイングランド銀行を驚かすことができ、またもし彼らがイングランド銀行に依存しているとすれば、銀行もまた彼らに依存しているということを示しうるものと考えたのである。彼らはそこで巨額の預金をイングランド銀行に蓄積し、三〇〇万ポンドに達するとにわかにこれを引き出した。しかしこの政策にはなんらの効果もなかった。ただ「オーバレンド商会」に対する不信を起こさせるにすぎなかった。イングランド銀行の信用は減退しなかった。オーバレンド商会は二、三日中にその金を返さざるをえなかった。そしてまた自分らはあらゆる人々の信用の堅実な基礎をいたずらに攻めようとし、これがためにあらゆる人々から嫌悪されているのだ、という失望を感じたのであった。しかしこの無分別な企ては当然に失敗に帰したのであるが、かの原則自身もそのままにしておくことはできなかった。イングランド銀行は事実、逼迫期のたびにビル・ブローカーに貸し付けるのである。それは「例外的」と考えられるかもしれないが、しかし提供される担保さえ真に確実ならば、貸付は必ずなされる。イングランド銀行はその商売敵を援助することをどんなに好まないにしても、なお彼らを援助しなければならない。危機に際して、もしそうすることを拒むとすれば、初期の請求をいっそう甚しくし、自分自身に対して加えられると予想される圧迫を増大せしめるばかりだということを感ずるのである。

この変則は不可避かと訊ねられるであろう。そしてまた私も、実際上はそう考えざるをえないものと思う。それを小さくすることはできるであろう。ビル・ブローカーはできうるかぎり要求払いの預金を受けることを少なくし、なるべく期間の長い定期の、あるいは長期通知の預金を慫慂(しょうよう)することもできるし、またすべきである。これによってこの変則は縮小されるであろうが、しかし除かれることにはならないであろう。実際上ビル・ブローカーはコール資金を受けることを止めることはできない。いかなる市場においても、その取引をなすにあたっては市場の慣習に従わなければならない。そうでなければ全然それをなすことはできないであろう。ビル・ブローカーになしうることは、比較的長期の資金に対してはヨリ高い利率を提供するということだけである。そしてこのことは(おそらく希望されるほどにはないであろうが)現在もやっている。この変則は本質上、歴史的にわれわれの有する銀行制度には避くべからざるものであると思う。しかもわれわれはこの制度を変更することができないのであるから、それをできるかぎり利用するよりほかに途はない。

第一二章　イングランド銀行に保有されるべき支払準備金の額に対する調整の原理

イングランド銀行の保有すべき準備の額は、その貸借対照表の週報に表われているところからただちに決定することができるという考えが非常に一般的になっている。銀行部の負債をとって見さえすれば、あらゆる場合に三分の一あるいはその他いくらかの一定の割合が、イングランド銀行のこれらの負債に対して保有すべき準備金の額となっているであろうと想像されている。しかしこれに対して幾多の反対がある。そのあるものは銀行業の一般的性質からの、また他のものはイングランド銀行の特殊の地位からの反対である。

銀行の負債の額がその準備金の適切な額を決定する主要な要因をなすということはも

ちろん正しい。しかし、それがその額の決定される唯一の要因であるというのは明らかに間違っている。この負債の内容的性質が、その数量的金額と同様に考慮されなければならない。例えば準備金の額を、一定の期日が来ないかぎり支払われることのない引受に対しても、いつ請求されるかわからない要求払いの預金に対しても同一にすべきであるという人はないであろう。もし銀行が貸借対照表でこれらの負債を一緒にしていると、その保有すべき準備金の額はわからない。それに必要な知識が与えられていないわけである。

また預金に対しても、これらの預金の種類に関するある程度の事情を知らないかぎり、必ず保有すべき準備金の額を確実に決定することはできない。もし三〇〇万ポンドの預金のうち、一人の預金者が一〇〇万ポンドを預け入れていて、任意の時にこれを引き出しうるものとすれば、その一〇〇万ポンドの負債に対しては残りの二〇〇万ポンドに対する以上にはるかに多額の準備金を必要とするであろう。言わば負債の集約度がはるかに大きいのである。したがって貯蓄される準備もまたはるかに大きくなければならない。これに対して、この一人の預金者が予測できる生活をなす者であるとすると――例えばそれが公共団体であってその要求の時がわかっており、またその収入の時もわかっているとなると——この一口の負債はこれと同額の普通の負債よりも準備金を必要としない。それが引き出されるという危険ははるかに少ない。したがってそれに対する保証もまたはるかに少なくてよい。負債の性質がその数量と同様に考慮されないかぎり、その支払に対する適切な準備は決定されえないのである。

これはあらゆる銀行にとって一般的に正しいことである。しかしイングランド銀行には非常に特殊な適用を見る。第一の点は、イングランド銀行に有利である。なぜならば主要な負債の一つをなすものの危険は、外見よりもはるかに少ないことが明らかになるからである。イングランド銀行における最大の勘定はイギリス政府のそれである。しかもおそらく平和の時にはこれほどに、その先の予測の容易な勘定というものはほかにはなかったであろう。イギリスの収入と支出に関する重要事項は非常によくわかっている。そこでこの勘定に対する将来の払込と払出とは、戦争の場合を除いては、つねに驚くべき精確さをもって計算されうるのである。戦争ではもちろん、これと全然反対である。戦時の政府勘定はおそらくすべての勘定のうちで最も不確かなものである。特にイギリス政府のように散在せる帝国の政府においてはそうである。その支出をなす場所が戦時中は非常に多くかつ遠隔であり、その支払の額はしたがって非常に予測しがたいからである。しかし普通はこれほどにその先を容易に予言しうる勘定はない。したがって平常時にはこれほどに準備金を必要としない勘定はない。また主要な支払がなされるときも、それは銀行家にとってきわめて都合のよい性質のものである。大部分は同じ銀行の他の勘定に対してなされる。政府のこういう普通の支払のうちで最も大きいものは負債に対する利払であるが、それはたいていは国家に対する債権者の代理人としての諸銀行家に対してなされる。したがって政府の利払は、大部分は政府勘定から様々な銀行家の勘定への振替である。もちろん、ある額はほとんど同時に非銀行家階級にゆく。鋳貨や銀行券を自家に保有し、いかなる銀行にも勘定口を持っていないという人々のところへゆく。しかしこの額もつねにほとんど変わらないものであるから予測することができる。またこの全操作は、これを注意して見る者にとっては、そのたびごとに不思議なほどに変わりのないものなのである。

しかしイングランド銀行の公表する勘定が、公衆に対して、自らこうした予測をなしうるような知識をなんら与えるものでないということは、必ず言っておかなければならない。われわれが先から述べてきた勘定というのは、イギリス政府の一年の勘定である——予算勘定と言ってもよいものであって、歳入と歳出の勘定である。これに関する慣例は先に述べた通り、すでに知られている。しかしイングランド銀行の勘定における「政府預金」の項目のうちには他の勘定もまた含まれている。ことにインド大臣のそれのように、その慣例を必ず異にするにちがいないものでありながら、まったく知られていないものが含まれている。インド大臣はこの勘定の大口の貸し手である。もし大蔵大臣に対してこういう権力を与えることを提議する者でもあれば、非常な懸念を抱かれ、大いに騒がれることになるであろう。しかし慣習と伝統とによって、ダウニング街の一方の側にあるインド省は、その向こう側でしようとすれば「堅実ならざる」法外のことと考えられるようなことを、そのままに、しかも全般的賛同を受けながらやることができるのである。現在のインド省はこの独立性を旧東インド会社理事会から継受しているのであるが、旧東インド会社理事会は商人的かつ実務的にやっていたので、随意にその資金を株式取引所に貸し付けることを例としていたのであって、その後継者たるインド参事会はその権限を保留しているのである。この点は自由に好むところにしたがってやらしておくに越したことはない。しかしこのような権限を有し、インドに資金を仰ぐ者の勘定と国内政府のそれとを混合するかぎり、明らかに一般公衆はこの合算された勘定の動きに対して、単に国内財政に関する知識にたよって判断を下すことはできないということになる。銀行報告書中の「政府預金」の勘定のうちには、ほかに貯金銀行残高、大法院基金勘定その他の勘定もまた含まれている。したがって最近まで公衆は、本来の意味でいうわが国の政府勘定の推移の真相についてはほとんど知るところがなかったのである。しかし最近ではロウ氏が週報を出すようになったので、銀行勘定からではなく、これによってわれわれは判断を下すことができるようになった。もっともこの政府勘定とイングランド銀行の報告とは不幸にして異なった日に出るのであるが、しかしこの欠点を除けばわれわれの知識は完全といってよい。実際のところ、われわれの知識でほとんどあらゆる目的に相当役立つのである。われわれは現在では政府勘定の推移をほとんど予測可能の極限まで予測することができる。

以上われわれの述べたところでは、イングランド銀行の報告の分析は銀行にとって非常に都合がよい。政府勘定に対しては、それが普通の勘定であれば必要とされるような巨額の準備金を保有することは通例必要でない。われわれはその変動の法則を非常によく知っている。その主要な変動がいつ起こってくるかを非常に精確に指摘することができる。またわれわれはそういう変動に際して政府によって払い出されるものの大部分は、イングランド銀行の他の預金者に対してなされるにすぎないということを、したがってそれは別の名前でではあるが、実際、銀行にとどまっているものであるということを知っている。イングランド銀行の民間預金を見ても、最初はこれと同じ結果を有するものと考えられるかもしれない。そのはるかに重要なるものは、「銀行家預金」である。しかもたいていの場合、この預金には全体としてはほとんどごくわずかの変動しかない。各銀行家はその手持ちをできるだけ少なくしているものと思うが、また実際、国内の取引ではつねに一人の支払は他の者への支払である。国内ではたいてい重要な取引はすべて小切手によって決済される。これら小切手は「手形交換所」に提出される。そしてその差引残高はイングランド銀行における一銀行家の勘定から他のものへの振替によって決済される。したがって諸銀行家の残高において払出は払込と相応ずるのである。全体としてイングランド銀行における銀行家の預金残高は、一見したところは不思議に安定した預金であるように見えるのである。

実際、それは言わば安定以上のものにも見えるのである。預金は他のあらゆるものが減退してゆく傾向にある時、増大する。パニックにおいてあらゆる他の預金は引き出されやすいのであるが、その時、銀行家の預金は増大する。事実、詳細な点は別として一八六六年にはそうであった。またそのように増加するというのは当然である。そういう時機には銀行家はすべて極度に気遣っているのであって、彼らの利用しうるあらゆる手段をもって自己強化を計り、できるかぎり多くの資金をその掌中に収めようとする。彼らはその準備金をできるかぎり増加し、この準備金をイングランド銀行に置くのである。大体平常時には変動することなく、非常時には増加する傾向にあるという預金は、ある程度、理想的な預金といったところがあるように見える。そこでその大部分が貸し付けられるように見えるばかりでなく、全部がそうできるもののように見えるのである。しかしさらに進んで分析してみるとわかると思うが、この結論は全然間違っている。銀行家預金はことに頼みにならぬ形態の負債である。これを取り扱うには極度の警戒をもってすべきである。原則として、そのうちからは普通の預金よりもヨリ少ない貸付をなすべきである。

何ごとによらず、その説明をなすにあたって最も容易なる方法は普通、実際の場合を一つあげて例示することである。ところでこの問題では幸いにも、きわめて顕著な一例が手近かにある。ドイツ政府は最近わが国から多額の地金を持っていったが、随意にその一部分はイングランド銀行から取り、一部分はそうしなかった。それは大体においての賢明な思慮あるやり方であった。イングランド銀行からできるだけ多く、言い換えれば危険となるまでに取り去るというようなことはしなかった。それでもなお巨額のものをイングランド銀行から取り去ったのである。しかもさらにその上取るということも容易になしえたのであった。それではいかにしてドイツ政府はこういう莫大なる力をイングランド銀行に対して得るに至ったのであるか。それに対する答えはこうである。それは銀行家の残高によって得られたものであって、二つの方法によって行われたのであった。

第一に、ドイツ政府はそれ自身の巨額の残高をある特定の株式銀行に持っていた。その銀行はこの残高を銀行自身の考えからビル・ブローカーやその他の者に貸し付けた。そしてそれがロンドン市場の一般的基金のうちの一口をなしていたのである。これにはなんら特別のことはなかったが、ただそれが一外国政府に属していて、その所有者がいつ何時それを引き上げるかもしれないし、また時にそういうことがあったという点だけが別であった。それは貸し付けられないでロンドン・ジョイント・ストック銀行に置かれている間は、イングランド銀行におけるその銀行残高を増加していた。しかしそれが例えばビル・ブローカーに貸し付けられるや否や、ビル・ブローカーの残高を増加した。そしてそれがビル・ブローカーによって手形の割引に使用されるや否や、これらの所有者によってそれぞれ別の銀行に預け入れられ、これらの銀行のイングランド銀行における残高を増大したのである。もちろん、その資金はもしそれが外国人の所有する手形の割引に使用されたならば、外国に持ってゆかれることもあるであろう。また同じような取引によって、それはイングランドの地方やスコットランドに移されることもあるであろう。しかし原則としては、こういう資金はロンドンで預金されると、かなりの期間ロンドンにとどまるものである。そしてそうなっている間は、イングランド銀行における多数の銀行家の残高総額を膨張することになる。それはある時は一銀行の残高に、ある時は他のものの残高に、しかしつねにいずれかの残高に散在している。その結果は明らかにこの銀行家の残高部分というものは、ドイツ政府がそれを請求しようと考える時は、何とされても仕方がないということになる。そこでその額を三〇〇万あるいは四〇〇万とすると――また最近一、二年間は一度ならず、それ以上ではないとしても、ほとんどそれに近いものであったものと思うのであるが――それだけの額のものがただちにイングランド銀行から引き出されるかもしれないのである。この場合、イングランド銀行は一人の顧客に巨額の支払義務を負う銀行家の地位にあるわけであるが、しかしなおその上にそれは不明の額に対して義務を負うことになる。ドイツ政府は、よく知られているように、その勘定を(それは非常に巨額のものであるに相違ないが)ロンドン・ジョイント・ストック銀行に持っている。しかしイングランド銀行はドイツ政府のその銀行にける勘定を見ることはできない。彼らはいくらのドイツ資金がそこに預金されているかを知ることはできない。またイングランド銀行は自行におけるロンドン・ジョイント・ストック銀行の残高からは大して推定をなすことはできない。というのは、そのドイツ資金なるものはおそらく種々様々な額でその銀行に払い込まれ、また再び種々様々な額で貸し出されているからである。それはイングランド銀行におけるその銀行の残高をある程度まで増加するかもしれない。あるいはまた増加しないかもしれない。しかしその額だけ、その残高に加わるということは確かにないであろう。その銀行の残高を検査したからといって、イングランド銀行にとってはいつ請求されるかもしれない、その金の総額がいかほどであるかは、たとえきわめて漠然としたところでさえ確定することはできないであろう。また全体としての諸銀行家の残高を検査したとしても、なんら一定した確実な結論に達するものではない。なんらかの推論はなされうるかもしれないが、しかしなんら確定的なものではない。これらの残高はもちろん不断に増減しているものであって、ドイツ資金が入ってきている間に、他方に出ていっているものがあるということも大いにありうることである。銀行家残高が急に増加するというような場合には、それは新しい外国資金が入ってきたことを大体指示するものと言えるであろう。しかし新しい外国資金が入ってきたからといって増加をきたさないこともある。何か他の原因が同じ時に作用して、これを相殺する減少をきたすこともありうるからである。

これがドイツ政府によってこの国から資金を持っていくことのできた、また事実持っていった第一の、最も簡単な方法である。しかもこれによってドイツ政府は、もしやろうと思えばイングランド銀行を潰すこともできたのであった。ドイツ政府はここに資金を持っていて、それを持ち去ったのであって、この点にはなんら理解するのに困難なものはない。しかしこの政府はまたこれよりはるかに大きな、これより幾分複雑な性質の力を持っていた。イギリスに対する多数の債権の所有者であったのである。「賠償金」の大部分はフランスによってイギリス宛の手形でドイツに支払われた。ドイツ政府はこれらの手形が満期になった時、市場に対する未曽有の支配権を獲得したのである。各々の手形が満期となるごとに、ドイツ政府はその受取金を随意に外国に持っていくことができたのであった。しかもこの政府は鋳造用に地金を必要としていたので、これを地金でもすることもできたのであった。これは最初はもちろん銀行家残高の減少をきたすことになる。少なくともその傾向を有するものと言える。例えば、ドイツ政府が優良なA手形を有するものとすると、A手形が支払われることになっている銀行の銀行家は、それを支払わなければならないので、それがために銀行家の残高は減少することになるであろう。またこういうふうにして支払われた金はドイツに行くことになり、他のいかなる銀行家の貸方にも現われることはないであろう。銀行家残高の総額はかくして減少することになる。しかしこの減少は永続するものではない。一〇万ポンドを支払わなければならない銀行家は、イングランド銀行における彼の残高を一〇万ポンド減らすわけにはゆかない。例えば、彼の負債を二〇〇万ポンドとし、また原則として彼がイングランド銀行にこれらの負債の一〇分の一、すなわち二〇万ポンドを保有していなければならないとすると、一〇万ポンドの支払は彼の準備金を一〇万ポンドに減ずることになるであろう。しかし彼の負債はなお一九〇万ポンドであるわけであるから、その一〇分の一を保有しておくためには九万ポンドを手に入れなければならないであろう。彼がこれを手に入れる方法はこうである。彼はまずビル・ブローカーに対する貸付を回収する。そこでもしこれと同時にこれらのブローカーにそれと同額の資金が新しく手に入らないとすると(巨額の外国資金が引き上げられる場合には大体ありそうなことであるが)、彼らはその取引を減少し、割引を少なくしなければならない。しかしこのことはイングランド銀行に新しく仕事を追加することになる。イングランド銀行はわが国の最後の準備金を保有している。そこでもしほかにするものがなければ、そのうちから手形の割引をしなければならない。もしこれを断わったならば、パニックと瓦解とが起こるであろう。したがってドイツ資金の引き上げによって銀行家残高が減少するや否や、イングランド銀行に対して新しく割引を求める新規の要求が現われ、これら残高が補塡されることになる。イングランド銀行資金の流出は二重に行われる。第一には銀行支払準備金がドイツ資金の輸出によって減少し、これがためにイングランド銀行の資力は減退する。次にこの減退した資力によって、イングランド銀行は従来より多額の貸付をしなければならない。

これと同じ結果がもっと簡単に生ずることもある。例えば、どこか外国の政府あるいは個人がなんらかの証券を所有し、これを市場において担保として提供することができるとすると、これによってその政府あるいは個人はある銀行家に対する債権を有することになり、イングランド銀行の支払準備金から、また銀行家残高から資金を取ることができる。しかし銀行家残高を必ず保有しなければならぬ最低限度に回復するためには、イングランド銀行が貸し出さなければならない。外国から突然の要求が現われるごとに、その額に比例してこの特殊の結果が生じてくる。これが、イングランド銀行がその銀行家預金をきわめて慎重にかつ細心に取り扱うべきものとなす理由なのである。それは不確定な負債の象徴である。これによってわれわれの見てきたように、その上限を与えることができないほどに多額の資金がイングランド銀行から引き出されうることになるのである。イングランド銀行は銀行家残高を平常額にしておくために資金を貸し付けるのであるが、しかもこの平常額のうちからいかなる額でも外国人の引き出しうるだけのものがわが国から持ち去られうるのであるから、銀行家残高を通してイングランド銀行になされうる要求に対しては、(科学的言葉を用いれば)極大を定めることができないわけである。

この結果は結局、本書によってその註釈を与えようとしている、次のような簡単な点に帰着する。すなわちイングランド銀行は長い歴史の結果としてわが国の最後の現金準備を保有している。いかなる額の現金でもわが国が支払わなければならないものは、この準備金から出る。したがってイングランド銀行がそれを支払わなければならない。そしてイングランド銀行がそれを支払わなければならないというのは、銀行家の銀行としてである。けだしそれはこのようなものとして最後の現金準備の保有者となっているのである。

なかにはこういう事情から非常に強い印象を受けて、イングランド銀行は決して「銀行家残高」からは少しでも貸し付けてはならない、それはそのまま使用されない預金として保有されるべきものであると主張する人々もある。もっともこういう極端な意見は文書になっているのを見たようには思わないが、しかしロンバード街ではそれを非常に有力な、また判断を下すのに非常に適切な地位にある人々からしばしば聞いたし、文書としてさえそれに非常に近いものを見たことがある。しかしこういう「一定不動の」原則を独断的に定めるということが非常に危険であることは明らかであると思う。非常に重要かつ変動しやすい仕事に窮屈な原則をたてるということは、しばしば危険に陥りやすい。パニックにおいては先にも述べたように銀行家残高は非常に増大する。もちろん、イングランド銀行は充満している資金を貸し付けなければならない。銀行家はビル・ブローカーからその資金を回収し、そのブローカーに対する再割引を中止するか、あるいは証券担保の借入または証券の売却をなすのである。そこでこれらのいずれによるにしても、銀行家はこうした時期にはイングランド銀行以外に応ずる者のない、新たな資金の需要を喚起することになる。他の者も同様に金に困っていない者はない。しかしパニックにあたって増加する原因のいかんは別として、銀行家預金の額は実際非常に急速に増加する。使用されない巨額の資金がこれによってしばしばこうした時期にイングランド銀行に注ぎ込まれるのである。そこでイングランド銀行に対してこれら資金の貸付を禁止するということ以上に、確実にパニックを激化するものはない。ちょうど資金が極度に涸渇しているときに、たまたまこの特殊の資金によって異例なほど巨額の基金を手に入れることになるのであるから、こうした際にはできるだけ迅速にそれを貸し付けるべきである。迅速なる貸付はパニックを救済するのに対して、貸付をしないとか、あるいは貸付を渋るということはそれを激化することになるからである。

他の場合にも、ことに四半期ごとの利払の時期においては、銀行家残高を決して貸し付けてはならないという絶対的原則は非常な不都合を醸(かも)すことになるであろう。その時期には巨額の金が政府残高から銀行家残高に支払われるのであって、もしイングランド銀行に対してその金がなお政府の手にある間はこれを貸し付けることを許しながら、それが銀行家の手に入るとその貸付を禁ずるというようなことになると、その結果は貨幣の値を非常に引き上げる傾向を生ずることになるであろう。その金のきわめて重要な部分が急に役に立たないことになるからである。

しかし銀行家残高は決して貸し付けられるべきものではないという考えは、これらの残高が極度の警戒をもって使用されるべきものであるという真理が、自然に誇張されたものにすぎないのである。実際それは特に巨額の、ことに予想困難な債務を負わしめることになるものであるから、普通の預金のように使用されるべきものではない。

以上述べてきたところから、イングランド銀行にとってはその銀行部の勘定には全然表われない、しかも非常に負担の重い要求がつねに現われうるものであるということが明らかになる。これらの要求はその勘定によって示される負債が最小の時に最大となり、またその負債が最大の時に最小となることもあるのである。例えば、もしドイツ政府が手形あるいはその他の優良な証券をわが国の市場に持ち出して、これによって資金を獲得し、その資金を地金で市場から持ち去るというようなことになると、その資金はドイツ政府の意図によっては全部イングランド銀行から持ち出されることにもなるのである。ドイツ政府に緊急の必要があり、また金の「着荷」——すなわち産出諸国からわが国に来る金——の額が僅少にすぎないというような場合には、その金はイングランド銀行から取られることになるであろう。わが国にはこれよりほかには大貯蔵所がないからである。ドイツ政府は、たまたま最近非常な額の優良証券を手に入れ、しかもこれをイギリスで使用することに異例なほど切実な要請を持っていたという一強国の、顕著な一例にすぎない。今後も正金を入用とする外国の国家はいずれも、それがためにわが国にやってくることになるであろう。フランス銀行が引き続き正貨支払をしないでいる間は、これを入用とする外国の国家はそれがためにロンドンに必ずやってくるに違いない。しかもかかる入用の気配の有無については、イングランド銀行の帳簿にはなんらの兆候も認めることはできないのである。

このことから、イングランド銀行の政策にほとんど革命に等しいものが必然的に結論される。すなわち現在においてはその負債の一定部分を、あるいは固定的な部分を銀行が準備金として保有すべきものと定めるということはできないのである。三分の一とか、あるいはなんらかの他の割合をもって、いかなる場合にも充分であるとする旧来の考えは棄てられなければならない。イングランド銀行に対して予想される要求はその額において種々様々であり、また勘定の数字からはほとんどまったく知りえないものであるから、これを簡単かつ安易に測定するというのでは決して充分なる指針にはならない。負債の一定部分は準備金としてはしばしば少なすぎることもあれば、また時には多すぎることもある。敵の軍勢に変化があるのだから、防御のそれもつねに同一であってはならない。

この結論が非常に厄介なものであることは私も認める。従来はイングランド銀行にとっても、公衆にとっても、銀行の適切な政策を決定するのに単にその勘定を調べるだけでよかったということは非常な助けとなっていた。これによってイングランド銀行はとるべき処置を容易に決定することができた。また公衆はその先を予測することが容易にできたのである。しかしながら不幸にして、きわめて簡単なこの原則は必ずしもきわめて信頼するに足る原則ではなかった。世の中の実際上の困難というものは非常に簡単な原則によって片付けることのできない場合が多い。その危険は複雑多岐にわたるものであるから、これに対応する原則は単一、あるいは単純であるわけにはゆかない。様々な病気をいつも同じ薬でなおそうとすれば、ついにはその患者を殺すようなことになることも少なくない。

イングランド銀行の経営に対してしばしばたてられる今一つの単純な原則もまた、ここで棄てられなければならない。従来イングランド銀行は市場利率に注意して、自己の利率をこれに適合せしむべきものと言われてきた。この原則は事実またつねに必ず間違っていた。イングランド銀行の第一の任務はこの国の最後の正金を保護し、またこれを保護するために利率を引き上げるということにあった。しかしこの原則は今までは現在ほどに間違ってはいなかった。従前はこの準備金に対して突然に提起される需要がそう多くなかったからである。ロンバード街の市場利率はこの需要によって影響されるということはない。その利率はビル・ブローカーおよび銀行家の手にある預金の額と当時提供されている優良手形および適切な担保の額とによって決定される。イングランド銀行の地金流出の懸念はほとんどまったくこれに影響するところはない。実際の流出でさえもこれに対する影響はほとんどない。もし一般市場で銀行利率がこのような流出の結果変更されるのではないと思われていたならば、市場利率も騰貴することはない。もしイングランド銀行がその地金の流出を気付かれないようにし、また世間からもそうしようとしているものとされるならば、ロンバード街の貨幣の値は変わることはないであろう。イングランド銀行に対する地金需要の口数が多ければ多いほど、またその額の変動が大きくなればなるほど、銀行割引率を市場利率に適合せしむべきものとする原則はますます危険である。従前の平静な時代にもこの原則の影響が、あるいはその部分的影響が容易ならぬ災厄を惹き起こしたことも少なくないのである。現在の困難な時代にこれを固守するということは、非常に多数のパニックをつくる秘法である。

イングランド銀行の保有すべき準備金の額を決定するには、なお抽象的原理をいっそう明確に考察しておかなければならない。銀行は何のために準備金を保有すべきものであるか。それはある額の負債をただちに遅滞なく支払うために必要とされるかもしれないからである。なにゆえに銀行は勘定を公表するのであるか。それはその負債に応ずるに足る現金——あるいはまたただちに流用できる担保——を所持していることを公衆に確信せしめるためである。イングランド銀行の銀行部の勘定を公表する目的は、国民をして国家の現金準備がいかほどあるかを知らしめ、公衆をして単にあらゆる予想される請求にとどまらず、相当に懸念を持たれるようなあらゆる請求に対しても応ずるに足るものが、あるいはそれ以上のものがあるということを確信せしめることにある。そしてこの銀行勘定の公表がいかなる他の警戒手段よりも、金融市場に安定性を与えるものであるということにはなんらの疑いもない。いかにもこれと反対の効果のあることを恐れる人もあるにはあった。彼らは準備金が頻繁に変動するのをたえず発表することは、人心を脅威し、困惑せしめることになると思ったのである。ある年老いた銀行家からこういうことを聞いたことがある。「自分はイングランド銀行の勘定を公表することを決定したオルソープ委員会の一員であったが、これには反対の投票をした。それは人々を驚かせるものと考えたのである。しかし自分は、委員会が正しくて自分が間違っていたことを認めざるをえない。金融市場に対して自分の一生に起こった他のいかなることと較べてみても、この発表ほどに大いなる安全感を与えたものはなかったからである」と。全ロンバード街と全世界とに広く信任を得るということが、銀行勘定と銀行準備金とを公表する目的である。

しかしこの目的は、そういうふうに発表された準備金の額が、もし人々を安心させるに足らないという場合には達せられない。この準備金がいかなる原因によるにもせよ、きわめて少ないという時には、パニックは必ず起こることになる。いついかなる時でも一定の最低限がある。これを「不安限度」と名付けたいと思うが、準備金がこれを割って下ることになれば、広汎なる恐怖の大いなる危険を惹き起こさずにはいない。しかしこれは絶対的パニックというわけではない。ただ公衆の心にちょうど魔法をかけたようにたえず拡がっていく漠然たる恐怖と弱気とを言うのである。こういう恐慌の初期はきわめて危険である。ここから彼らの恐れている災厄が生れてくるからである。こういう神経過敏の時に最も恐ろしいことは信用の破壊である。もしこういう時に大きな破産か、悪い事件でも起こると、公衆の心はこれを見逃すことなく、全般的な取付が起こり、信用は停止される。そこでイングランド銀行準備金なるものは決してこの「不安限度」以下に減少してはならない。しかもこれは、不安限度に非常に近く接近してもならないというのとほとんど変わらない。なぜならばもしそれが非常に近くなると、何かことがあればただちにその点まで引き下げられることになり、恐れられている災厄を惹き起こすことになるからである。

この「不安限度」にはその額を知る「近道」というものはない。抽象的論証も数学的計算もこれを教えるものではない。またこれらのものにそれを期待することもできない。信用とは情勢によって生じ、その情勢のいかんによって変動する世論である。ある一定の時の信用状態というものは事実問題であって、他の事実問題と同様にして確かめるよりほかにはない。それは実地経験と探究とによって初めて知ることができる。また同様にどの程度の額の「準備金」があれば広汎なる信任を得ることになるかということも、経験によるよりほかには知ることはできない。こういう問題ではたえず人気（パブリック・マインド）に注意し、ことの起こるごとにそれがいかに影響されるかを見るよりほかには正しい結論に達する途は全然ないのである。

もちろん、この種の問題で守るべき基本的原則は、度を越す誤りは無害であるが、不足の誤りはきわめて有害であるということである。準備金の過剰はわずかの利潤を損失することになるにすぎないが、準備金の不足は「破滅」となるかもしれない。信用がただちに震撼されることになるかもしれない。またもし何か人を脅かすような事件が引き続いて起こるようなことがあれば、銀行部に対する取付が起こるかもしれない。それは銀行部にとっては一八五七年ならびに一八六六年の場合と同様に負担が重すぎて、それがために――これらの年にそうであったように――援助なくしては支払うべきものも支払ってゆけないというようなことにもなるのである。

またこの公理は、かの「不安限度」が必ずしも一定していないのであるから、なおいっそうこれを遵奉する必要がある。事実、公衆は、彼らがイングランド銀行に異常な要求が殺到するのを見てからまもないという時であると、そういう要求が再び来るかもしれないというように考えやすいものである。新しく顕著な事件はいわば公衆を教育する。公衆は最近にしばしば多大の要求があると、これからも多大の要求のあることも予期し、大体においてほとんどないと、ほとんどないものと思うものである。そこでイングランド銀行のような銀行は不安限度の、いわば上昇をつねに注意して見ていなければならない。今日の疑惑を鎮めるばかりでなく、明日のなおいっそう大いなる疑惑となるかもしれないものをも鎮めるために、適切な基金を準備しておかなくてはならない。そこでこの目的を達するための唯一の実際的方法は、現存の準備金をつねに最低「不安」準備金よりも進めておくようにすることである。

しかしこれがためには、さらにそれ以上のことをしなければならない。実際上の準備金がそれ以下に下がってはならず、しかもつねにできれば相当の額だけ「最低」不安準備金を超過していなければならないのであるから、イングランド銀行が平静でなんらの警戒もしていないという時には、それはその最低限をよほど超過していなくてはならない。イングランド銀行のとる警戒手段は、すべて効果をあげるまでに時間を要するものである。その主要な警戒手段は割引利率の引き上げであるが、その引上げは確かに大陸から、また全世界から予想以上に急速に資金を吸引する。しかしそれは即時効果を上げるものではない。適正な利率の、結局は吸引力のあるものにしても、その作用によって資金がわが国に来るまでには期間を要するのである。しかもこの適正な利率というものも、しばらく経たなければ発見されないという場合がしばしばある。イングランド銀行が割引利率を一、二度ならず引き上げてからでないと、いわゆる幾「手」か指してみないと、真に有効な利率というものはわからない。そしてその間は地金は流出し、「準備金」は減少するのである。したがって、イングランド銀行がなんらの警戒手段をもとっていない時、実際の準備金が、この避くべからざる合間の期間に持ち去られるかもしれない額だけは、少なくとも「不安限度」を超過していて、採用される警戒手段がその効果をあげるのを待つというのでないかぎり、上述の原則は犯されることになり、また実際の準備金は「不安限度」以下に減ずることになるであろう。そのうちには採用された警戒手段が金を吸引し、準備金を必要額まで上げることにもなるであろう。しかしそれまでに、この原則をもって予防しようとした弊害が起こるかもしれない。広汎な不安が生ずるかもしれない。さらにまた不幸な出来事のために、多くの災厄が惹起されるかもしれないのである。

あるいはこう問われるかもしれない。「一体このようにして論じていって実際上はどういうことになるのか。現在においてイングランド銀行はいかほどの準備金を保有していたらよいというのか。あなたの勧告を、もしそれに従うことを望まれるならば、明白に述べてみよ」と(私はこう言われるのをよく知っている)。そこでこの問いに対して私は率直に答えようと思う。もっともそうすると、私の唱道する原理は、これを適用しようとして犯すかもしれない間違いによって、ある程度傷つけられることになるであろうという、大いなる危険があることはある。

現在においては、イングランド銀行の銀行部の準備金が一〇〇〇万ポンド以下に下がると、金融界の人心は動揺して恐怖に陥ることになるであろうと言ってもよいであろう。旧時代の標準をもってすれば、一〇年前の標準をもってしてさえ、この額は確かにきわめて巨額のものと考えられる。私は、わが国に対する需要が現在よりも少なくて、これほど多くの準備金を必要ともしないし、また公衆もこれほど多くのものを期待もしなかった時代に修業を受けたので、私自身の神経はこれより小さい数字に馴れている。しかし現在の人々の心的状態について私のなしうるかぎりの観察から判断してみると、実際上、しかしそれが正当となしうるか否かは別として、公衆のうちでも銀行準備金に気をつけている重要な有識者はこの準備金が一〇〇〇万ポンド以下に下がるのを見ると心配を始め、これを不満に思うようである。そこでこの額を現在の「不安限度」と名付けることにする。事情が変わってこれも増減することがあるかもしれないが、しかしできるかぎり注意深く評価してみて、これが現在そう名付けるべきものである。

この評価は勝手に定められたもので、この数字は臆測であるとも言われるであろう。これにはただ他の人々の判断に対して申し出るにすぎないと答える。主要な点は事実の問題である——公衆はまさに私がこの不安点を置いたところで心配を始め、弱気になり始めるのではないか。このことから推定を下すということは、事実と論理とを調合した比較的単純な問題である。こういう場合に必ず最後に訴えるべきは、事実に精通し、事実を精密に注目している人々である。

おそらくまたこうも言われるであろう。イングランド銀行の理事会のような団体はこういう評価にしたがって行動することはできない、こういう団体は単純な原則をもって、これを守ってゆくよりほかはないものであると。私はこれに対しては、もしイングランド銀行の確実な指導に評価を正確に立てることが必要であるとすれば、こうした評価を正確に立てることのできる取締役を形成しなければならないと答える。われわれは不完全な行政形態を受け継いだからといって、危険な政策に悩まされてはならない。私は先にイングランド銀行の取締がいかにして強化されるべきものと考えるか、またかくして強化された取締ならば賢明な政策を確かにとりうるものと考えられるということを述べておいた。

そこで上述の論理を数字に表わしてこう言いたいと思う。イングランド銀行は一一〇〇〇万ポンドから一一五〇〇万ポンド以下のものを保有していてはならない。経験の示すところによると、一〇〇万から一五〇万はいつ何時われわれから取り去られるかもしれないからである。これをもって、もちろん大体のことであるが、イングランド銀行の目指すべき実際上の最低限度とし、これ以下に下がるようなことを決してしてはならないものとしたい。そして一一五〇万ポンド以下に下がることのないように、銀行はその準備金が一四〇〇万と一五〇〇万との間にあるとき、警戒手段をとり始めなければならない。経験の示すところによると、外国から資金を吸引するのに役立つ適正な利率が見出されて、これが資金を吸引するに至るまでに、二〇〇〇万ポンドから三〇〇〇万ポンドは銀行の金庫からおそらくは引き出されることになるからである。準備金が一四〇〇万ポンドから一五〇〇万ポンドとなり、また外国の需要によってそれが減退され始めるときは、イングランド銀行は立って利率の引き上げを開始すべきであると思う。

第一三章　結　論

私は、この著作によって根深い疾患を摘発しておきながら、浅薄な療法を提起したにすぎないと言われるであろうということを承知している。私は、銀行業の自然本来の制度の下においては多数の銀行が自身の現金準備を保有し、これを無視すればその前途に破産の刑罰を科されるということを長々と主張してきた。またわが国の制度は、単一の銀行が全準備金を保有しながら、なんら有効な破産の刑罰をもっていないということを明らかにしてきた。しかもなお、私はこの制度を保持し、ただこれを改良し、緩和することを提議するのである。

私がこの制度を保持することを提議するのは、これを変革することを提議したからとて、なんの役にも立たないことがきわめて確実であるからだと答えるよりほかない。年月とともに徐々に成長し、取引の発展に適応し、人々の慣習をこれに適応せしめてきた信用制度は、理論家がこれを不可とするからとか、あるいはこれに反対の書物が書かれたからといって変革されるものではない。イングランド銀行を基礎とする現在のイギリス金融市場の組織を変革し、これを各銀行がそれぞれの準備金を持つ制度に変えようとするのは、イギリス王制を変革して共和制をもって代えようとするのと同然である。否、それ以上だ。このような巨大な改造に、このような巨大な破壊に堪えうるというような力はない。したがってそれを提議することは無益である。

この問題を充分に考察したことのない者には、こうしたイングランド銀行に対する依存性が、どの程度までわが国の慣習に根を下ろしているものかを理解することはできない。この書物ではすでに非常に多くの説明をしたので読者はもう我慢がならないようになっているに違いないと思うが、あえて今一度説明を加えてみたいと思う。おそらくほとんどすべての人がわが国の貯金銀行制度は健全でかつ確実であると考えていることと思う。これに何か相当の反対を唱える者があると聞いては、驚かない者はほとんどないであろう。しかしそれは一体どういうことになっているであろうか。最近の報告によると貯金銀行は——旧来のものと郵便局とをともに含めて——およそ六〇〇〇万ポンドの預金を持っている。そしてこれに対して彼らはその基金のうちに最良の証券を保有している。しかし現金は全然保有していない。彼らはもちろん方々の支店に、日々の仕事に必要な、わずかの現金を持ち合せている。しかし最後の準備金をなす現金――パニックに対する準備をなす現金――は貯金銀行には六ペンスもない。これらの銀行は、パニック中に彼らの証券を売却できるということに頼っているのである。しかし再三再四明らかにしてきたように、パニック中のこうした証券の売却はイングランド銀行の援助によらなければできない――最後の現金準備を持ったイングランド銀行以外にはそうした時期になんらかの新しい資金、あるいは貸付や取引の能力を持ったものはないのである。例えば、全般的なパニックが起こって貯金銀行に取付があったとしても、これらの銀行は一〇万ポンドのコンソル公債を売却するにも、イングランド銀行の援助なくしてはできないであろう。パニックの場合に備えて自ら現金準備を保有していないために、彼らはほかの準備金を保有している唯一の銀行に完全に依存しているのである。

これは先に述べた無数の実例のほかに追加された一例にすぎないのであるが、これによってみても、わが国の銀行業制度がいかに根深くわれわれの考え方に固定しているかがわかる。政府は細民の金をこれによって保有している。また国民はそれに完全に賛成している。何ぴともこれに対する反対の一言も聞く者はない。そして実際的な人――活動の現場を知っている人――ならば、誰でもイングランド銀行の単一準備金に基礎を有するわが国の銀行業制度が変革されえないことを、あるいはまたこれを各々自己の準備金を保有する多数の銀行の制度に変えることはできないということを認めない者はない。革命以外にこれを実現するものはないが、このような革命を惹き起こすような原因は全然ないのである。

こういう次第であるから、これに対してはわが銀行制度をできるだけ利用し、それに可能な最善の方法で働かせる以外にはない。われわれはただ緩和剤を使用するよりほかはないのであって、問題はできるだけ最良の緩和剤を得ることにある。先に述べた緩和剤がなにゆえにわれわれの使用しうる最良のものと考えられるかという理由は、大いに説明しておいたことである。

フランスの方法がわがイギリスの社会に適合しない理由も明らかにしておいた。行政権を有する政府によって直接にイングランド銀行の総裁、副総裁を任命するということは、この弊害を軽減することにも、またわれわれの困難を救済することにもならないであろう。むしろいずれの点でも悪くするだけであろうと思う。しかし、あるいはアメリカの制度、またはそれをいくらか修正したものが、なにゆえにわが国に適合しないか、また適合しえないかという点について説明すべきであると言われるかもしれない。アメリカの法律では各国立銀行はその負債に対して一定の割合の現金を保有すべきものとしている(アメリカでは銀行が二種類になっていて、この割合も二種の異なったものとされているが、今ここではその点は問題でない)。また法律は任意の時に検査する検査官によって命令額の現金がその銀行にあるかどうかを確かめられることになっている。一体こういう種類のものは、イギリスでは企てられえないものであろうか。これかあるいはいくらかこれを修正したものには、われわれを困難から救済することはできないものであろうかと訊かれるかもしれない。アメリカの銀行制度が多数準備の一つであるという点では、すでになにゆえにわれわれがそれを採用すべきであるか否かを考察する必要の全然ないものと考えるかを述べておいた。われわれがそれを望むとしても、採用することはできないのである。単一準備はわが国に課されたものである。実際上アメリカの制度の模倣としては、イングランド銀行の銀行部がつねに固定的割合——例えばその負債の三分の一——の準備金を保有するということを規定する以外にはないであろう。しかし先にも述べたように、負債に対する固定的割合はたとえ理事によって自発的に採用され、法律によって課されたものではないとしても、支払準備金の適切な標準ではない。負債には差し迫ったものもあれば、遠い先のものもあるであろう。この両者に対して同一の準備金を命ずる固定的原則は、時には過剰に失し、時には不足に失する。また普通の危険に対して過剰の準備をなすために利潤を無駄にしながら、しかもなおそれは必ずしも銀行を救助することにはならないであろう。というのは、こうした準備はまれにくる異常な危険に対しては不足するというのが、しばしばありがちのことであるからである。しかしこの制度は、自発的に採用された場合にすでによくないものとすれば、法律によって強制的に命ぜられた場合にはなおいっそうはるかに悪いことになる。イギリス金融市場の敏感さにおいては、準備金がその法律的限度に近く迫るということはパニックに対する確実な刺激となるであろう。もし法律によって三分の一が固定されていれば、諸銀行が三分の一に近接する時には恐慌が起こり、不思議なほどに拡がってゆくことになるであろう。しかも恐怖はそれが——少なくとも完全には——根のないものでないためにいっそう悪いことになる。イングランド銀行がつねに準備金としてその負債の三分の一を保有するということは、事実においてはこの三分の一はつねに役に立たないものであるということになる。なぜならば、この中からはイングランド銀行は貸し付けることもできなければ、特別の援助をなすこともできないし、先にわれわれが最後の準備金の保有者の当然なすべき、また必ずなさなければならぬものとしたこともなすことはできないからである。アメリカの制度にはわれわれにとって役立つものは全然ない。まさにその本質と原理とが不完全なのである。

したがって、われわれは先にもあげたような力の弱い、控え目な緩和剤に頼らざるをえないものと思う。思慮と分別と注意とをもってすれば、これで充分であることを信じて疑わない。しかし今まで述べてきたことが無駄でなかったとすれば、今さら繰り返して言う必要はないが、問題はデリケートである。またその解決は種々様々で困難であり、その結果はわれわれ何ぴとにとっても測り知りえないのである。

附　録

註Ａ　主要なる銀行業諸制度における負債と現金準備

次に掲げるものは連合王国、フランス、ドイツおよびアメリカ合衆国の銀行業の諸制度における、公衆に対する負債と現金準備との比較である。連合王国の数字が最も不完全である。それにはイングランド銀行とロンドンの株式銀行との預金が含まれているにすぎない。またイングランド銀行の支払準備金はこの負債に対して役立てられる唯一の現金なのであるが、これがまたロンドンの個人銀行、イングランド、スコットランド、アイルランドの地方銀行の同様の負債に対する唯一の現金準備なのである。したがってイギリスの場合は、この比較の方法では、実際にあるもの以上に大きく現金の負債に対する割合を示すことになる。

(一) イギリス銀行業

負債

一八七二年一二月三一日の株式銀行勘定を除外して計算された

イングランド銀行預金　二九〇〇万ポンド

一八七二年一二月三一日のロンドンの株式銀行の預金(一八七三年二月八日エコノミスト紙参照)　九一〇〇万ポンド

負債合計　一億二〇〇〇万ポンド

現金準備

イングランド銀行の支払準備金　一三五〇万ポンド

現金準備と公衆に対する負債との割合は約一一・二パーセントとなる。

(二) フランス銀行(一八七三年二月)

負債

発行高　一億一〇〇〇万ポンド

預金　一五〇〇万ポンド

負債合計　一億二五〇〇万ポンド

現金準備

手許正貨および地金　三二〇〇万ポンド

現金準備と公衆に対する負債との割合は約二五パーセントとなる。

㈢　ドイツの諸銀行（一八七三年一月）

負債

発行高	六三〇〇万ポンド
預金	八〇〇万ポンド
引受および裏書	一七〇〇万ポンド
負債合計	八八〇〇万ポンド

現金準備

手許現金	四一〇〇万ポンド

現金準備と公衆に対する負債との割合は約四七パーセントとなる。

㈣　合衆国の国立銀行（一八七三年一〇月三日）

負債

発行高	六七〇〇万ポンド
預金	一億四五〇〇万ポンド

負債合計　二億一二〇〇万ポンド

現金準備

手許正貨および法貨　二六〇〇万ポンド

現金準備と公衆に対する負債との割合は約一二・三パーセントとなる。

摘要	公衆に対する負債	手持現金	現金の負債に対する割合(パーセント)
イングランド銀行およびロンドンの株式銀行	一億二〇〇〇万ポンド	一三五〇万ポンド	一一・二
フランス銀行	一億二五〇〇万	三一〇〇万	二五・〇
ドイツの諸銀行	八八〇〇万	四一〇〇万	四七・〇
合衆国の国立銀行	二億一二〇〇万	二六〇〇万	一二・三

註B　一八五八年下院特別委員会においてオルダーマン・サロモンズ氏によってなされた証言の抜粋

〔1146　委員長〕　一一月のあの逼迫があなた自身に及ぼした影響は、おそらくあなた自身の手許にある準備金の増加、またイングランド銀行に対するあなたの預金の増加を計るとい

うことではなかったのですか。

——そうでした。しかし私は委員会に言っておきたいと思いますが、それはほとんど全部われわれの保有していた為替手形が満期となるのにしたがってしたことであって、なんらかの資金の調達や、われわれの顧客に対する融資の削減によってしたことではありません。おそらくこれは委員会にとって興味あることと思いますが、一一月一一日にわれわれは五六二万三〇〇〇ポンドに達するブローカーの割引手形を保有していました。これらの手形のうち二八〇万ポンドは一一月一一日から一二月四日までに、さらにまた二〇〇万ポンドは一二月四日から三一日までに満期となりました。そこでおおよそ五〇〇万ポンドの手形が一一月一一日から一二月三一日までに満期になったわけで、その結果われわれは、単にわれわれの為替手形の満期となるだけで、われわれに対してあるいはなされたかもしれなかったいかなる要求にも充分に準備ができていたのであります。

[1147]　あなたの言われるのは、あなたがあなた自身の顧客から平常の融資を引き上げることはしなかった、しかし従来あなたがなしてきた非常に巨額の資金をビル・ブローカーに預託することは止めることにしたと言われるものと解しますが、いかがです。

——精確にはそうではありません。われわれの割引した手形が満期になるのを待っていたのです。またわれわれは割引を少なくしたのです。それで巨額の現金準備を保有することになったのです。

[1148]　それはとりもなおさず、あなたが従前になしてきた融資の一部分を商業界から引き上げ、それと同時にあなたのイングランド銀行に対する預金を増加したことになるのではないですか。

――さようです。われわれのイングランド銀行預金は増加いたしました。われわれはそのほかに融資を引き上げたのではありません。

[1149 ウェゲリン氏]　あなたはビル・ブローカーのところにコール・マネーを持っていましたか。

――わずかの額、おそらくおおよそ五〇万ポンド、あるいはそれ以下でしたが、これにはわれわれは返還を求めませんでした。

[1150 委員長]　あなたの言われるところはこういうふうに理解されます。あなたは商業上の逼迫によって大体において平常時に融資されていた金額を商業から引き上げ、それと同時にイングランド銀行に対するあなたの預金を増加するようになったというのですが、いかがです。

――それは第三者、すなわちわれわれのところに当座勘定を持っていない人々の割引を止めるというだけのことです。

[1151]　またはビル・ブローカーに従前通りの額を与えるとかをいうのではないですか。

――しばらくはブローカーにも、第三者にも割引を止めて、われわれの手形の満期となるのを待ち、何もしないでいれば、どんな要求がわれわれになされたとしてもこれに応ずることができるようになるという考えでいました。

[1152]　あなた自身の顧客に対して続けてしなければならぬと感ぜられるもの以外は、貸付を止めたというのですね。

――まったくそうです。おそらくまた同時にこう言ってもよいと思います。われわれはイングランド銀行に持っていた巨額の残高のほかに、もちろんこれはわれわれ自身の金庫にあるものと同様に役立つものでありましたが、そのほかにわれわれは本店ならびに全支店の金庫に銀行券を増加しました。

[1153]　その当時ロンドンの株式諸銀行は巨額の政府証券を売却し、公衆がこれを購入したと思いますが、いかがです。

――いくらかの株式銀行やその他の銀行が売却したことはもちろんです。また公衆が巨額の購入をしたということもまったく確かなことと思います。公衆は公債が下落すると必ず購入するからであります。

[1154]　あなたは委員会に対して、昨年の秋の商業上の逼迫に際して、株式銀行制度はこれを激化するに、あるいは軽減するになんらかの影響があったという点について、あなた自身のご意見を何かお述べになる考えはありませんか。

――大体において私はこう言えるかと思います。株式銀行はロンドンの他の諸銀行と同様に資金を遊ばしている人からこれを集めて、これによってあらゆる他の時と同様に当時もまた商業を必ず援助していたに相違ありません。またそれ以外のことはできなかったのです。

[1155] あなたは、ご自身の店であるいはビル・ブローカーを通してなされる割引が大体非常に巨額に上ると言われますが、逼迫の最も烈しかった時にあなたはご自身の直接の顧客に忠実と考えられる程度にこれを緊縮なさったと言われるのでしょう。

――そうです。しかし資本がなかったわけではありません。それはイングランド銀行にあったのです。そして短期間ならばいつでも使用することができたのです。もしわれわれがそれを必要としなかったとすれば、他の人々がこれを使用することもできたのです。

[1156 ウェゲリン氏] 実際上はそれはイングランド銀行によって使用されていたのでしょう。

――確かにそうです、私にもそう思えます。その点には全然問題はないのです。

[1157] もちろん、あなたはイングランド銀行におけるあなたの預金が請求次第得られるという点でまったく安心しておられたのでしょう。

――われわれはその点ではなんらの疑惑も持っていなかったのです。

[1158] あなたは一八四四年の法律の影響を、それがイングランド銀行の銀行部をしてその預金者の要求に応ずることのできないような破目に陥らせることになるかもしれなかったものとはお考えにはならなかったのでしょう。

――私はそれが少しでもわれわれに懸念を与えるものでは決してなかったということを言わなければなりません。

[1159]　したがってあなたはその時がくれば政府がなんらかの方策をもって干渉し、以前になしたと同様にイングランド銀行がそれに対する要求に応ずることのできるようにするであろうと考えられたのでしょう。

――われわれはつねに、もしイングランド銀行が支払を停止すれば政府の全機関はそれとともに停止するものと考えていたのです。したがってわれわれにはそういう恐るべき災厄が、政府にそれを阻止することのできるという場合に、起こるとはどうしても信じられなかったのです。

[1160　委員長]　銀行券の兌換が危険に瀕しているという考えはあなたの胸に浮ばなかったというのですか。

――片時もありません。そういうようなことは全然考えませんでした。

[1161　ウェゲリン氏]　私が言うのは銀行券の兌換ではなくて、イングランド銀行の銀行部の状態なのですが。

――それについて何か疑いがあると考えたとすれば、われわれは銀行券を受け取ってこれを自分の金庫の中にしまうということをしたでしょう。われわれには片時でもそういう種類の出来事が起こりそうには決して思えなかったのです。

[1162]　だからあなたは政府がイングランド銀行に対して銀行券の保証発行の増加の権限を与える書状を発するという方策に出ることは、商業界に一般的に期待されたことであり、また将来においてもこういうような事情になれば商業界があてにしていることだと考えておられることになるのです。

——われわれはそういう種類のなんらかの方策を期待していたのです。それはもちろんきわめて明白なことでした。われわれはそれが採用されるか否かを非常に疑っていましたが、ついに最後の瞬間になって採用されたのです。

[1163]　あなたは今までに、イングランド銀行が一八五七年一一月にあったのと同じような事情の下にあっては、確実な銀行担保に対しても貸付を拒絶することもありうると考えたことがありますか。

——もちろん、あります。しかしその結果がどうなるかということについては、その答えは非常に困難な問題です。もっとも私の見るところでは、確実な担保を持っていれば、いつでもそれはイングランド銀行でなんらかの形式、あるいはなんらかの方法で換価さるべきものであるという考えは、商業界の人々の心には非常に深く染み込んでいるようでありますから、イングランド銀行が確実な商業証券を提供する人々を援助することを拒絶しうるかどうかは実際非常に疑わしいと思っています。

[1164　ケイリー氏]　あなたが預金に対して利子を附けるということに関し、ある新しい

取り決めができたと言われるとき、それはロンドン・アンド・ウェストミンスター銀行としてのあなた自身のことを言っておられるのですか。あるいはあなた自身と関係のある他の諸銀行のいずれかについて言っておられるのですか。

――すべての銀行の間で一致した理解とは、いつもいつもイングランド銀行の変更にただちに追随するということは、その株主にとってもまた公衆にとっても、いずれにとっても望ましいことではないということのように思います。彼らすべてのものの間では、将来もそういう方針をとるつもりはないということに了解ができていると信じています。

[1165]　それは特殊の事情の下ではむしろ危険であると感じたからですか。

――私はそれが危険であったということに関しては、それを認めることができません。しかしこういう点については疑いのないところです。すなわち公衆の心のうちにはわれわれとして争ってならない一つの考えがあるのです。資金に対して高い利子を提供するのは市場利率にしたがうというよりは、むしろその人が金を欲するからすることであるというのであります。しかし私としては、もし人々がその資金をもって法外の利率を得たいと考えるならば、彼らはそれを引き出して自分自身で使用するように教えられた方がよいと思います。

[1166]　あなたは、今ではあなたのあげられた諸銀行の間では一般的に、去る一〇月および一一月の間にそれによってやってきたものとは異なる原理によってやっていくということに了解ができているとお考えになるのでしょう。

――私はそうだと思うと言ってよいと考えます。

[1167]　こういうふうにコール・マネーに対してかくまで高い利率を支払うというやり方は、最近二、三年の間に設立されたある種の銀行が、一〇日あるいは一カ月の通知を要求する代わりに、わずか三日の通知のものにも悦んで利子を支払うことになってから初めて大いにさかんになったというのが事実ではなかったのですか。このやり方は二年ばかり前から始まったのではないですか。

――私はそれがこれらの新しい諸銀行によって始まったとは考えません。それは旧来の諸銀行によって始められたものと思います。私自身の銀行について言えば、われわれはやむをえず、それをやるようになったと思うのです。言い忘れましたが、われわれのところでは預金を受ける場合、その人は一カ月はその金を置いておかなければ利子を得られないのです。われわれはどんな預金者の金に対してもその金が一カ月はわれわれのところにあることを了解して、それを条件としないかぎり利子を附けることはいたしません。その一カ月のうちにそれを引き出すことはできますが、その時は利子を失うわけです。一カ月われわれのところに置かなければ利子が附かないのです。それ以後になれば通知なくして要求次第に引き出せるのであります。

[1168]　諸銀行のうちにはその当座勘定に利子を支払うものがあるというのは事実ですか。あるいは事実ではないのですか。

——事実です。たいていの新しい銀行はそうしていると思います。ロンドン・ユニオン銀行はそれをいたしております。

[1169]　その預金よりは低い利率と思いますが、いかがです。

——低い利率と思います。しかしある期間は、六カ月あるいは一カ月は、最低残高に対して一定の利率となっていると思いますが、この期間については精確に存じておりません。なおつけ加えて言うべきことと思いますが(そしてあらゆる銀行でもそうだと信ずるのですが)、ロンドン・アンド・ウェストミンスター銀行はその設立の最初の日から今日に至るまで手形を再割引いたしたことは一度もありません。どんな手形でも支払になるまではわれわれの銀行の手を離れたことは一度もありません。

[1170]　それは一般にロンドンの株式銀行ではそうなのではないですか。

——そうだと信じます。

[1171　ウェゲリン氏]　しかしあなたは時々ビル・ブローカーがあなたのところへ手形を預託するのに対して資金を貸し付けることをするのでしょう。

——そうです。

[1172]　またあなたは場合によってはその金を請求して担保を返還するということもやるのでしょう。

——そうです、しかしそれはわれわれのところでは非常にわずかしかいたしません。

［1173］　それは手形の再割引に等しいのではないですか。

――いや、そうではありません、手形の割引と手形に対する貸付とは非常に異なったことです。手形を割引するときは、その手形はわれわれの資産になるのです。それはわれわれの自由にすることができるのです。しかしわれわれはそれを満期になるまで保有し、しまっておくのです。しかるにブローカーがわれわれのところへ来て手形を預託して、例えば五万ポンドを借りたいと言い、われわれが彼らに金を与え、また後にこれらの手形を彼らに返還してわれわれの金を取り戻すというのは確かに再割引ではありません。

［1174］　あなたが、あなたの金を短期間使用したいと思う時に長期日の手形を取ってこれに貸付するということもたびたびあるのではないですか。

――しかしそれはわれわれのしたと言われる再割引ではありません。金を借りるブローカーは非常にしばしば長期日の手形を差し出し、のちにわれわれはその貸金を請求します。しかしそれが再割引であれば、コンソル公債で資金を貸し付け、再びその資金を請求するのもそういうことになります。それはわれわれの方から進んでやる貸付ではありません。われわれはそれを捜すということはしないのです。彼らがわれわれのところへやってきて、資金を借り、われわれに担保を提供するのです。われわれが資金を必要とする時はその金を請求し、彼らの担保を返還します。確かにそれは再割引ではありません。

［1175　ハンキー氏］　あなたがそれに対して貸付した手形の返還と割引との間にはこうい

う明白な区別があるのではないですか。もしあなたが手形を割引したのであれば、手形に対するあなたの責任はその手形が満期になるまでは続いているということになるのでしょう。

——そうです。

［1176］　先の場合には、あなたはそれ以上なんらの責任も持っていないのでしょう。

——確かにそうです。

［1177］　あなたはそれが非常に重要な相違だとはお考えになりませんか。

——それは重要な相違だと思います。例えば、ある人がわれわれのところにやってきて五万ポンドを借り入れ、われわれがそれを彼に貸し付け、そしてその貸付が満期となる時、われわれは自分の金を再び取り戻します。確かにこれはわれわれがしたと言われる割引ではありません。

［1178］　こういう相違はないのですか。もしあなたが再割引すれば、あなたはほとんど無制限にあなたの銀行に負債をかけることになる。これに対して他の場合には、あなたはただ貸し付けた金を取り戻すだけということになるのでしょう。

——確かにそうです。

［1179　ケイリー氏］　前大蔵大臣は停会に先だって下院に演説し、パニックの月曜、火曜、水曜、木曜の間はイングランド銀行が、まったくそうだとは言えないとしても、商業手形を割引したほとんど唯一のものだと述べています。あなたはこれとあなたが顧客に対して普通

の融資をしたと言われたところを、どういうふうにして調和なさることができるのですか。

——私は大蔵大臣の言ったことに対しては責任はありません。われわれの銀行のやり方に関して私が今述べていることには責任を持ちます。われわれの顧客に対する貸付は、一二月三一日には一〇月三一日のそれよりもほとんど五〇万ポンドも多かったのです。われわれが他の人々に対して割引しなかったということについては、その当時一般的となっていた不信によるものでありまして、われわれとしても預金の一部分を保有するということは、人々がこれを請求した場合にこれにあてるために必要であったのです。若干の人々は事実請求いたしました。一一月にはわれわれの預金は減少したのです。したがってもしわれわれがブローカーに対する割引を続けてやっていたとすれば、われわれは市場に出て、われわれ自ら手持ちの政府証券によって資金を調達しなければならないことになったでしょう。しかしわれわれは割引しないで、イングランド銀行にわれわれの資金を残しておくことによって、これを避けたのです。

[1180]　それではあなたは顧客に対して、その期間は平常と同じ額の割引はしなかったのでしょう。

——いや、いたしました。しかもいつもより以上にしたのです。

[1181]　しかし第三者にはしなかったのでしょう。

——第三者にはいたしません。私はわれわれの顧客で当然われわれが融資するものと思っている人々との取引と、ブローカーに対する割引のように全然自発的なものでわれわれが使用しなければならぬ資金を有するということに依存しているものとを区別しています。

[1182]　書状が最後の瞬間にも出なかったならば、どうなったでしょう。

——それは私にはほとんど答えることのできない問題です。

[1183]　あなたのその漠然とした言葉はどういうわけですか。

——パニックおよび恐慌の時にはどんなことが起こるかを述べることは不可能です。商業界には確かに非常な恐慌が拡がっていました。それは何か特別の救済手段によらないかぎりは決して軽減されえなかったのです。おそらくわれわれはハンブルクにあったように、銀行券が全然流通しないというような状態に陥っていたかもしれません。

[1184　スプーナー氏]　あなたの「最後の瞬間」という言葉はどういう意味だったのですか。あなたは書状は最後の瞬間に出たと言われましたが、何の最後の瞬間ですか。

——それは遅くなってからでした。その日は非常に苦しい日だったのです。二日間は非常に心配でした。何か救済があるだろうと思わない人はなかったのです。その書状が出て救済されたのは、その要求が非常に喧（やかま）しくなってきてからだったと思います。

[1185]　その最後の瞬間も過ぎ去ってしまうというようなことになり、しかもその書状が出なかったという時には、あなたのお考えではどういうことになったでしょうか。

——それに答えることは非常に難しいです。それを克服することはできなかったであろうというのは言い過ぎです。この困難を作り出したものがロンドンの外にあって、その内になかったということはなんらの疑いも全然ありえないところです。したがって私としては意見を述べるということは、それだけ非常に困難です。銀行業者は個人銀行も株式銀行も双方ともに完全に堅実な状態にあって、ロンドンにある銀行はどんな逼迫を受けようともこれを堪えることができたと思います。

[1186 ハンキー氏] あなたは一般的に預金のどのくらいの割合に準備金を保有したらよいとお考えになるかということについて、何かお考えを委員会にお述べになりませんか。

——それは時の事情によって非常に左右されなければならないと思います。破産の起こる恐慌の時には、もちろんあらゆる銀行家はその準備金を強化します。われわれの準備金はその時は平常よりも大きいです。平常取引の時には利子をつけるものも、利子をつけないものも、いずれの預金にしても不断に流通しているものでありまして、資金の受入は支払にほとんど完全に応ずるものであります。

[1187] あなたはおそらくどんな時でも一定額の預金は全然使用しないで準備金として保有されておられることでしょう。

——そうです。

[1188] 商業取引が普通に行われている際には、そういうふうに使用されないで保有されるべきものの何か固定した割合でもあるのですか。それともあなたがその割合として公正な

る望ましいものと考えられるお考えを何か委員会でお述べになりませんか。

——その点に関しては、私としては一二月三一日のわれわれの例年の報告書、すなわち貸借対照表を提出するより以上によい考えはないと思います。

[1189]　それはその日にあなたのところに使用されない資金がどれほどあるかを明らかにしていますか。

——そうです。報告書を一通差し出しましょう。それはおそらくお訊ねに対して最もよく適合するものと思います。すなわち、それにはわれわれの公表した勘定にあるように、毎年の六月三〇日ならびに一二月三一日における手許現金がわれわれの所有するコール・マネーならびに政府証券とともに示されています。それはおそらくあなたのご希望になる消息を伝えるに最もよい、最も便宜な方法であろうと思います(次頁の表を参照せよ)。

[1190]　あなたは、あなたのところの預金が著しく増加している時は、他の時に保有されるよりもヨリ多くの額の準備金を保有する必要があるとお考えになりますか。

——一般的原則として、われわれの準備金はつねにわれわれのところの預金に対して、ある割合をもっていると言ってもよいかと思います。

[1191]　あなたのところではご自身の取引先以外の人々に対しても手形の割引に資金を使用しますか。

——ブローカーに割引します。

ロンドン・アンド・ウェストミンスター銀行の預金総額ならびにまた手許現金，ビル・ブローカーに対するコール・マネーおよび銀行手持の政府証券　（単位ポンド）

年月日	預金	手許現金	コール・マネー	政府証券	総計
1845.12.31	3,590,014	563,072	628,500	1,039,745	2,231,317
1846.12.31	3,280,864	634,575	423,060	938,717	1,996,352
1847.12.31	2,733,753	721,325	350,108	791,899	1,863,332
1848. 6.30	3,170,118	588,871	159,724	1,295,047	2,043,642
1848.12.31	3,089,659	645,468	176,824	1,189,213	2,011,505
1849. 6.30	3,392,857	552,642	246,494	964,800	1,763,936
1849.12.31	3,680,623	686,761	263,577	973,691	1,924,029
1850. 6.30	3,821,022	654,649	258,177	972,055	1,884,881
1850.12.31	3,969,648	566,039	334,982	1,089,794	1,990,815
1851. 6.30	4,414,179	691,719	424,195	1,054,018	2,169,932
1851.12.31	4,677,298	653,946	378,337	1,054,018	2,080,301
1852. 6.30	5,245,135	861,778	206,687	1,054,018	2,122,483
1852.12.31	5,581,706	855,057	397,087	1,119,477	2,371,621
1853. 6.30	6,219,817	904,252	499,467	1,218,852	2,622,571
1853.12.31	6,259,540	791,699	677,392	1,468,902	2,937,993
1854. 6.30	6,892,470	827,397	917,557	1,457,415	3,202,369
1854.12.31	7,177,244	694,309	486,400	1,451,074	2,631,783
1855. 6.30	8,166,553	722,243	483,890	1,754,074	2,960,207
1855.12.31	8,744,095	847,856	451,575	1,949,074	3,248,505
1856. 6.30	11,170,010	906,876	601,800	1,980,489	3,489,165
1856.12.31	11,438,461	1,119,591	432,000	2,922,625	4,474,216
1857. 6.30	13,913,058	967,078	687,730	3,353,179	5,007,987
1857.12.31	13,889,021	2,226,441	1,115,883	3,582,797	6,925,121

[1192]　ブローカーに割引するだけですか。
――そうです。
[1193]　つねにあなたのところへ手形を提供している第三者たる商会にはしないのですか。
――大体においてしないと言えるでしょう。われわれは、銀行家としてわれわれのところに勘定を持っていない一、二の商会に割引するのがあります。しかし概してわれわれは取引先あるいはビル・ブローカー以外には割引しないのです。
[1194]　イングランド銀行が商業界にその援助を与えたいと考えて、最も堅実なる銀行経営の原理からいえば完全に慎重であるとは考えられないほどに多額の貸付をするという場合、あなたはそれによって公衆になんらかの利益をもたらしうるとお考えになりますか。
――先にも申しましたように、優良なる手形、すなわちその満期日に支払われるということになんらの疑いもないような手形が流通しているかぎり、これらの手形を割引することのできる資金はいくらかあるべきはずであります。
[1195]　それではあなたは何ぴとに対しても、単に手形を所持しているその人が、それを現金に換えたいと希望しているという理由だけで手形を割引してやるというのが、イングランド銀行の機能の一部をなすものとお考えになりますか。
――先にも申しましたように、公衆がイングランド銀行は普通の株式銀行より幾分違ったところがあると考えている、あの迷惑な考えから逃れるということは、イングランド銀行に

とって非常に困難なことでしょう。私は、提供される優良手形の割引を拒絶することができるか否かは、事情によって非常に異なるに相違ないと考えます。

註C　一七六四年から一八六四年におけるダンディ銀行の発行高および預金を一〇年おきに示した表

（単位ポンド）

年	発行高	預金*
1764	30,395	—
1774	27,670	—
1784	56,342	—
1794	50,254	48,809
1804	54,096	157,821
1814	46,627	445,066
1824	29,675	343,948
1834	26,467	563,202
1844	27,504	535,253
1854	40,774	705,222
1864	41,118	684,890

* この銀行は1792年になって預金の受入を始めた．その年，それは35,944ポンドに達したのである．

註D　イングランド銀行株主総会　一八六六年九月一三日（一八六六年九月二二日のエコノミスト紙から）

イングランド銀行の総会は過去半カ年の配当を公表するために、本月一三日の正午、銀行において開催された。

銀行総裁ランスロット・ホランド氏は議長をつとめたのであるが、株主に対して次のように述べた。この総会はわれわれの特許状によって定められた四半期総会の一つであるが、また附則にある半期総会の一つでもあって配当を公表せんとするものである。ここに私の持っている報告書によると、去る八月三一日に終わる半カ年の間の銀行の純益は九七万一四ポンド一七シリング一〇ペンスに達し、同日における積立金額は三九八万一七八三ポンド一八シリング一一ペンスとなる。そこで一〇〇ポンドにつき六ポンド一〇シリングの割合で配当に充て、後に積立金三〇三万五八三八ポンド一八シリング一一ペンスということになる。これによって理事会は利子、利潤の半期配当として所得税のための控除なしに一〇〇ポンドにつき六ポンド一〇シリングを、きたる一〇月一〇日に支払うことを提案している。これがただ今、私の総会に提出しなければならぬ提案である。しかしこの前の総会以後、重要な出来事が起こっているので、私はこの機会に簡単にこれらのことに言及するのが当然であると思う。最近数カ月の間に本行ならびにロンドンの全銀行界の資金は非常な逼迫を呈してきた。しかし本行のみならず全銀行団は、この非常な苦難の時期を通してきわめて公明正大にやってきたということができると思う。銀行業は非常に特殊な事業である。それは信用のいかんに非常に左右されるものであって、ごくわずかな疑惑の風にも、いわば全一年の収穫を攫(さら)われてしまうことになる。しかし一般にロンドンの銀行機関が過去半カ年間の大半において、彼らに対してなされた要求に応じてきたそのやり方は、彼らの業務遂行の基準が堅実であったということをきわめて満足に証明している。本行も全力を尽して——しかもきわめて見事に——この危機にあたった。われわれは逡巡してわれわれの任務を怠ったことはなかった。嵐がわれわれのところに襲来したとき、すなわちオーバレンド商会が破産したということが知れ渡った日の朝、われわれはいかなる銀行機関に保持された状態にも劣らぬほどに堅実かつ健全な状態にあったのである。そしてその日も、またそれに続く一週間を通じてわれわれはほとんど信用されないほどの貸付をなしたのであった。これらの貸付の大きさは、たとえその直前においてさえこれを予言するということは、何ぴとにも思いもよらなかったことと信じている。こういう事情の下にあっては、公衆がある程度の恐慌に襲われたということも、またイングランド銀行からの融資を必要とした人々が大蔵大臣のところへ行って、政府に対して、法律による額を越えて銀行券を発行するということに関して、もしわれわれがかかる手段をとったがよいと考えるときには、これを実行しうる権限を与えるように要求したということも無理のないことである。しかしわれわれはなんらかかる権限を与えられないうちに、手を下さなければならなかったのであって、大蔵大臣がおそらくまだその床を離れないうちに、われわれはわれわれの準備金の一半を貸付したのである。これがために準備金は確かに、われわれとしては遺憾の念を持つことなしには見ることのできないほどの額に減少したのであった。しかしながら、われわれは銀行界を支持するということは、われわれに課された任務と考えていたので、この任務を回避することはできなかった。また本行に対して正当に援助を求めてきた者が拒絶されたということは全然聞いていない。相当の担保を持ってここに来た者はいずれも寛大な取扱いを受けたのである。またたとえ融資は要求通りの全額をなされなかったにしても、適切な担保を提供しながら本行からの救援を得られなかったという人は全然ない。私はおそらくこういう機会に慣例となっているより、やや立ち入りすぎたことを申し述べたと思うが、しかし時勢は異例なほどに興味の深いものであるし、また本行がその残高を、ある人々には危険と考えられる点まで減少するというような方針を採用したことを弁明するためにも大いに述べておいた方がよいと思うのである。しかしながら最近の諸事件を回顧してみて、五月一一日ににわかにわれわれを襲ってきたような旋風に対して準備をしていなかったということに関しては、私はこの総会に対してなんらの責任をも負うことはできない。また株主総会も、彼らの理事会があの場合、適切に行動し、彼らは非常に特別な事態に対応して最善をつくしたということを感知されるだろうと思う。今はただ配当が過去半カ年に対して一〇〇ポンドにつき六ポンド一〇シリングの率に決せられるように動議を提出するに留めなければならない。

ハイアム氏は採決されるに先だって総会にいささか意見を述べたいと申し出た。彼は、彼らに対して提出されたばかりの計算書が完全に申し分のないものであると信ずると言った。

彼はまた理事が最近の金融危機を通して商業界を援助するのに最善をつくしてきたと考えるのであった。しかしそれと同時に彼らはヨリ早い時期に大蔵大臣に対して銀行条例の停止を求めなかったという点ではよくなかったように思うというのである。イングランド銀行に対する要求が、その日の初めのうちは、条例に規定された限度を越える許可がすでに与えられたという噂が広く行われていたために、非常に減退したということはよく知られている。しかしながらその譲歩はきわめて強要的な陳情が大蔵大臣に対してなされたあとに、その夜遅くなって初めてなされたのである。そこでもしこれがその時拒絶されてでもいたとすれば、土曜日の事態は金曜日にあったよりもはるかにいっそう悪化していたと思わざるをえないというのである。事実は、一八四四年の条例が、その時以後その商業を三倍、あるいは四倍にしてきた、この国の現在の必要にはまったく不適当であったということにある。しかるにこの方策は多数の理事の賛成を得ているように見えるが、それは遺憾である。ワトキンズ氏の動議に関する論争のうちになされた演説を読んだ者は何ぴとも、この問題がさらに一般の調査を要するということを感ずるに相違ない。そこでこの調査に対する要望のなお承認されることを希望するというのであった。

ジョーンズ氏は、今この総会に意見を述べた株主の抱いていた銀行条例に関する見解と、完全に意見を異にするということを述べた。彼の見るところでは最近の金融危機の主たる原因は、われわれが一八六五年には二億七五〇〇万ポンドの価値を有する外国品を買い入れたのに対して、われわれの輸出の価値はわずかに一億六五〇〇万ポンドにすぎなかったため、差引一億一〇〇〇万ポンドに達する入超となったということにあった。彼は、イングランド銀行が紙幣を増加せんとするあらゆる試みに対して賢明にこれを防止する行動に出たと信じ、また勤労者階級はかかる変化によって惹き起こされる物価騰貴によって利益を受ける見込みの最も少ない人々であると確信するように思うと言うのであった。

モクソン氏は、イングランド銀行が過去半カ年間になした不良貸金の額を伺いたいものであると言った。外部ではこの期間中に理事は三〇〇万ポンドから四〇〇万ポンドの手形を不渡りにされたと、非常にまことしやかに言われているというのであった。

銀行総裁——失礼ながら何によって、あなたはそんなことを言われるのか。われわれはむしろそれが聞けたら面白いと思う。われわれはそういう種類の噂ではいつでも確実なる根元を突きとめることが一度もできなかったのである。

モクソン氏は続けた——不良貸金の多少のいかんにかかわらず、彼はその実際の額を彼ら全部に知らせた方がよいと考えるというのであった。彼らは、総会でイングランド銀行が非常に多数の鉄道社債を保有していると聞いた。そこで彼としては、これらの社債のうちにはその後その債務の支払不能に陥った鉄道会社のものはなかったかどうかを知りたい。また銀行の財産の一部はテムズ・エンバンクメントのためになされた貸付やその他のものに固定されていて、その資金は一般銀行業や商業のために利用されえないものとなっていると聞いている。もしそれが事実ならば、彼はかかる政策には不賛成であるという。さらにまた彼には他の重要な点にも言及したいものがあった。彼は、イングランド銀行における株式諸銀行の残高総計がいくらあるかを知りたがった。彼は、早晩いつかはこれらの株式銀行がイングランド銀行の支払停止をもおそらく命ずる地位に立つであろうと恐れるのであった。もしそれがそうでないならば、公衆はその点を充分に知らされることが早ければ早いほどよいわけである。しかしもし一〇あるいは一二の株式銀行がイングランド銀行に巨額の残高を持ち、しかもイングランド銀行の残高が非常に減じてくるというようなことになると、人々は当然、株式銀行がイングランド銀行に対して不当に大いなる勢力を有することになるものと考えることになるであろうという。彼は、さらに進んで理事は最近預金に対して利子を支払うという方策を考慮したか否かを訊ねたいと言った。彼は、彼らの現在の経営方法では彼ら自身にも、また公衆にも有利に得られるべきはずの巨額の利潤を放棄しつつあるものと信じ、フランス銀行によって採用されている方法によって証券の保管をなすべしと勧告したのである。最後に彼は三個の決議案を提議し、第一に、銀行株の所有者全部の表を印刷し、またその所有株が少数であるために、あるいは所有期間が短期であるために表決に加わることのできない人々全部の氏名を別の名簿とすること、第二に、銀行の特許状ならびに規則、命令および会社の取締のために定められた附則の謄本を株主に利用せしめるために印刷すること、第三に、その勘定の詳細なる検査をなすべき会計監査役を任命すべきことを規定しようというのであった。

ガーステンバーグ氏は理事に対して、イングランド銀行は正貨支払を停止しようとしているというような、最近しきりに大陸に行われている間違った噂の拡まることを防止するために何か手段をとるように勧告した。

W・ボトリー氏は理事に対して、預金に利子を与える方策を考慮することを希望する旨を述べた。

オルダーマン・サロモンズ氏は、自分はこの機会に、株式銀行の管理者ならびに株主にとってはこの日、イングランド銀行総裁が彼らの業務遂行の堅実にして公明正大なるやり方に対してなした証言以上に満足すべきものはありえないと信ずる旨を表明しておきたいと言った。株式銀行ならびに銀行団が一般にイングランド銀行と協調していくということは明らかに望ましいことである。そこで彼は、イングランド銀行総裁が最近の金融危機を乗り切った株式銀行のやり方に好意をもって言及したことを心から感謝したのである。

銀行総裁は言った――配当の決定を採決するに先だって、私はこの総会で発言された方々によって持ち出された一、二の点に言及したいと思う。われわれの注意を引いた最も主要な問題は預金に利子を与えるという方策である。この点については私はイングランド銀行の経営にとってこれ以上に危険な改革はないと信ずるものであることを言わなければならない。オーバレンド・ガーニーやその他多くの商会の瓦解は、その根源に遡ってみると、彼らが要求次第支払うべき預金に利子を支払うことをやりながら、他方ではこうして得られた資金を自ら進んでアイルランド、あるいはアメリカ、あるいは海底における投機に投じ、逼迫の時がやってきた時にはこれを利用することができなくなっていたというような方策をとったことによるものでなければならない。

ボトリー氏は、要求次第支払われるべき預金を指したのではないと言った。

銀行総裁は続けた――それは細目のことにすぎない。主たる問題はわれわれが預金に利子を支払うか否かということである。そしてかかる方策には私としては完全なる不賛成を表明しなければならない。モクソン氏は、われわれの貸金の額について言及された。しかし先に失礼ながら氏の発言をさえぎった際にも述べたように、われわれはこの問題について行われている噂には、いずれもその根元を突きとめることができなかった。そういうものがあったと言えるとすれば、おそらくきっとその根元は銀行によって貸付された莫大な額の金にあるのであろう。しかしわれわれが充分なる担保なしには貸付しなかったということは記憶されなければならない。その最上の証拠はわれわれのなした不良貸金額が驚くべき少額であったということにある。かかる貸金額を精確にいくらあるかを述べるということが、イングランド銀行の特色とされたことはない。しかしそれを現在の場合、述べなければならなかったとしても、それは非常にわずかなもので、私のしなければならぬ発表にもほとんど信用を得ることができないほどであるということがわかると思う。われわれの現在なす配当が、今までわれわれのあげてきたもののいずれにも劣らず公明正大に苦心して得られたものであることを私は信じて疑わない。しかしこれを得るには、理事としてはいずれも非常な警戒と非常な心遣いとをもってしたのである。したがって私は附け加えて言いたいと思うが、もし諸君が勘定の作成を監査役に引き渡すというようなことをするとすれば、それは単に理事の責任感を減じ、諸君の事業の経営に混乱をもたらすことになると信ずるのである。諸君の理事が諸君の信任を受けるに足るとすれば、彼らは必ずその任務を遂行することができるが、もしそうでなければ諸君は彼らを現在の地位にそのままにしておくべきではない。われわれの資本が固定されているとされる点については、われわれの手許にある一四〇〇万ポンドは必ずそれを様々な証券に投じておかなければならないということを述べなければならない。しかしわれわれの資金が固定されていて商業上の貸付をなすのに利用されえないと想像するのはなんらの理由もない。われわれは三カ月の間に四五〇〇万ポンドの金を貸付した。これ以上に諸君は何を求められるか。われわれは証券を預るように勧告されたが、しかしわれわれの取引先のそれ以外の証券はすべて拒絶しなければならぬものと考えてきた。私は証券の保管がますますその弊害を増大しつつあるものと信じている。鉄道社債に関してはわれわれが疑わしいものを持っているとは信じられない。われわれは一流の鉄道会社、しかもわれわれの知るかぎり、議会によって制定された限度内において活動しているとされる会社の証券以外のものは一つも持っていない。これらの問題について大体述べたので、私は今から配当決定の動議を提出したいと思う。

そこでこの動議は提出され、異議なく可決された。

次に議長はこう言った。この決議は次の火曜日に投票によって確認されなければならない。イングランド銀行はその法令の規定によって、先の半カ年間に配当されたものよりも高い配当を、この形式によらないかぎり決定することはできないことになっているからであると。

それからモクソン氏によって提案された三決議案が読み上げられた。しかしそれは賛成者が全然なかったので会議には附されなかった。

オルダーマン・サロモンズ氏は言った。総裁は預金に対して利子を支払うことは承認しがたいと考えられる旨を述べられた。そこでかかる方法がイングランド銀行によって採用すべからざるものであることは、何ぴとにも明らかになったに相違ない。しかし自分は、もちろん総裁がその所説を彼自らその事業が非常に立派に、非常に首尾よく遂行されているものといった株式銀行に適用するつもりはなかったものと考えると。

銀行総裁は、彼の述べたことは、かかるやり方のイングランド銀行にとって危険であり、またモクソン氏によって考えられているような方法で行われることが危険であるという意味であったと言った。

P・N・ローリー氏は、銀行総裁の言ったことは要求次第支払われるべき預金を取ることの危険を指すものと解した、そしてその点で自分は同意すると述べた。

オルダーマン・サロモンズ氏は、自分もまた同じ意見であると述べた。

オルダーマン・サロモンズ氏はボトリー氏の賛成を得て動議を提出し、これによって総裁および理事に対して、過去半カ年間のイングランド銀行の有能にして好成績の経営に感謝の決議がなされてのち議事を終了した。

訳者あとがき

原著者ウォルター・バジョット(Walter Bagehot)は一八二六年にサマーセットシャーに生まれ、一八七七年に歿している。ロンドンで大学教育を受けた後、法律学を修め弁護士の資格を得たが、その後は父の事業たる銀行業に従事していた。すでに当時から *The Prospective Review* に寄稿したり、*The National Review* に関係したりしていたが、五九年にエコノミスト紙の編輯をなすこととなってからは、ついに死に至るまでこの職にあって評論界に重きをなしたのである。

バジョットにはこの著作のほかに *The English Constitution*(1867), *Physics and Politics*(1872)等の著書があって、政治学者としてもまた知られている。

バジョットがこの著作を書いた当時は、イギリスもなお株式銀行の発達途上にあったのであって、個人銀行がかなり重要な地位を占めていた。最近とは事情が非常に違う。イングランド銀行の地位もまた異なっていた。もちろん、バジョットもその後の発展の傾向を大体正しく見透してはいるが、この著書をもってただちに最近のイギリスの金融市場を理解するということはできない。それにはむしろ適当の書物があると思う。

ウィザーズはこの書の第一四版(一九一五年)に、その後のロンバード街における変化を比較対照する一文を附して、株式銀行の異常な発展によるイングランド銀行の金融市場における地位の変化を説いている。すなわち、まず第一に、株式銀行の発達によって通貨としての小切手の流通が増加し、イングランド銀行券は一般通貨としてよりも、むしろ諸銀行の準備金として役立つ方に変わってきたこと。第二には、これがためピール条例に対するシティ一般の見解も変わり、もはやこの条例によって銀行業の受ける束縛は問題でなくなってきたということ、それと同時にロンバード街はイングランド銀行の資金を仰がないかぎり、その手形を完全には割引しえないということもなくなってきたこと。したがってまた第三には、市場利率と銀行利率との関係もバジョット当時のような密接のものとは言えなくなってきたことを指摘し、イングランド銀行の支配的地位は漸次に薄弱化し、いわゆる銀行支払準備の問題にも変化のあったことを述べている。ドイツ訳に附されているケメニーの解説も大体株式銀行の発展の影響として同様のことを述べるものである。

この著作は要するに一九世紀の七〇年代のものであって、これによって最近のイギリス金融市場を知るということは、あとから本書に附せられた註やウィザーズその他の解説をもってしても不充分たるを免れない。またこの著作を読めばただちに明らかなことであるが、諸外国との比較のごときも――ウィザーズも指摘しているように――今日では非常に事情が違っていて、一九世紀七〇年代にかくまで相違していたかと思われるほどである。また例えば、伝統を守るイングランド銀行の取締組織でさえ最近では本書の説明と相違する点が種々あらわれてきている。

しかしながら訳者はむしろこの著作が、最近の金融市場ではなくて一九世紀七〇年代のイギリス金融市場を具体的に、歴史的に説明している点に興味を感じ、またこの著作の意義をも認めたいと思っている。一般に経済学の金融論の部面は今日もなお多くの理論上の問題を残しているものの一つであると思う。例えば、経済学の従来の教科書等の中で説かれる金融論は往々にして他の部面との理論的関連を失いがちの傾向があるのではないかと思う。また特に金融論として説かれることとなるときわめて一般的な形でいわば技術的操作が主として説明せられることになっているのではないかと思われる。この点で訳者は特に金融論ではその理論の一般的基礎となっている金融市場の具体的事実、歴史的事情がこれを理解する上にきわめて重要な意義を有していると考えるのである。

もちろん、今日の金融論はイギリス流の商業金融を唯一の基礎とするものではない。また最近のいわゆる金融資本の問題となると単なる金融論とも言えない。しかし大陸流の産業金融にしても、さらにまたいわゆる金融資本にしても、イギリス流の商業金融を出発点としなければ充分に理解されるものではない。今日の複雑なる金融関係を基礎にして、これを全体的に包括する金融論というものはきわめて困難なる課題である。他の部面の経済学の理論と同様に、一応資本主義の完成した一九世紀中葉のイギリスの経済事実を基礎にして理論的に確立してからでなければ、今日の発達した複雑な機構は理論的に把握しがたいのではないであろうか。訳者は大体こういう見地からこの著作を、金融論の入門者にとってその研究の基本的な例題として役立つものと考えたのである。言い換えれば、この書は金融論の基礎をなす最も簡単な、しかしきわめて重要な金融関係を、あたかもその典型的発達を示す一九世紀七〇年代のイギリスにおいて、具体的にロンドン金融市場として解説するものである。その意味ではこの書は現在の経済学学生諸君にもなお充分に役立ちうるものと考えられる。イギリスにおいて最近まで版を重ねて出ていたというのもかかる理由によるものではないかと思うのである。

バジョットは、一九世紀の七〇年代のイギリスに、しかもロンドンにあってエコノミストを編輯しながらこの著作をなしたものであるから当然のことではあるが、当時の一般的眼界を出ることはできなかった。今日から見れば種々の点で時代後れの見解のあるのは免れない。バジョットにとって非常に重大視されたものでも今日にあってはさほどでないというものが多々ある。しかし七、八〇年も昔となると、われわれにもかかる見解の相違から受ける影響はむしろ少なくてすむことになる。それを歴史的のものとして見ることができるからである。ことに金融論のごとき問題では容易にそれができる。例えば、バジョットがしばしば言及している銀行制度の自然的形態というようなものでも、われわれとしてはこれをそのまま受け取るわけにはゆかない。誰が見てもこれは当時の思想に影響された抽象的理念にすぎない。われわれとしてはむしろイングランド銀行が商業金融の中心的機関として私的事業の性質のうちに公的責任をとらざるをえなくなる点に興味ある問題があるように思う。しかもこの金融中央機関の発達は、一九世紀中葉の資本主義に必然的なる過程としての典型的形態の恐慌を理解する上にきわめて重要なる意義を有するものと考えられるのである。したがってまた支払準備の問題もバジョットが提案したような解決策を求めるものとしてよりも、むしろ支払準備がいかなる機能をなすかという点に大いに学ぶべきものがあるのではないかと思う。しかしバジョットは株式会社による大規模の産業的発達をほとんど知らないで死んだのであって、その後の資本主義の発展は決してバジョットの考えていたようなものではなかった。われわれはこの点ではバジョットから学ぶべきものはない。

またバジョットもしばしば言っているように、この著作は金融論の理論的問題を根本的に解決せんとするものではない。理論的にはきわめて分かりやすい程度を一歩も超えていない。したがって独特の理論を教えられるところはないが、リカード流の理論を充分に理解した上で一九世紀中葉の具体的事実が叙述せられている点は何といってもこの著作の重要な特色であって、金融論の基本概念を学ぶ者にとっては今日もなお有力な参考書として役立つであろう。

訳者は大体以上のような考えからこの著作の新しい邦訳を企てたわけである。訳者自身金融論を専門とするものではないので種々なる誤解も免れなかったかと思うが、訳文は金融論の入門者にも分かりやすいように努めてきたつもりである。

昭和一五年一一月一八日

仙台にて　訳　者

解説

翁　邦雄

本書『ロンバード街』(初版一八七三年)は、一九世紀のロンドンの金融市場を概観し、それに即し、金融危機の発生メカニズムと危機時にイングランド銀行が採るべき対応について論じた著作である。

ウォルター・バジョットが本書を執筆してから、多くの年月が経過し、ロンドン金融市場を含め各国の金融市場は劇的に変貌し、中央銀行の役割も大きな変化を遂げてきた。しかし、驚くべきことには、バジョットが本書の中で提示した一九世紀の金融危機への対処方針である「バジョット・ルール」は、二一世紀に入っても主要中央銀行の金融危機対応の基本方針であり続けている。各国中央銀行は、金融危機が起きる都度、どのように「バジョット・ルール」を修正して今回の危機に対応すべきか、ということを検討し、実行してきた。『ロンバード街』は金融学界や金融界なかんずく中央銀行にとって、まったく他に比肩するものがない重要な古典といえる。

バジョットの生涯と学風

バジョットは一八二六年二月三日、サマーセット州ラングポートで生まれた。父親はスタッキー銀行の共同経営者(副頭取)トーマス・ワトソン・バジョットであった。スタッキー銀行の初代会長であるヴィンセント・スタッキーの妹エディスが、一八二三年にトーマスと結婚し、ウォルターが生まれたのである。ウォルター・バジョット(以下、バジョット)は、ロンドン大学で教育を受け、学部では数学を、修士課程では道徳哲学・主知哲学を専攻した。いずれも最優秀の成績で卒業したという。

一八四八年に修士号を取得、一八五一年にはパリに行き、同年一二月のルイ・ナポレオンのクーデターに遭遇した。翌年八月に帰国、スタッキー銀行に勤める傍ら、『ナショナル・レビュー』誌などに政治家や作家に関する評論を寄稿した。

彼の人生に大きな転機が訪れたのは、一八五七年である。この年、バジョットは、『エコノミスト』の創刊者であり自由党幹部でもあるジェームズ・ウィルソンの寄稿依頼に応じた。バジョットはウィルソンに気に入られ、一八五八年四月に彼の長女と結婚した。この結婚により、政界との交流が広がるとともにバジョットの政治への関心もさらに高まった。落選はしたが何度か庶民院にも立候補するなど、政治家を志したこともある。彼の政治への関心は『イギリス国制論』(一八六七年)をはじめとする政治学上重要な多くの書物・論文の執筆につながった。義父ウィルソンは一八六〇年にインドで急死し、バジョットはその翌年に『エコノミスト』の編集長に就任、一八七七年三月二四日に五一歳で急逝するまで編集長を続けることになった。

バジョットの学風はどのように理解されているのだろうか。北村行伸によれば、サッチャー内閣で下院院内総務を務めたセント・ジョン・スティーバスは「ウォルター・バジョットは銀行家・経済学者・政治思想家、そして批評家・評論家さらに文学者でもあり、ヴィクトリア時代の〝最も多彩な天才〟であった」と評価している(「石橋湛山とウォルター・バジョットの交点」『自由思想』二〇一七年九月)。また、ジョン・メイナード・ケインズはバジョットについての評論の中で、「イギリスの経済学者の中で、バジョットの地位は独特である。彼の経済学への貢献は最高級の優れたものだと一般に認められている。だが、しかし、ある面で、彼はまったく経済学者ではなかったといっても間違いではなかろう」と評している。バジョットはむしろ心理学者であり、それも「偉大な人物や天才の心理学的分析家ではなく、中流の地位のもの、主として実業家・金融業者・政治家の心理学的分析家であった」という。

ケインズの指摘通り、『ロンバード街』では、パニック時に重要な役割を果たす市場心理の揺らぎを含め、さまざまな人間心理が活写されている。例えば、イングランド銀行のガバナンスを扱った第八章では、当時のイングランド銀行理事会の微妙な人間模様が語られていて興味深い。

ロンバード街とイングランド銀行

本書の標題になっている「ロンバード街」はロンドン市街のテムズ川北岸にあり、イングランド銀行から東に向かう約三〇〇メートルの通りの名称である。昔から多くの金融機関が蝟集していることから、英国金融市場の異名になっている。ニューヨークの金融市場が「ウォール街」と呼ばれ、証券会社が蝟集している「兜町」が日本の証券市場の代名詞となっているのと同じである。

『ロンバード街』の主役はイングランド銀行である。イングランド銀行は特殊な商業銀行から発展して今日的な中央銀行という完成形にたどり着いた金融機関である。この本が書かれた時点でのイングランド銀行は、脱皮しつつある蟬のようにまさにその変態の微妙な位相にあり、今日的な中央銀行とはまだかなり距離がある存在であった。

そこで、本書を通読するうえでの一助として、『ロンバード街』が執筆された時点までのイングランド銀行の歴史についてごく簡単に復習しておこう。

一六八八年の名誉革命後、英国では、商業は栄えていたが、政府の財政基盤は脆弱であり、債務の返済を凍結して債権者――なかんずく金匠(goldsmith、もともとは金細工職人だったが、金銀地金の売買で利益をあげ、預金を受け入れて貸付を行う銀行家に発展した)――の多くを破綻させたりしていた。

しかし、一六八九年にフランスとの戦争に乗り出したことで、安定的な資金調達が英国政府にとって喫緊の課題になった。ここでスコットランドの企業家ウィリアム・パターソンが登場する。彼は一二〇万ポンドを政府に貸出す見返りとして、「イングランド銀行(正式名称はGovernor and Company of the Bank of England)」の法人組織権を獲得し、ここにイングランド銀行は個人株主によって所有される株式会社組織として誕生した。一六九四年七月二七日に免許状が交付され、同行は政府の銀行兼債務管理人という今日まで続く役割を担うことになる。

その初期の業務は、政府財政のファイナンスと新たな貨幣鋳造であったが、同行はほどなく預金を受け入れ手形を割引く通常の銀行業務にも乗り出し、銀行券の発行も開始する。イングランド銀行の発行する銀行券は幅広く受け入れられる通貨となり、人々は、イングランド銀行が「銀行券保有者の兌換請求に応じて金貨を払い出す」という約束を守ることを疑わなかった。政府とのつながり、民間銀行としての業務の規模、そして、成長しつつあるロンドン金融市場の中核的存在であることが、次第に同行を抜きん出た存在としていく。

そうした成長を支えたのは同行への高い信頼であるが、この時点での信頼はその公共性によるものではない。英国金融史の研究者であるヒュー・ボーエンはイングランド銀行創設三〇〇年を機にその活動を回顧した論文集(リチャード・ロバーツ、デーヴィッド・カイナストン編『イングランド銀行の三〇〇年』)の中の論文で、一八世紀当時のイングランド銀行への信頼は同行が健全な商業組織であるというロンドンの商人たちの間の名声に支えられていた、としている。

一八世紀当時のイングランド銀行は、唯一の銀行券発行主体ではなかった。多くの地方銀行が独自の銀行券を発行していたのである。だが、その多くが一八二〇年代から三〇年代に破綻した。安全な通貨への需要を満たすため、一八二八年以降、イングランド銀行は、地方都市に支店を開設し始める。さらに、創業のちょうど一五〇年後にあたる一八四四年の銀行条例(ピール条例)で、政府はイングランド銀行にイングランドとウェールズにおける銀行券の独占的発行権を与えた(独自の銀行券を発行し続けるスコットランドの銀行には、その裏づけとしてイングランド銀行券の保有が義務付けられた)。

この間、英国金融市場では金融危機が頻発した。イングランド銀行のホームページでは、同行が遭遇した多くの金融危機の中で最もよく知られているのは、一八六六年のオーバレンド・ガーニー危機だとしている。オーバレンド・ガーニーは、当時最大のディスカウント・ハウス(割引商会、手形割引業者などと訳される。一九世紀初頭の手形仲買人を起源とし、一八三〇年代ころから自己の勘定で内外手形を買い入れるディーラーに成長した)であったが、一八六六年に経営危機に直面し、五月一〇日に支払いを停止して破綻した。オーバレンド・ガーニーの破綻とその後の金融危機は、イングランド銀行の「最後の貸し手」としての役割について、英国内の政策論争を白熱させることになった。

金融危機とバジョット・ルール

『ロンバード街』は、こうした時代背景のもと、一八七三年に出版された。

バジョットは、その中で、イングランド銀行を中心とした当時の英国金融市場のプレイヤーと金融取引の実態、そこでしばしば発生する金融危機を概観し、金融危機に当たってイングランド銀行が果たすべき役割について詳細に論じている。その多角的で透徹した議論が、二一世紀にいたるまで金融危機における中央銀行の行動規範の原型となっているのである。

金融危機において、イングランド銀行の果たすべき役割についての核心的主張は、それまでの章における金融市場をめぐるさまざまな記述を踏まえ、第七章に登場する。バジョットは、まず、イングランド銀行の貸出の目的はパニックを食い止めることだ、とする。そのうえで、同行が貸出を行う上でのルールとして次の二点を提言している。

第一に、イングランド銀行の貸付は非常に高い金利でのみ実施すべきこと。バジョットが高金利を提言する理由は、過度に臆病になっている人々に対してペナルティとして作用させるためである。これにより、本来、貸付を必要としない人々が念のために融資に殺到する、といった事態を防ぐことが期待されている(なお、現代の先進国の中央銀行は、政府や金融機関などに口座提供対象を限定し、個人が口座を開設することはできないが、イングランド銀行は、もともと商業銀行であるから個人や企業が同行に口座を持ち、取引を行うことは可能であった)。

第二に、この高金利貸付は、あらゆる優良担保にもとづき公衆の請求がある限りすべてに貸し応じること。バジョットはその理由として、イングランド銀行の貸付の目的はパニックの抑制にあり、パニックを生じさせるようなことは一切すべきではないからだ、とする。それにもかかわらず、優良担保を提供できる誰かの借入を拒絶すれば、パニックを引き起こす、というのである。

また、第二のルールに関連して、バジョットはイングランド銀行が損失を受けるような貸出はする必要はない、と付言している。その理由として、不良取引の額は、全取引のごく一部に過ぎないこと、不健全な人々は力の弱い少数者であり、しかも彼らは不健全なことが露見するのを恐れて狼狽の様子を見せまいと行動することを指摘する。だから、大多数の健全な人々に対し、平常時に優良担保とみなされているものを提供できるならイングランド銀行が寛大に貸出を行う、ということが分かれば、恐慌は食い止められることになる、というのである。

この二つの原則を組み合わせたものが今日では「バジョット・ルール」として知られているものである。

健全な企業や人々が資金を手に入れることができず、取引の決済をできなくなる状態を流動性危機と呼ぶ。バジョットが『ロンバード街』で示した処方箋は、中央銀行がバジョット・ルールに即して資金を供給することで、流動性不足を解消し、流動性危機という形態の金融危機を防ぐ、という提案であるといえる。

現代の金融危機とバジョット・ルール

バジョット・ルールはどのような形で現代でも生きているのだろうか。

日本の戦後最大の金融危機は二〇世紀の終わりに訪れた。一九九七年一一月、北海道拓殖銀行や山一證券が破綻し、さらに一九九八年秋には、当時、日本の金融システムの中核的存在であった日本長期信用銀行や日本債券信用銀行までもが破綻し、日本銀行はその対応に追われた。

その直後の一九九九年一〇月にフランス銀行で開催されたコンファレンスに参加する

予定だった山口泰日本銀行副総裁は、その発言原稿の中で、この間の日本銀行の対応には、バジョット・ルールから逸脱した点があると認めている（山口は、実際には参加できず、日本銀行のロンドン駐在参事が代読した）。そして「一九九〇年代の日本銀行は中央銀行の政策に関する伝統的な観念からすれば、オーソドックスではなかったかもしれない。しかし、バジョットの古典的著作である *Lombard Street* が一九世紀の英国の現実の銀行危機の経験の中から生まれたのと同様に、日本銀行が一九九〇年代に金融政策や金融システム安定化の面で果たした役割も抽象論ではなく、この時代の現実の経済・金融の状況に即して評価を行なう必要がある」と述べている。

その約一〇年後、二〇〇八年のグローバルな金融危機（いわゆるリーマンショック）の影響が世界的に色濃く残っていた二〇一一年三月、当時日本銀行総裁だった白川方明は、ゲーテ大学フランクフルト・アム・マインでの講演で、近代の通貨管理に関する四つのイノベーションについて論じることから話を始めている。それらは中央銀行という組織、「最後の貸し手」という機能、金融政策、中央銀行の独立性という概念である。そして、白川は、第二のイノベーションである「最後の貸し手機能」について論じる中で、日独修好通商航海条約が締結された一八六一年に英国では『エコノミスト』の編集長にバジヨットが就任したこと、彼が中央銀行という組織についての初めての体系的な考察である『ロンバード街』を著したこと、この著書の中で、バジョットが金融システムの動揺を防ぐための「最後の貸し手」の行動原理、いわゆるバジョット・ルールを定式化したことについて触れている。そのうえで、バジョット・ルールの実際の適用の仕方は、金融市場の変化に合わせて修正が図られているものの、リーマンショックの際も、欧州中央銀行や日本銀行を含め、各国中央銀行は「最後の貸し手」として積極的に資金を供給し、それによって金融システムの崩壊を防いだのであり、「最後の貸し手」の原理が打ち立てられたことの意義はまことに大きい、と述べ、講演の後半でバジョット・ルールを各国中央銀行がどのように修正して対応したのかについて詳述している。

現代経済学と『ロンバード街』の関連

リーマンショックから約一五年後の二〇二二年、スウェーデン王立科学アカデミーは金融危機の問題に焦点をあて、ノーベル経済学賞(正式にはノーベル記念スウェーデン国立銀行経済学賞)を、この分野で記念碑的論文を書いたダグラス・ダイヤモンドとフィリップ・ディビッグ(共著者)およびベン・バーナンキに与えた。

だが、この授賞はそれぞれ別個の理由で激しい批判にさらされた。二〇〇八年に同賞を受賞した経済学者であるポール・クルーグマンは、二〇二二年一〇月二六日のニューヨーク・タイムズに、この三人、とりわけダイヤモンドとディビッグへの授賞を擁護する論考を寄稿している。その中で、クルーグマンは「明らかに、ダイヤモンドとディビッグは銀行の取り付けやそれが自己実現的な性格を持つことを見出したわけではない。実際、彼らの分析はウォルター・バジョットが一八七三年に著した『ロンバード街』の中心的テーマを定式化しただけと考えられるかもしれない。しかし、定式化は経済学においては極めて重要な役割を果たす。叙述的な記述からもっともエッセンシャルな点を抽出することができるのだ」と述べている。

実際、ダイヤモンド＝ディビッグ論文は現代金融理論上の重要な貢献であり、筆者も以前に書いた本の中でかなり詳しく紹介したことがある（『人の心に働きかける経済政策』岩波新書）。彼らの理論モデルは、人々が合理的に行動することを想定している。そのうえで、健全な銀行が「問題なく営業を続けられる」という当然にみえる結末のほかに、「取り付けにより破綻する」という予想外の結末も存在することを示したのである（自己実現的な複数均衡の存在）。その斬新な結論は金融論の研究者に大きな衝撃を与えた。

しかし、彼らのモデルでは、取り付けが起きる理由、つまり何が平和な日常から銀行破綻へと均衡をジャンプさせるきっかけとなるか、という肝心な点はわからない。ダイヤモンド＝ディビッグのモデルにはそうした説明は内在しないからだ。現実の金融危機の過程から明瞭にみてとれるきっかけは、バジョットが活写するような心理的な揺らぎ、ないし不安心理に他ならない。比喩的に言えば、『ロンバード街』は芳醇な原酒であり、ダイヤモンド＝ディビッグ論文は、さまざまな貴重な成分を含む原酒から、「合理的に複数均衡が存在する可能性」という成分だけを分留することに成功した純度の高い蒸留酒のようなもの、といえよう。

現代におけるバジョット・ルールの修正とその背景

それでは、山口や白川が指摘しているように、現代の金融危機でバジョット・ルールの修正が必要になることがあるのはなぜだろうか。

大きな理由は、金融危機の本質が「システミック・リスク」であることによる。システミック・リスクとは、ある金融機関の支払不能や、ある特定の市場の機能不全が、他の金融機関、他の金融市場、ひいては金融システム全体にドミノ倒しのように波及し、全体的な機能を破壊するリスクをさす。

現代の金融システムでは、バジョットの時代に比べ、金融機関は各種の資金決済などを通じて非常に複雑に絡み合っており、一箇所で起きた不具合ないし不安心理の影響がまたたく間に金融システム全体に広がる可能性がある。このため、現代では金融危機の前兆に直面した場合、政府および中央銀行はその波及の可能性に目を凝らす必要があり、とりわけ金融機関の経営危機に関連する情報の拡散には格段に注意することが求められる。

それを踏まえて、まず二〇世紀末の金融危機時の日本銀行の対応を振り返ってみよう。バジョットの第二ルールは、「最後の貸し手」としての貸出の原則は相手先の金融機関が健全であり、優良な担保を提供できることが前提となっている。しかし、この金融危機で日本銀行は、健全とは判断できない証券会社へ資金供給を行っている。一九九七年秋、日本の四大証券会社の一角であった山一證券の多額の簿外債務が突然判明し、清算が決まった。しかし、当時の日本では他にも多くの不良債権を抱えた金融機関が存在していたため、日本銀行は、金融市場で不安が高まればシステミック・リスクを引き起こす恐れが高いと判断した。そこで、日本銀行は、「破綻した山一證券の秩序立った業務撤退をサポートするため」として、同社に無制限の資金供給を行った。この日本銀行貸出は、二〇〇五年に一部回収不能が確定し、日本銀行は損失を被った。しかし、金融市場の大混乱や日本発のグローバル金融システム危機というリーマンショック後のような最悪の事態は避けられた。

ただし、この措置は、必ずしも、バジョットの考え方が誤りであったことを意味するわけではない。バジョットは第二ルールの前提条件を明確にしている。彼は、『ロンバード街』の中で、当時の英国金融市場の不良取引の額は、全取引のごく一部に過ぎず、影響は小さいと述べ、その前提でイングランド銀行が損失を被る可能性のある貸出をする必要はない、とした。だが、その前提が壊れれば、金融システムを守るために中央銀行がバジョット・ルールから離れ、損失のリスクを受け入れる(そして政府がその行動をバックアップする)必要も生じうる。

次に二一世紀に起きた国際金融危機の事例はどうだろうか。バジョットは、第一ルールで過度に臆病になっている人々に対してはペナルティとなるよう高金利(罰則金利)での貸出を行うことを提言している。しかし、二一世紀の国際金融危機は、各国の金融慣行によっては第一ルールの修正が必要なことを各国中央銀行に思い知らせることになった。

現代の中央銀行の金融政策は、国債などを売買する公開市場操作等の金融調節によって、短期金利(日本のコールレート、米国のフェデラルファンドレートなど)を目標水準に誘導することを基本的な出発点としている。

しかし、何らかの理由で金融市場が不安定化した場合、短期の市場金利が中央銀行の誘導目標から大幅に乖離する事態が起こり得る。このため、多くの中央銀行は、通常の金融調節を補完し短期の市場金利を安定化させる仕組みとして、「中央銀行が民間金融機関からの申込みを受け、短期間、予め定められた金利で受動的に資金を貸付ける制度(貸出ファシリティ)」を設けている。市場金利が異常に高くなった場合、中央銀行に借りに行けば予め決まっている金利で借りられる、という制度なので、貸出ファシリティの金利は短期の市場金利の上限を画する効果が期待されている。

実際、リーマンショックに向かいつつある二〇〇七年以降の金融危機局面で、日本やユーロエリアでは、貸出ファシリティの仕組みは短期金利の安定に有効に機能した。しかし、米国や英国においては、短期市場金利が貸出ファシリティの適用金利を上回り、金利の跳ね上がりがまったく収まらない現象が顕著にみられた。

なぜこうした違いが生じたのか。日本やユーロエリアでは、平時から金融調節に中央銀行貸出も使われ、民間金融機関の貸出ファシリティの利用も不名誉ではない。しかし、米国の中央銀行である連邦準備制度などは、平時の中央銀行貸出の利用には否定的で、やむなく利用することは市場から資金を取れない証拠であり、金融機関にとって不名誉な行動とみなされるように対応してきた。そうすることで、金融機関の自助努力を促していたのである。換言すれば、日ごろから、バジョット・ルールに準ずるように中央銀行貸出に強いペナルティ性を持たせていたことになる。

リーマンショックに向かうプロセスにおいては、こうした中央銀行貸出の位置付けが金融機関の死活問題に直結することになった。中央銀行貸出に強いペナルティ性がある場合、金融危機時にあえて貸出ファシリティを利用する「不名誉な行動」が知れ渡った銀行は、「市場からは資金調達できず中央銀行貸出に頼るしかない危ない金融機関」という烙印を押されることになる。したがって、当該銀行とは怖くて取引できない、と多くの金融機関に敬遠されてしまう。このことは、文字通り当該銀行の存亡にかかわる。これが、リーマンショック当時、いわゆる「スティグマ(烙印)問題」としてクローズアップされたものである。バジョットがまさに指摘していたように、「彼らは不健全なことが露見するのを恐れて狼狽の様子を見せまい」とした。そのため、あえて中央銀行の窓口に背を向け、高金利の市場調達に走った。そのことが金融危機に拍車をかけた。貸出ファシリティの利用を拒み、中央銀行の目標金利よりはるかに高い金利をオファーしても資金を取り漁る金融機関があれば、貸出ファシリティ利用金利は金利の上限にならず、金利の跳ね上がりは阻止できないからだ。あわてた米国・連邦準備制度やイングランド銀行は、貸出ファシリティの利用促進を図るために、ファシリティのペナルティ性を弱めたり、金融機関の中央銀行借入情報を秘匿する方法を工夫するなど、スティグマ問題の回避に注力した。

このように、現代の中央銀行はバジョット・ルールに厳格に従っているわけではない。しかし、バジョット・ルールからの離脱の必要性が生じる背景については、『ロンバード街』においてバジョットがさりげなく言及している論点から理解できる。あらためてバジョットの洞察力に驚かされる。

宇野弘蔵と『ロンバード街』

最後に本書の訳者について触れておきたい。本書は一九四一年に出版された宇野弘蔵の翻訳を岩波文庫編集部が現代的な表記に改め、さらに若干の編集上の工夫や修正を施すことで、現代の読者にも読みやすくしたものである。

宇野弘蔵(一八九七—一九七七)は、マルクスの『資本論』に独自の解釈を施し、宇野理論とよばれる理論体系を完成させた碩学である。日本のマルクス経済学界にきわめて大きな足跡を残し、岩波書店からも『経済原論』や『恐慌論』など、その代表的著作が出版されている。その宇野が『ロンバード街』を見出し、翻訳したのはさすがに慧眼であったと思う。しかし、初版の宇野の「訳者あとがき」を読むと、自身、金融論は専門でない、とする宇野の本書に対する評価はごく控えめで、欧米金融学界や中央銀行を含む金融界での圧倒的な評価とはかけ離れている。内容的にも宇野理論の体系との関連性は高くない。

なぜ、宇野は、この本の翻訳を手掛けたのだろうか。

宇野は一九三八年に、いわゆる「労農派教授グループ事件」に関連して共産党の運動を援助したとして逮捕・起訴されている。当時の宇野の行動と乖離した強引な起訴であり、一九四〇年にはさすがに無罪となった。だが、宇野は、回顧録『資本論五十年』の中で、「ぼくはこんな情勢からいってこんな国で経済学なんかやるのはいやだなと思った。それは本当に正直にそう思った。この事件がすんだらぜひ大学を辞めてやろうと思った」と述べている。実際、宇野は、一九四一年には東北帝国大学を辞職し、日本貿易研究所に入所した。

ちなみに、宇野は同研究所に入所後の一九四三年、エリック・リンゲというデンマークの研究者の著書『捕鯨』の翻訳などにも携わっている。この本は、「世界油脂経済の一研究」という副題を持ち、一九三六年頃にいたるまでの欧米における捕鯨の産業的発展史(日本は伝統的な捕鯨国ながら、この本では最終章まで登場しない)、鯨油利用の変遷(当時注目されていたのは栄養源、とりわけマーガリンの原料としての鯨油利用の急拡大であった)、資源としての鯨の限界(鯨にはシロナガスクジラ、ザトウクジラ、マッコウクジラ、セミクジラなどさまざまな鯨類が存在するが、捕鯨対象となった鯨類は絶滅に瀕するため、主要な捕鯨対象は変遷する)を取り上げている。二一世紀に読んでも興味深い本ではあるが、時事性が高く、むろん宇野理論の体系とはかかわりがなさそうである。

このように、『ロンバード街』の翻訳を宇野が希望したのは、当時の社会情勢を反映した宇野自身の心象風景に即した選択であり、今日の視点で見て宇野理論の体系と距離があるのは当然だった。その結果、日本の読者が一九四一年の時点で宇野訳の『ロンバード街』を手にすることができた、といえるだろう。

ま　行

や　行

ら　行

さ　行

た　行

な　行

は　行

索　引

あ　行

か　行

ロンバード街(がい)—ロンドンの金融市場(きんゆうしじょう)　バジョット著

1941年5月24日　第1刷発行
2023年6月15日　改版第1刷発行

訳　者　宇野弘蔵(うのこうぞう)

発行者　坂本政謙

発行所　株式会社 岩波書店
〒101-8002 東京都千代田区一ツ橋2-5-5

案内 03-5210-4000　営業部 03-5210-4111
文庫編集部 03-5210-4051
https://www.iwanami.co.jp/

印刷・精興社　製本・中永製本

ISBN 978-4-00-341229-9　　Printed in Japan

読書子に寄す

――岩波文庫発刊に際して――

岩波茂雄

真理は万人によって求められることを自ら欲し、芸術は万人によって愛されることを自ら望む。かつては民を愚昧ならしめるために学芸が最も狭き堂宇に閉鎖されたことがあった。今や知識と美とを特権階級の独占より奪い返すことはつねに進取的なる民衆の切実なる要求である。岩波文庫はこの要求に応じそれに励まされて生まれた。それは生命ある不朽の書を少数者の書斎と研究室とより解放して街頭にくまなく立たしめ民衆に伍せしめるであろう。近時大量生産予約出版の流行を見る。その広告宣伝の狂態はしばらくおくも、後代にのこすと誇称する全集がその編集に万全の用意をなしたるか。千古の典籍の翻訳企図に敬虔の態度を欠かざりしか。さらに分売を許さず読者を繋縛して数十冊を強うるがごとき、はたしてその揚言する学芸解放のゆえんなりや。吾人は天下の名士の声に和してこれを推挙するに躊躇するものである。このときにあたって、岩波書店は自己の責務のいよいよ重大なるを思い、従来の方針の徹底を期するため、すでに十数年以前より志して来た計画を慎重審議この際断然実行することにした。吾人は範をかのレクラム文庫にとり、古今東西にわたって文芸・哲学・社会科学・自然科学等種類のいかんを問わず、いやしくも万人の必読すべき真に古典的価値ある書をきわめて簡易なる形式において逐次刊行し、あらゆる人間に須要なる生活向上の資料、生活批判の原理を提供せんと欲する。この文庫は予約出版の方法を排したるがゆえに、読者は自己の欲する時に自己の欲する書物を各個に自由に選択することができる。携帯に便にして価格の低きを最主とするがゆえに、外観を顧みざるも内容に至っては厳選最も力を尽くし、従来の岩波出版物の特色をますます発揮せしめようとする。この計画たるや世間の一時の投機的なるものと異なり、永遠の事業として吾人は微力を傾倒し、あらゆる犠牲を忍んで今後永久に継続発展せしめ、もって文庫の使命を遺憾なく果たさしめることを期する。芸術を愛し知識を求むる士の自ら進んでこの挙に参加し、希望と忠言とを寄せられることは吾人の熱望するところである。その性質上経済的には最も困難多きこの事業にあえて当たらんとする吾人の志を諒として、その達成のため世の読書子とのうるわしき共同を期待する。

昭和二年七月

《法律・政治》〔白〕

- 人権宣言集 — 高木八尺・末延三次・宮沢俊義 編
- 新版 世界憲法集 第二版 — 高橋和之 編
- 君主論 — マキアヴェッリ／河島英昭 訳
- フィレンツェ史 全二冊 — マキァヴェッリ／齊藤寛海 訳
- リヴァイアサン 全四冊 — ホッブズ／水田洋 訳
- 法の精神 全三冊 — モンテスキュー／野田良之・稲本洋之助・上原行雄・田中治男・三辺博之・横田地弘 訳
- 教育に関する考察 — ロック／服部知文 訳
- 完訳 統治二論 — ジョン・ロック／加藤節 訳
- 寛容についての手紙 — ジョン・ロック／加藤節・李静和 訳
- キリスト教の合理性 — ジョン・ロック／加藤節 訳
- ルソー 社会契約論 — 桑原武夫・前川貞次郎 訳
- アメリカのデモクラシー 全四冊 — トクヴィル／松本礼二 訳
- リンカーン演説集 — 高木八尺・斎藤光 訳
- 権利のための闘争 — イェーリング／村上淳一 訳
- 近代人の自由と古代人の自由・征服の精神と簒奪 他一篇 — コンスタン／堤林剣・堤林恵 訳
- 民主主義の本質と価値 他一篇 — ハンス・ケルゼン／長尾龍一・植田俊太郎 訳
- 外交談判法 — カリエール／坂野正高 訳
- 危機の二十年 —理想と現実 — E・H・カー／原彬久 訳
- ザ・フェデラリスト — A・ハミルトン、J・ジェイ、J・マディソン／斎藤眞・中野勝郎 訳
- アメリカの黒人演説集 —キング・マルコムX・モリスン 他 — 荒このみ 編訳
- モーゲンソー 国際政治 —権力と平和 全三冊 — 原彬久 監訳
- ポリアーキー — ロバート・A・ダール／高畠通敏・前田脩 訳
- 現代議会主義の精神史的状況 他一篇 — カール・シュミット／樋口陽一 訳
- 政治的なものの概念 — カール・シュミット／権左武志 訳
- 第二次世界大戦外交史 全二冊 — 芦田均
- 憲法講話 — 美濃部達吉
- 日本国憲法 — 長谷部恭男 解説
- 民主体制の崩壊 —危機・崩壊・再均衡 — ファン・リンス／横田正顕 訳
- 憲法 — 鵜飼信成

《経済・社会》〔白〕

- 政治算術 — ペティ／大内兵衛・松川七郎 訳
- 国富論 全四冊 — アダム・スミス／水田洋 監訳／杉山忠平 訳
- 法学講義 — アダム・スミス／水田洋 訳
- コモン・センス 他三篇 — トーマス・ペイン／小松春雄 訳
- 経済学における諸定義 — マルサス／玉野井芳郎 訳
- オウエン自叙伝 — ロバアト・オウエン／五島茂 訳
- 戦争論 全三冊 — クラウゼヴィッツ／篠田英雄 訳
- 自由論 — J・S・ミル／塩尻公明・木村健康 訳
- 大学教育について — J・S・ミル／竹内一誠 訳
- 功利主義 — J・S・ミル／関口正司 訳
- イギリス国制論 全二冊 — バジョット／遠山隆淑 訳
- ユダヤ人問題によせて ヘーゲル法哲学批判序説 — マルクス／城塚登 訳
- 経済学・哲学草稿 — マルクス／城塚登・田中吉六 訳
- 新編輯版 ドイツ・イデオロギー — マルクス・エンゲルス／廣松渉 編訳／小林昌人 補訳
- マルクス・エンゲルス 共産党宣言 — 大内兵衛・向坂逸郎 訳
- 賃労働と資本 — マルクス／長谷部文雄 訳
- 賃銀・価格および利潤 — マルクス／長谷部文雄 訳
- マルクス 経済学批判 — 武田隆夫・遠藤湘吉・大内力・加藤俊彦 訳
- マルクス 資本論 全九冊 — エンゲルス 編／向坂逸郎 訳
- トロツキー わが生涯 全二冊 — 森田成也・志田昇 訳

空想より科学へ —社会主義の発展　エンゲルス　大内兵衛訳
帝国主義論 全二冊　ホブスン　矢内原忠雄訳
帝国主義　レーニン　宇高基輔訳
国家と革命　レーニン　宇高基輔訳
ローザ・ルクセンブルク獄中からの手紙　秋元寿恵夫訳
雇用、利子および貨幣の一般理論 全二冊　ケインズ　間宮陽介訳
シュムペーター経済発展の理論 全二冊　塩野谷祐一　中山伊知郎　東畑精一訳
シュムペーター経済学史 —学説ならびに方法の諸段階　中山伊知郎　東畑精一訳
租税国家の危機　シュムペーター　木村元一　小谷義次訳
日本資本主義分析　山田盛太郎
恐慌論　宇野弘蔵
経済原論　宇野弘蔵
資本主義と市民社会 他十四篇　大塚久雄　齋藤英里編
共同体の基礎理論 他六篇　大塚久雄　小野塚知二編
ユートピアだより　ウィリアム・モリス　川端康雄訳
社会科学と社会政策にかかわる認識の「客観性」　マックス・ヴェーバー　富永祐治　立野保男訳　折原浩補訳
プロテスタンティズムの倫理と資本主義の精神　マックス・ヴェーバー　大塚久雄訳
職業としての学問　マックス・ヴェーバー　尾高邦雄訳
社会学の根本概念　マックス・ヴェーバー　清水幾太郎訳
職業としての政治　マックス・ヴェーバー　脇圭平訳
古代ユダヤ教 全三冊　マックス・ヴェーバー　内田芳明訳
宗教と資本主義の興隆 全二冊 歴史的研究　トーニー　出口勇蔵・越智武臣訳
世論 全二冊　リップマン　掛川トミ子訳
鯰絵 —民俗的想像力の世界　C・アウエハント　小松和彦・中沢新一　飯島吉晴・古家信平訳
贈与論 他二篇　マルセル・モース　森山工訳
国民論 他二篇　マルセル・モース　森山工編訳
ヨーロッパの昔話 その形と本質　マックス・リュティ　小澤俊夫訳
独裁と民主政治の社会的起源 全二冊 —近代世界形成過程における領主と農民　バリントン・ムーア　宮崎隆次　森山茂徳　高橋直樹訳
大衆の反逆　オルテガ・イ・ガセット　佐々木孝訳

《自然科学》〔青〕

ヒポクラテス医学論集　國方栄二編訳
科学と仮説　ポアンカレ　河野伊三郎訳
ロウソクの科学　ファラデー　竹内敬人訳
種の起原 全二冊　ダーウィン　八杉龍一訳
自然発生説の検討　パストゥール　山口清三郎訳
完訳ファーブル昆虫記 全十冊　山田吉彦　林達夫訳
科学談義　T・H・ハックスリ　小泉丹訳
メンデル雑種植物の研究　岩槻邦男　須原準平訳
アインシュタイン相対性理論　内山龍雄訳・解説
相対論の意味　アインシュタイン　矢野健太郎訳
アインシュタイン一般相対性理論　小玉英雄編訳・解説
自然美と其驚異　ジョン・ラバック　板倉勝忠訳
ダーウィニズム論集　八杉龍一編訳
ニールス・ボーア論文集1 因果性と相補性　山本義隆編訳
ニールス・ボーア論文集2 量子力学の誕生　山本義隆編訳
ハッブル銀河の世界　戎崎俊一訳
パロマーの巨人望遠鏡 全二冊　D・O・ウッドベリー　関正雄　湯澤博　成相恭二訳
生物から見た世界　ユクスキュル　クリサート　日高敏隆　羽田節子訳
ゲーデル不完全性定理　林晋　八杉満利子訳
日本の酒　坂口謹一郎
生命とは何か —物理的にみた生細胞　シュレーディンガー　岡小天　鎮目恭夫訳